地方高校大学生
就业软实力研究

成洁萍 郭 斌◎著

DIFANG GAOXIAO DAXUESHENG
JIUYE RUANSHILI YANJIU

图书在版编目（CIP）数据

地方高校大学生就业软实力研究/成洁萍，郭斌著 .—北京：经济管理出版社，2020.9
ISBN 978-7-5096-7483-3

Ⅰ.①地… Ⅱ.①成…②郭… Ⅲ.①地方高校—大学生—就业—研究 Ⅳ.①G647.38

中国版本图书馆 CIP 数据核字（2020）第 158342 号

组稿编辑：乔倩颖
责任编辑：张　艳　乔倩颖
责任印制：任爱清
责任校对：王淑卿

出版发行：经济管理出版社
　　　　　（北京市海淀区北蜂窝 8 号中雅大厦 A 座 11 层　100038）
网　　址：www.E-mp.com.cn
电　　话：(010) 51915602
印　　刷：北京虎彩文化传播有限公司
经　　销：新华书店
开　　本：720mm×1000mm/16
印　　张：14.25
字　　数：255 千字
版　　次：2020 年 9 月第 1 版　2020 年 9 月第 1 次印刷
书　　号：ISBN 978-7-5096-7483-3
定　　价：68.00 元

·版权所有　翻印必究·
凡购本社图书，如有印装错误，由本社读者服务部负责调换。
联系地址：北京阜外月坛北小街 2 号
电话：(010) 68022974　邮编：100836

前　言

2019年，习近平总书记在纪念"五四运动"100周年大会上讲话指出："青年是整个社会力量中最积极、最有生气的力量，国家的希望在青年，民族的未来在青年。今天，新时代中国青年处在中华民族发展的最好时期，既面临着难得的建功立业的人生际遇，也面临着'天将降大任于斯人'的时代使命。新时代中国青年要继续发扬五四精神，以实现中华民族伟大复兴为己任，不辜负党的期望、人民期待、民族重托，不辜负我们这个伟大时代。"伴随着我国全面深化改革的推进和"双创"时代的到来，确保大学生积极参与并实现成功创业已成为高校教育培养大学生的重要任务，也是促进大学生就业的关键一环，这有利于大学生全面提升自身素质和提前参与到社会实践中来。历史和现实都告诉我们，青年一代永远是有理想、有担当的一代，他们是国家的未来、民族的希望，广大青年的健康成长是实现国家、民族宏伟目标源源不断的力量。

我国历经几十年改革发展，社会转型全面展开，人们的价值观也随之有了很大的变化，由传统到现代、由单一到多样、由困惑到自觉、由结构走向整合的转变，特别是"80后""90后""00后"的年轻人其具体变化表现在他们的就业软实力特征、就业软实力形成及其作用方式上。关于就业软实力的作用问题，世界上许多国家不论是在处理国际事务还是在内部社会治理上，都受到重视。特别是在西方发达国家，他们更是注重利用意识形态、宗教信仰、道德规范等塑造国民共同价值观念，并不时地向世界扩大这种影响力，从而在社会治理和世界影响力上达到事半功倍的效果。例如，新加坡很重视通过培育国民的共同价值观以提高社会凝聚力，在经全民讨论并由国会通过的《共同价值观白皮书》中，提出了国家至上、社会为先；家庭为根、社会为本；社会关怀、尊重个人；协商共识、避免冲突；种族和谐、宗教宽容五大共同价值观并得到了各大宗教团体和种族的认同。他们这种国民共同价值观的培养，虽然涉及多个层面，所产生的效果则集中反映在社会个体素质和软实力水平的提升上。

改革开放以来，中国经济作为硬实力经历了几十年的高速增长，在经济整体规模上跃升到第二位，而在国家软实力方面却出现了许多值得关注的问题。在党的十七大报告中，胡锦涛指出："要坚持社会主义先进文化前进方向，兴起社会主义文化建设新高潮，激发全民族文化创造活力，提高国家文化软实力，使人民基本文化权益得到更好保障，使社会文化生活更加丰富多彩，使人民精神风貌更加昂扬向上。"习近平总书记于2013年11月考察山东时，强调大力弘扬中华优秀传统文化。这都是从国家、社会和个体不同层面上，对提升软实力提出的重大要求。

我们研究的地方高校大学生就业软实力问题的关键在于探究这一群体的心智能力，实现了研究重心从过去重视人与物之间的关系向重视人与人之间关系的转移。所谓大学生就业软实力，是大学生思想意识和道德素养方面各要素的综合表现。研究这一问题体现出了对人的重视，也是指导大学生未来发展思路的改进。当前，我国大学生的就业与持续发展已成为社会问题，一些专家学者已从国家政策、社会支持等方面探索解决问题的途径。而大学生在就业应聘、初入职场时所体现的个人综合素质方面的短板更具有普遍性，及时解决这些阻碍大学生快速发展的因素同样具有非常重要的意义。大学生的就业"软实力"水平是个人综合素质水平的主要体现，这种"软实力"在大学生就业后的社会发展或创业中的作用日渐凸显，并不逊色于人们以前所重视的知识、技能等"硬实力"。事实上，高校大学生的就业软实力问题早已是我国社会中的一个突出问题，也是非常值得探讨的问题。面对中高等教育人才培养的现状，郎咸平做反思时曾提道：中国的本科生没有创造能力，中国培养的只是有解题能力的人而不是有创造力的人才。这一忠告式的结论，确实道出了我国大学生培养过程中存在的问题以及大学生自身的能力状况。

《国家中长期教育改革和发展规划纲要（2010-2020年）》中强调：牢固确立人才培养在高校工作中的中心地位，着力培养信念执着、品德优良、知识丰富、本领过硬的高素质专门人才和拔尖创新人才。早在2007年3月，山东省政府就委托山东经济学院和山东社会科学院联合开展山东省人才供需预测研究。该课题组的一阶段性成果《2009年山东省高校毕业生就业能力研究》中提出，从根本上破解大学生就业难题，必须把大学生就业政策的目标从提高"就业率"转向提升"就业力"，将过去毕业之际的就业指导与供需见面政策，向前推进到高等教育过程中，建立以培养大学生就业力为核心。

这里讲的就业力更多的是强调大学生的就业软实力及其实际作用。在我国全面深化改革的新时期，承担培养社会主义现代化人才的各类高校，已到了全面提升大学生就业软实力的关键时刻。

在对地方高校大学生就业软实力测度和提升的研究中，从对当前大学生就业软实力水平具体考察入手，通过广泛调查获得大量第一手资料，对当前大学生就业软实力状况有了较全面的认识。在构建地方高校大学生就业软实力评价指标体系过程中，广泛征求各类专家、用人单位、大学生等方面的意见，在集思广益的基础上确定了反映大学生软实力的四类一级指标和20个对软实力进行观测的二级指标，形成了评价地方高校大学生就业软实力的指标体系。在对大学生就业软实力测度评价时，通过对一系列定性指标的量化评价，再运用构建的测度模型工具，综合计算出反映个体就业软实力水平的具体数值，以确定就业软实力水平的高低。在进行全面分析评价基础上，又进一步在多个方面指出了地方高校大学生就业软实力提升的具体内容。为做到有效提升大学生软实力，在本书的最后部分，结合地方高校大学生成长的具体环境构建起了由"学校—社会—家庭"三位一体的就业软实力提升保障体系。

本书是聊城大学东昌学院的成洁萍在聊城大学付景远教授带领团队研究的课题基础上，结合自己多年来从事大学生就业指导工作的教学、科研经验总结完成的。在整理过程中，学习、借鉴了同行和专家在本领域取得的各项研究成果，在此表示最诚挚的谢意。特别感谢聊城大学付景远教授带领的科研团队给予的悉心指导和提供的研究数据。

笔者
2020 年 5 月

目 录

第一章　软实力概述 … 1
　　一、软实力概念的提出 … 1
　　二、软实力意识的中国化提升 … 4
　　三、针对企业软实力的研究 … 10
　　四、个人软实力的认知 … 14

第二章　大学生就业软实力问题综述 … 19
　　一、大学生就业软实力的内涵 … 20
　　二、研究大学生就业软实力的紧迫性 … 21
　　三、研究地方高校大学生就业软实力的意义 … 23
　　四、研究地方高校大学生就业软实力的整体思路 … 26

第三章　地方高校大学生就业软实力的现状研究 … 29
　　一、地方高校大学生就业软实力现状调查 … 29
　　二、地方高校大学生就业软实力的问题表现 … 34
　　三、地方高校大学生就业软实力问题的原因分析 … 38

第四章　大学生就业软实力测度评价的理论依据 … 51
　　一、我国古代人性评价对就业软实力测度的启发 … 52
　　二、国外个体素质测评理论的借鉴 … 58
　　三、当代大学生软实力的可测评性 … 61
　　四、大学生就业软实力测评的功用 … 64

第五章　大学生就业软实力的测评 … 65
　　一、大学生就业软实力测评理论与方法综述 … 65

二、基于模糊综合评价理论的就业软实力综合评价量表及
　　测度中的应用 ·· 70
三、大学生就业软实力的指标体系构建原则与评价 ··········· 74
四、大学生就业软实力评价指标权重的确定 ···················· 78

第六章　大学生就业软实力水平实证研究 ························ 83
一、大学生就业软实力实证研究概述 ····························· 83
二、地方高校大学生就业软实力基本情况描述 ················· 95
三、被调查对象的就业软实力比较分析 ·························· 98
四、地方高校大学生就业软实力水平实证分析结论 ·········· 103

第七章　地方高校大学生就业软实力提升的核心内容 ········· 105
一、地方高校大学生自身基本素养的提升 ····················· 106
二、地方高校大学生组织管理能力的提升 ····················· 125
三、地方高校大学生团队合作能力的提升 ····················· 134
四、地方高校大学生持续发展能力的提升 ····················· 147

第八章　构建地方高校大学生就业软实力提升的保障体系 ··· 167
一、树立正确的培养理念，积极引导大学生提升自身就业软实力 ··· 168
二、创新大学生专业培养模式，融就业软实力培养于日常
　　教学中 ·· 174
三、优化地方高校大学生培育机制，高效提升大学生就业软实力 ··· 186
四、构建大学生健康成长的和谐环境，促使大学生身心健康 ··· 194
五、引导大学生调整个人发展理念，做到瞄准社会需求塑造自我 ··· 204

参考文献 ·· 215

第一章 软实力概述

软实力是蕴含在社会组织内部或个体自身的一种能力，该能力的大小是多个要素协同发挥作用的体现。软实力作为主体的内在要素直接影响其主体的行为，决定其发展和要达成目标的成效。软实力概念最初提出，是从宏观上谈国家实力，对软实力的研究也是一国为争取在更广泛的范围内获得竞争优势而展开的。现在人们已快速把它扩展到区域、企业、社会组织以及个人等不同主体上面，并在不同对象上展开了具体研究。软实力研究已成为全世界重视的大课题，各国都在试图通过研究加速提升国家、组织和个体的软实力水平。

一、软实力概念的提出

1990年，曾任美国国防部部长助理、时任哈佛大学肯尼迪政治学院院长的约瑟夫·奈（Joseph Nye）[①]在出版的著作中第一次清晰地指出，一个国家的综合国力，既包括由经济、科技、军事实力等所体现出来的硬实力，也包括文化、价值观念、社会制度、发展模式、生活方式、意识形态等的吸引力所体现出来的软实力。他认为，未来不论美国，还是任何一个国家，要想成为真正的世界领导者，只能学习利用一柄新的权杖：软实力。它是指在一个国家内相对于国内生产总值、城市基础设施等硬实力而言的一些文化、价值观念、社会制度等影响社会自身发展潜力和感召力的因素。软实力发挥作用，靠的是自身的吸引力，而不是强迫别人做不想做的事情。

[①] 约瑟夫·奈（Joseph Nye）（1937—），1964年获哈佛大学政治学博士学位后留校任教。曾出任卡特政府助理国务卿、克林顿政府国家情报委员会主席和助理国防部部长。他是国际关系理论中新自由主义学派的代表人物，以最早提出"软实力"（Soft Power）概念而闻名。

(一) 软实力概念内涵的发展

约瑟夫·奈不仅最早提出"软实力"的概念，并且随着时间的推移又在不同时期对"软实力"做出进一步界定。

1990年，约瑟夫·奈在《对外政策》杂志上发表的《软实力》一文中界定："同化权力（软实力）是一个国家造就一种情势、使其他国家效仿该国倾向并界定其利益的能力；这一权力往往来自文化和意识形态吸引力、国际机制的规则和制度等资源。"

1992年，约瑟夫·奈出版的《美国定能领导世界吗》正式提出了"软实力"的概念。他说的"软实力"，主要包括文化吸引力、政治价值观吸引力及塑造国际规则和决定政治议题的能力。其核心理论是："软实力"发挥作用，靠的是自身的吸引力，而不是强迫别人做不想做的事情。

2002年，约瑟夫·奈在《美国霸权的困惑——为什么美国不能独断专行》一书中提出，实力有两种——"硬实力"和"软实力"。"硬实力"指军事力量或经济力量，凭借这种力量能"强迫和强制"对方遵从己方的意志，也称"有形力"或"暴力"。而"软实力"则指文化的力量、榜样的力量、理念和理想的力量，凭借这种力量能潜移默化地"影响和制约"对方，也称"无形力"或"柔力"。

2004年，约瑟夫·奈在《软实力：世界政治中的成功之道》一书中，明确指出软实力的三种主要资源：文化、政治价值观、外交政策。

2006年，约瑟夫·奈在《软实力再思考》一文中，他将这一概念简单地定义为"通过吸引而非强制或者利诱的方式改变他方的行为，从而使己方得偿所愿的能力"。从约瑟夫·奈提出的以上"软实力"的概念可以看出，软实力是相对于硬实力而言的。

彼得·圣吉（Peter M. Senge）在1990年出版的《第五项修炼》一书，很快风靡全球。《第五项修练》的主要内容有"自我超越""改善心智模式""建立共同愿景""团队学习""系统思考"五项管理技巧。它的核心强调以系统思考代替机械思考和静止思考，并通过了解动态复杂性等问题，找出解决问题的高"杠杆解"。彼得·圣吉在研究中发现，一个企业要想茁壮成长，就必须把自己建成学习型组织，并使得组织内的人员全心投入学习，通过不断提升能力以在本职岗位上获得成功。《第五项修炼》涉及个人和组织心智模式的转变，它深入哲学的方法论层次，强调以企业全员学习与创新精神为目标，在共同愿景下进行长期而终身的团队学习。本书在这里谈《第五项修练》的要求，其实也是在强调软实力的修炼。

软实力是一个具有动态性的概念，一方面它隐含在组织、区域以及具有思想性的个体内部，另一方面它自身的内涵丰富多变，所以这一概念在具体的表达上也具有实效性。当前，像区域软实力、城市软实力、企业软实力、个人软实力等这些衍生概念被广泛使用，它们都可以作为研究"软实力"的主体，思考其"软实力"水平的提升。

（二）软实力与硬实力的关系

软实力与硬实力在一个国家、组织、个人身上是密切相连的两个方面，是支撑一个有机体的两条腿。

1. 国家软实力与硬实力的关系

按照约瑟夫·奈的观点，从一个国家来看，"硬实力"一般指诸如军事和经济力量、具体资源以及相关的"硬性命令式权力"；"软实力"指的是与诸如文化、意识形态和制度等与抽象资源相关的软性因素。约瑟夫·奈认为，一个国家的软实力有三个源泉：文化（能够吸引他人的地方）、政治价值观（它是在国内外实践这些价值的时候所体现出来的）、对外政策（这些对外政策应该是合法并被道德的政权所使用）。因此，人们在约瑟夫·奈提出以上观点基础上，认为"文化吸引力、意识形态和政治价值观的吸引力、塑造国际规则和决定政治议题的能力"三者便构成了一个国家软实力的主要内容。

2. 企业软实力与硬实力的关系

企业的软实力是指能够适时为企业提供战略支持、适应企业内外部环境不断变化需求的管理体系和管理思想。企业的硬实力是指能够满足市场不断变化需求、具有持续生存实力并形成产业化的核心技术和具有较强市场生存能力的标志性产品。二者具有较强的互补性，在一定程度上可以相互转化，从软实力到硬实力，从硬实力到软实力，是一个相互促进相互作用的螺旋渐进过程。

企业软实力与硬实力之间讲究匹配关系。从表面看，软实力与硬实力似乎是矛盾体，实则不然，软与硬不是对立，更多的是互补，代表事物的两个方面，并且二者之间在一定程度上可相互转化。

从企业发展的趋势看，企业软实力建设的重点在于提升企业的环境应变力和快速整合资源的能力。

3. 个人软实力与硬实力的关系

具体到独立的个人身上，软实力是其综合实力及其运用的能力，而硬实力则是一个人掌握的特定专业领域的生产、运营和管理技能及其达到的水平。

软实力要靠硬实力支撑，没有硬实力，软实力就犹如建在沙滩上的房子，没有生存根基。人的硬实力要靠软实力辅佐，没有软实力，硬实力的发展就会受限。而有了软实力的可靠基础，硬实力就会得到提升。

唯物辩证法认为："物质是第一位的，精神是第二位的，物质与精神是对立统一的矛盾关系，双方相互依存、相互转化、互为存在的前提条件，其中任何一方都不能离开另一方单独存在。正是在相互依存的关系中，物质与精神获得了各自不同的规定性。"这一辩证关系的表述，对我们研究大学生软实力与硬实力是极其有力的指导。二者之间的关系与作用机理可用图1-1表示。

总之，不论在什么层面上，一方面，硬实力为软实力的提升创造基础条件，如文化、价值观等的传播需要以物质为载体，硬实力的发展反过来也可以推动软实力的提升；另一方面，软实力的提升是硬实力发展的前提，具有长效作用。在社会经济领域，文化、制度等软实力因素是生产力发展的前提，有利于实现经济的持续发展和强大。

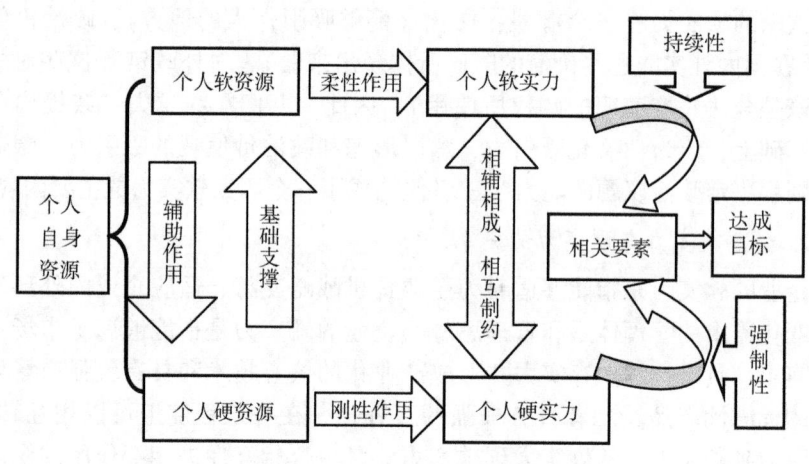

图1-1　个人软实力与硬实力的关系

二、软实力意识的中国化提升

中国的软实力亟待培植和提升，软实力建设是今后中国打破大国崛起悖论的重要途径，是中国在世界舞台上坚持和平发展道路的重要指向，也是中国实现崛起的重要基础，特别是"文化、观念、发展模式、国际形象、国际制度"构成中国软实力的核心要素。

(一) 国家层面软实力的认识

约瑟夫·奈特别关注中国软实力问题,并对中国国家软实力进行过具体的思考和评估研究。他曾于 2005 年 12 月 9 日在《华尔街日报》发表了题为《中国软实力的崛起》(The Rise of China's Soft Power) 的文章。他在文中把中美软实力进行动态的比较,主要观点体现在以下方面:第一,论证了中国的软实力在快速提升和增强,而美国的软实力却呈现下降的趋势。他在中国的文化发展方面以姚明、《卧虎藏龙》、高行健[①]的作品等,在意识形态和价值观方面以中国迅速增长的外国留学生给世界的影响,以及在外交方面 2005 年美国被排斥在东亚峰会之外为例进行了具体论证。第二,论述了中国软实力的崛起和美国软实力提升的关系,认为两者在世界发展空间中并不矛盾。相反,这两者应该相互补充,只有这样才能保持良好的中美关系。就这一观点,他进一步说明,在中、美软实力的关系上,中国与美国之间会相互影响。第三,强调了中美两国对各自软实力的运用可以达到互利和双赢的效果。中国拥有 5000 年的历史,古老的文明和文化在很多方面对全世界都具有吸引力。如在这些传统艺术和文化中包含的中国哲学智慧、人与自然观、中国书法、绘画、中国功夫、中国饮食和传统服饰等在世界上都很受欢迎。在关于中国如何推广和提高软实力方面,他认为中国的传统文化,特别是儒家文化在世界上一直具有相当大的影响,可以通过多举行一些国际性的文化活动来向西方展示和推广中国文化,特别是传统儒家文化。这些对我们正确认识和加速提升中国软实力具有深刻的启发。

从分析中,我们也能理性认识到,文化和意识形态的吸引力体现出来的力量就是软实力,这也是世界各国制定国家战略和文化战略的一个重要参照系。一个国家在提升本国经济、政治、军事等硬实力的同时,提升本国文化软实力是更特殊和重要的。针对复杂多变的国际形势和严峻的挑战,我国已更加准确地认识和把握自己的软实力,争取在各个领域内有所提升和作为。进入 21 世纪以来,我国对软实力这一概念的认识更加清晰,国家领导人也经常强调其重要意义,科研机构和学者也不断有新的研究成果。这也促进我们在建立社会发展模式的过程中,探索改变传统的社会发展模式,将更多的软实力因素纳入社会发展体系中来。近年来,在涉及软实力的外来资料中,

---

[①] 高行健 (1940—),法籍华裔剧作家、小说家、翻译家、画家、导演、评论家。1962 年毕业于北京外国语大学法语专业,1987 年移居法国,随后取得法国国籍。

"软实力"一词也被译为"软力量"或"软权力"。目前,这一概念已经受到广泛关注,并被引入多个领域进行广泛研究。从人才培养角度来看,人才软实力与硬实力共同构成人才的核心竞争力,而软实力在其中起到越来越重要的作用。

2006年11月胡锦涛在全国文代会、作代会上发表讲话,称"提升国家软实力,是摆在我们面前的一个重大现实课题"。2007年1月在中共中央政治局第三十八次集体学习时,胡锦涛又指出,加强网络文化建设和管理,有利于增强我国的软实力。胡锦涛在中共十七大报告中强调指出:"提高国家文化软实力,使人民基本文化权益得到更好保障,使社会文化生活更加丰富多彩,使人民精神风貌更加昂扬向上。"2013年12月,习近平在中共中央政治局第十二次集体学习时强调:"国家文化软实力的提高,将会关系到'两个一百年'奋斗目标和中华民族伟大复兴中国梦的实现。"2014年10月,习近平在中共中央政治局第十八次集体学习时强调:"我们最深厚的文化软实力是中华优秀传统文化,国内文化建设根基的夯实,一个很重要的工作就是从思想道德抓起,从社会风气抓起,从每一个人抓起;努力实现中华传统美德的创造性转化、创新性发展,引导人们向往和追求讲道德、尊道德、守道德的生活,让13亿人的每一分子都成为传播中华美德、中华文化的主体。"2019年3月,习近平参加全国政协十三届二次会议的文化艺术界、社会科学界委员的联组会时提出:"新时代更要坚定文化自信,尤其是要注重对新时代青少年的培养和引导,在文化自信的建设工作中要注重青年的力量,让更多的青年投入到文化自信的建设工作中,牢固树立青少年一代的文化自信。"

两届国家领导人的报告中对软实力的不同提法均表明,我们党和国家已经把提升国家文化软实力作为实现中华民族伟大复兴新的战略着眼点,文化软实力作为现代社会发展的精神动力、智力支持和思想保证,越来越成为民族凝聚力和创造力的重要源泉,越来越成为综合国力竞争的重要因素。一个民族的复兴,必须有文化的复兴作支撑,实现中华民族的伟大复兴必然伴随中华文化的繁荣兴盛。而繁荣兴盛中华文化,必然与树立一代又一代年轻人的文化自信密不可分,提升我国文化软实力是提升每一位青年人自身个体软实力的根本途径。

当前,中国政府对于全球化时代的文化问题有着自己的主张,提出了中国自己的文化安全观,改革开放以来历任国家领导人的文化立场,多在于强调合而不同,求同存异,鼓励和加强超越意识形态和社会制度的文明对话。中国的政治语汇中从"又快又好"到"又好又快"的悄悄转变,"和谐社会""和平崛起""自主创新"等理念的提出,孔子学院在国外的兴建,中国

"俄罗斯年"、中国"法国年"等活动的举办，表明了中国政府正在智慧地运用软实力的影响力来建设国家形象，这也是我国建设和谐世界战略思想的重要组成部分，它更是实现中华民族伟大复兴的重要前提。正像约瑟夫·奈这位美国人所惊呼：在美国软实力衰减的同时，中国的软实力正在不断上升。

（二）中国学者对软实力正展开丰富多彩的研究

学者在理论层面上也加大了研究力度和范围，在重要媒体不断有相关内容的报道，人民网开辟有"中国软实力论坛"栏目，在这一平台上从多方面对软实力进行探讨，不断提升对软实力的认识水平。2011年3月，文化部文化产业司司长刘玉珠在做客人民网文化频道时，谈到我国"十二五"规划中文化发展时，从两个方面分析了我国需要大力发展文化软实力的原因：第一，提升国家软实力是促进世界和谐的需要。该提升不是从为了使文化能够占领国际市场这个角度出发的，它是要通过文化交流，特别是通过文化企业、文化产品"走出去"，使世界各国了解中国并相互了解，要通过文化来沟通，增加互信。第二，要充分考虑到提升国家软实力是一个过程。这个过程要由国家和社会一起来推动，我们国家文化产品"走出去"这方面已经有了很大进展。但这不是一个急功近利的事情，需要再统筹规划。要提升我们国家文化软实力，特别是推动文化产品和服务"走出去"，应该采用"官民并举，以民为主"，主要的是要推动企业走向国际。中国社会科学院农村社会问题研究中心主任于建嵘教授认为：一个民族的真正软实力不仅要"以开放的心态来看待世界，还要在国际交流活动中，有接受批评和指责的大度，甚至应有面对敌意的攻击的胸怀"。软实力概念的内涵在中国得到了快速发展。

中国人民大学新闻学院教授喻国明指出："一个国家是存在两种实力的，一种是硬实力，一种是软实力。硬实力通常是指国家的GDP、硬件设施等，而文化、制度、传媒等被称为软实力。"原文化部常务副部长高占祥于2007年出版的《文化力》一书，提出"文化力"的概念。他认为，文化力是软实力的核心，并从文化是文明的基石、文化创造核心价值观、文化凝聚民族精神、文化创造和谐社会、文化促进科学发展、文化引导公平竞争、文化满足精神需求等方面进行论证。认为文化力渗透于社会各个方面，文化力的作用和功效是无边的、无形的、无限的、无极的。

王佐书在《构建社会主义和谐社会的软实力》一书中提出，"构建社会主义和谐社会的软实力"，并就什么是软实力、我国构建社会主义和谐社会应当从哪些方面提高，以及在提升软实力过程中应当注意的问题等内容展开讨论。王佐书的主要研究思路和方法，是对"硬实力"和"软实力"进行区分，并结合我国意识形态的发展和现状，提出了我国当前软实力建设方面的诸多内容，对包括加强中国共产党的执政能力、构建和谐文化、激励民族创新精神、树立社会主义核心价值观、建设政府职能部门文化、过好中国的传统节日等39个方面分别进行了具体、专门的讨论和研究。

邓显超发表的《提升中国软实力路径》一文，指出提升中国的软实力应该从如下方面努力：贯彻以人为本的科学发展理念，走一条可持续的人与自然和社会协调发展的新路；克服市场经济带来的弊端，构建公平正义的社会主义和谐社会；走和平、发展、合作之路，实现与国际社会和本地区国家的共存与共荣；加快政治体制改革，建立高效、廉洁的服务型政府；为经济发展和文化建设提供制度保障和稳定有序的政治环境；继续加强文化建设和对外文化交流，增强中华文化的亲和力和影响力。

北京大学软实力课题组经过研究认为，软实力是一种改变博弈对手对现实的感知的能力，从而改变对方的行为和行动，并实现自己目标的力量。软实力大致包括政治上的吸引力、价值观的感召力、文化上的影响力、外交的说服力、国民的凝聚力以及国家形象的亲和力等。

复旦大学国际关系与公共事务学院副教授陈玉刚在《试论全球化背景下中国软实力的构建》一文中讨论了软实力建设这个课题与国际关系相互依赖和全球化发展之间的关系，指出软实力建设的核心任务就是挖掘其价值意义，特别是具有普适性的价值意义。对于中国的软实力建设来说，就是发展、稳定与和谐。发展、稳定与和谐三者是一个有机的统一体；稳定是发展的前提，发展是稳定的保障，和谐是稳定和发展的目标。

上海社会科学院软实力研究中心研究员胡键在《软实力研究在中国：一个概念演进史的考察》一文中提出，国内学术界对软实力的研究骤然升温，并对其从概念到内涵都进行了更大范围的拓展，实现了"软实力"从概念到理论的"中国化"创新。尽管国内学术界对"软实力"概念的使用依然存在着诸多分歧，但中国的确需要大力发展软实力。因为中国的和平发展不仅需要强大的硬实力，更需要增强软实力。

《南方》杂志也曾对国家软实力有过观点表述，认为软实力主要是指一个国家意识形态和价值观念的认同力、社会制度和发展模式的吸引力、基本路线和发展战略的执行力、国民的凝聚力、民族的创造力、文化的感召力以及在国际事务中的影响力等。

2019年12月，第十一届中国文化软实力研究高层论坛，专家学者畅谈文化软实力，围绕习近平思想政治教育理论、全国高校思政工作理论与实践等展开研讨。主题强调必须聚焦立德树人根本任务，用习近平新时代中国特色社会主义思想铸魂育人，必须狠抓体制机制完善，着力健全"三全育人"的育人机制和"大思政"的工作体系；必须强化教师队伍建设，着力培养造就一支专职为主、专兼结合、数量充足、素质优良的思政课教师队伍。通过打造强健的教师队伍，从而提升高校大学生的文化自信，实现青年人自身软实力的增强。

（三）国家软实力模型

综观目前国内外对软实力的研究，观点类同各有千秋，但是都没有形成系统的理论框架。笔者认为国家软实力的理论模型可从有关专家理论成果中的以下公式中借鉴：

清华大学国际问题研究所阎学通认为："软实力是一个国家的内外政治动员能力，即对国内外硬实力的调动和使用能力。"他认为，软实力分为政治实力和文化实力两个方面，"软实力＝政治实力×（1+文化实力）"，"软实力的核心是政治实力"。而一国的综合国力是硬实力和软实力的积，即任何一方为零时，综合国力都等于零。但在这个公式中，软实力却不是政治实力与文化实力的简单相乘，如果文化实力为零，软实力依然存在，但是一旦政治实力为零，软实力则等于零。该软实力公式表示了三个要点：第一，没有政治实力，文化实力是起不到软实力作用的；第二，没有文化实力，政治实力可独自起到软实力的作用；第三，文化实力和政治实力的增长都有利于软实力的增长，但政治实力是根本。

另外，还有一些专家对国家软实力的模型进行了一番探讨，认为一个国家的政治软实力应是"政治实力＝国体政体吸引力×国家战略创新力×政治感召力"。一个国家的政治实力取决于国家体制和政治体制的状况，国家战略的创新能力、政治价值观和政治感召力。一个国家的国家体制和政治体制都是由宪法规定的，国家体制和政治体制是一个国家政治实力的基础。

在探讨国家文化软实力的模型时，有的专家以"文化实力＝文化传承力×文化创新力×文化传播力"作为国家文化软实力的基本模型。一般来讲，一国的文化实力由这三个要素决定，一个国家的文化是否发达会深深受到历史文明传承的影响，它是文化传播、文化发展和创新的基础，没有历史文化文明的传承就没有现实文化的发展和创新，文化传播又会极大地推动文化发展和创新，并进一步影响全世界。当代中国的文化对世界其他国家的影响力还远远不够，在全球化进程中，我们最需要提高文化传承力、文化传播力和文化创新力。

三、针对企业软实力的研究

中国软实力研究中心自2006年初始,组建了一个15人的课题小组,其中有12名小组成员来自跨国公司和优秀的本土公司中的中、高层管理者,他们开始了对企业软实力的关注和研究。历经一年半的调查、研究,先后深入海尔集团、联想集团、希望集团、海航集团、东软集团、蒙牛集团等一批中国优秀企业中,展开了多次访谈、座谈,并就企业软实力建设这一问题与张瑞敏、牛根生、刘积仁、刘永好、陈峰等企业家做了深入的探讨。最终,他们将企业软实力这一概念清晰化、可视化,并及时推出了企业软实力测评体系。使软实力不仅停留在概念上的探讨,而且能通过测评体系进行系统的测量,有效发现企业软实力建设中的缺陷和短板,从而可以有的放矢地提升企业的软实力,将软实力概念得到落地。

(一) 企业软实力

中国软实力研究中心给出了企业软实力的定义,认为企业软实力是相对其硬实力的非物质化的一系列要素,它是整合和使用硬实力的能力,是企业发展不可或缺的支撑要素,是最终实现企业运营效能最大化的关键。我们做一系统观察就可感受到,像企业的资本,它表现为硬实力,而对资本的运作能力,则属于软实力;企业的人员规模数量是一项硬实力,但只有这些人具备了一定的综合素质和执行力水平等软实力指标,才能真正地反映出企业的实力状况。在企业中硬实力是以物化形式存在的要素,如企业设施、资本、人员、经济规模等,它仅仅是用以衡量企业做大做强的客观标准。

(二) 企业软实力与硬实力的关系

在企业的具体经营过程中,企业软实力与硬实力是相互依赖而存在的,并在发展过程中相互转化,具体体现为以下三个关系:

互根关系:双方互相依存,均以对方存在为自身存在的前提,硬实力是软实力的有形载体,软实力是硬实力的无形延伸。

转化关系:双方在一定条件下可各自向另外一方转化,即硬实力在一定条件下可转变为软实力,软实力在一定条件下也可转变为硬实力。

相生关系:双方处于永恒的变化之中,通过螺旋式的上升,实现动态的平衡，在平衡中追求和谐。

（三）企业软实力模型

中国软实力研究中心在研究企业软实力过程中进行了系统性研究，特别突出了"人"与"事"两大基本要素，并用二者构建起一个坐标系：以人为纵轴，纵轴的两端自上而下是决策者和执行者；以事为横轴，横轴的左右两端则分别为无形的组织行为与有形的业务活动，形成了企业软实力六力模型图（见图1-2）。

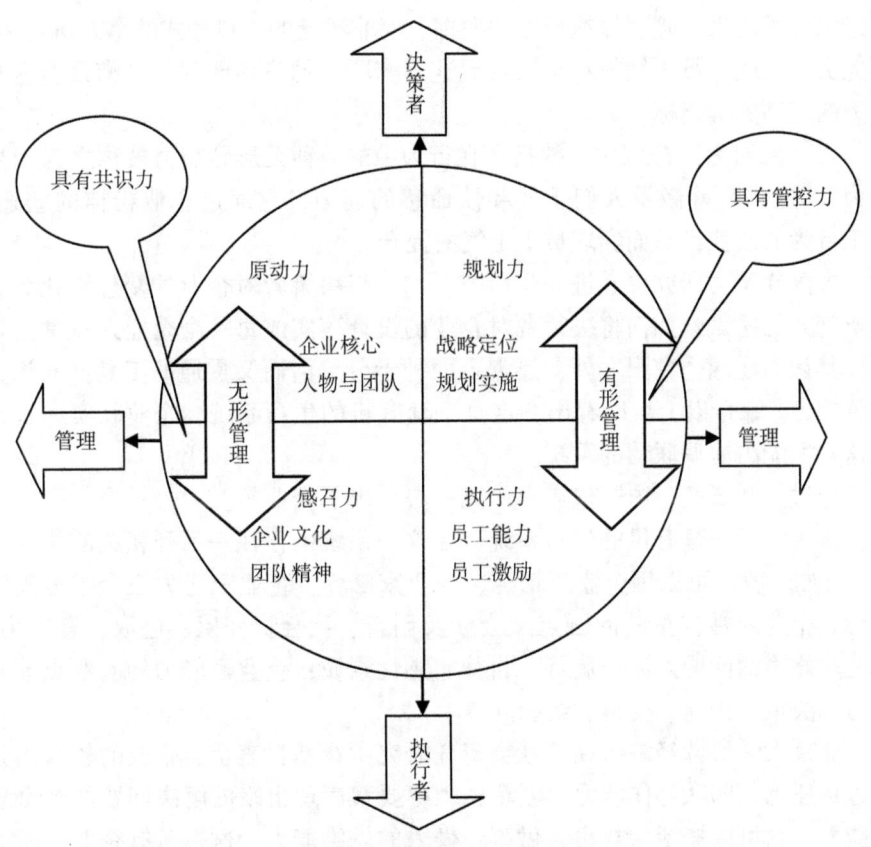

图1-2　企业软实力六力模型

资料来源：中国软实力研究中心网络。

在"原动力"象限中，决策者对于无形的组织行为所应发挥的能力，命名为"原动力"，因为企业家是企业软实力建设的主体和源泉，而能力总与一定的资源紧密相连，企业的人力资本正是软实力建设的核心，企业要保持长盛不衰首先取决于生生不息的原动力。在此，把企业家自我修炼、高管层的建设和分配机制的构建作为原动力培育的三大基石。

在"规划力"象限中，决策者对于有形的业务活动所应发挥的能力，被命名为"规划力"，决策者最重要的任务是对充满不确定性的未来做出预见、判断和决策，设定企业的发展目标与路径，以此指导企业资源的分配与整合，这种能力正是衡量一个决策者与执行者的价值分水岭。

在"执行力"象限中，执行者对于有形的事所应发挥的能力，当是人人都熟悉的"执行力"，但是在软实力的系统之中，我们高度关注的是如何运用组织的手段来保障整体执行力的发挥，而非泛泛的、口号式的个人执行力，因此员工效能、员工绩效和员工发展这紧密联动的三项要素就是衡量企业执行力的三项关键指标。

在"感召力"象限中，执行者在行为中的一种无形影响力被称之为"感召力"。这是一种激发人们士气和使命感的能力，它通过企业精神的塑造、员工行为的改变，从而实现员工士气的提升。

中国软实力研究中心进一步研究，如何将决策者对企业的梦想转化为企业所有人的愿景？如何将决策者对企业的设计落实成每一个企业人日常的任务？其认为在四个象限之外，还需要两种十分灵活而又贯通的工具：共识力与管控力。综合以上可以看出，这是一套有机的生命系统，企业软实力正是由这六大能力协调联动的系统。

经过一番研究，中国软实力研究中心得出了企业软实力是一个复杂的概念，认为它是一套有机的生命系统，在这一系统中存在一系列相关的构成要素。例如，我们可以用企业家精神、企业家修养、企业家能力三个维度观察问题。企业家精神里的问题点又会涉及创新、社会责任感、进取、意志力；企业家修养的问题点涉及胸怀、自律、感性素质；企业家能力的问题点涉及学习、决策、沟通、变革、组织。

北京大学民营经济研究院社会责任研究所崔基哲表示，企业的软实力是通过责任感、团队协作能力、创新思维等要素表现出来的解决问题的综合思维能力，它可以概括为找事、做事、做人的思维能力，这是所有企业、所有岗位都需要的。随着知识经济时代的迅猛发展，整个世界正处在新的历史性巨大变革之中，其中最具有决定意义的就是经济全球化的大趋势。世界正在变得越来越平坦，无论是国家与国家之间，还是企业与企业之间、人与人之间，越发地你中有我、我中有你，全球化使国家、企业、个人单独作战获得成功的可能性大大降低，只有结盟才能在更高的起点上获得更长久的竞争优势。这意味着，在全球整合企业时代，技术、人才、资本、设备等关键硬实力要素都在全球流动，企业要么成为被整合者，要么成为整合者，然而，无论是整合者还是被整合，最后都会赢在整合后的效率上，而实现效率提升依赖的却是企业的软实力，这一点恰恰是中国企业的软肋。在具体的管理操作实践中，软实力的作用一直不可替代，事实上它在企业发展中的作用早在企业诞生之日就早已启动了，只是人们用而未自知罢了。1999年，蒙牛集团创业伊始，能以1000万元资本和一个租来的生产线开始创业并得以快速起家，从无市场、无产品、无品牌的"三无企业"开始，苦战五年时间就闯入中国牛奶行业的第一阵营。蒙牛所创造的火箭式成长速度，其根本原因在于牛根生领导下的高效团队。牛根生认为，这支创业团队的根本特点，在于有一套以经营人心为核心内容的极具自身特性的蒙牛文化，这正是本书探讨的企业软实力的功用。

（四）企业文化是企业软实力的核心

当前，学者和企业管理者普遍认为依靠企业文化建设带动企业管理，是企业经营管理达到更高境界层次的体现。推进企业文化管理已经成为企业管理的发展趋势，众多有远见的企业已经把企业文化建设当成了提高企业软实力和核心竞争力的重要手段。海尔集团张瑞敏曾说："海尔的可行竞争力就是海尔文化，海尔的什么东西别人都可以复制，唯独海尔文化是别人无法复制的。"企业文化作为极易接受的一种管理模式，把企业管理理论也推到了新的高度，也随之把企业文化变成了可促进企业竞争力和实现可持续发展的"软实力"。

在人们广泛认同企业文化在企业经营中占有重要地位的时代，企业文化在企业中到底发挥着什么作用？这值得深思。企业文化是对企业组织的共同价值观念、共同思维方式、共同行事习惯的概括，是诱人的内心世界要素决定的，这必然涉及个人的软实力因素。在一个企业组织中，提倡什么、反对什么，鼓励什么、限制什么，推崇什么、贬低什么等，都会直接影响企业组织成员个人的努力方向，并最终决定企业的经营效果和经济效益。一个企业的效益好坏、寿命长短，也因此而与它的企业文化的性质直接关联起来。作为企业文化的价值观念、思维方式和行事习惯，不仅会影响企业组织中每一个成员的行事态度、行事方式，而且其行事能力也会受其影响。

人作为社会性动物，尽管有共同的本质特性和生理特点，但不同的人之间却仍然表现出很多、很大的差异，使得人们在广泛的社会活动中被区别和辨识。任何一个人在与其他人进行比较时，总会发现自己与他人的不同，有自己独有的特征。他们的五官形象、心理状态、心智表现也都各不相同。这种差异的存在，直接决定于人体的基因。企业文化就是企业的基因密码，它是使一个企业区别于其他企业的原因和本质特征。在众多的企业中，各自不同的企业文化直接表现为其内部成员广泛认同的价值观，它因企业内部价值观的不同而不同，并最终决定企业的命运。所以，企业文化在企业组织中必须起到基因密码的作用。

四、个人软实力的认知

在当今市场经济时代，一个人的综合实力可以分为硬实力和软实力两种，硬实力是通过某项证件可以证明的能力，如学历、技能证书、专业特长本领等，其是道行高低的体现；而软实力是指难以估量、暂时没办法用某项证件证明的能力，比如思维能力、沟通能力、表达能力、文化修养、学习能力、团队协作能力等，其主要是修为的体现。

（一）个人软实力的特征

个人软实力是指隐含在每一个个体体内，并且不宜用传统的证书考核而展现出来的能力。比如人的思维能力、语言表达能力、学习认知能力、性格品质、组织领导能力、团队协作能力、沟通能力等，它可用人的十商[①]进行概括。

要描述个体软实力特征，可进行以下形象的比喻：

在一个人身上，如果将其硬实力比喻成电脑看得见的硬件，软实力就是电脑直观上看不到反而起重要作用的软件。更直白地说，如果将硬实力比喻成一个人看得见的肉体或骨头，那么软实力就是他的思想灵魂或经络。

因此，一个人的硬实力表现为有形的状态，而软实力则处于无形状态，无形于有形之中，无形胜于有形，融于十商之中，就是德之资，德是才之帅。在具体发挥作用时，软实力与硬实力相互作用又相互配合，一个人唯有全面发展才会不断进步，真正完善自我，为自我的人生打下坚实的基础。

---

① 资料来源：中国软实力研究中心网络。

（二）个人软实力研究的意义

"软实力"是综合实力中的核心竞争力，是一种隐性的感召力和推动力。21世纪是竞争日益激烈的知识经济时代，用人单位对从业者提出了更高的素质要求，为了应对社会和就业竞争的需要，应积极进行个体"软实力"的培养，以便更好地适应未来的社会。

第一，对个人健康成长和职业生涯发展具有重要的指导意义。各种研究成果一旦被运用推广，就会产生积极的效果，有利于促进个体成长。

第二，为组织、企业发展提供优质的人力资源。通过个体软实力培养与提升为社会相关组织、企业提供了高素质的人员。

第三，提高国民素质。软实力是国民综合实力的重要表现，只有有了高素质的国民，才能建设成真正的高度文明、现代化的社会主义国家。

（三）个人软实力研究中的基本观点

在一个具有广泛联系的社会大环境中，社会人文环境就是个体软实力的综合体现，个体的软实力水平直接影响和反映社会整体的素质水平。

人们在不断研究和探讨后，对个人软实力的具体内涵、形成、提升等方面已有了更清晰的认识，并形（达）成了一些基本观点和共识。

刘兴奇创办了中国第一家针对个人的软实力教育企业（长沙软实力教育集团），并定义了"个人软实力"。他认为，一个人的综合实力可以分为硬实力和软实力两种，硬实力是可以证明的能力，如学历、技能证书、本领等，其是道行高低的体现；而软实力则是指暂时没法难以估量的能力，比如思维能力、沟通能力、表达能力、文化修养、学习能力、团队协作能力等，是一种暂时没法用证书考核的能力，它是一个人修养高低的体现。主要体现出人们常提及的情商因素。潘真进2012年9月19日在《湄洲日报》上撰文写到，个人综合素质是大学生就业的"软实力"，这种"软实力"在大学生就业或创业中的关键作用并不逊色于知识、技能等"硬实力"。在当今社会我们关注高校毕业生能力培养中"大学生就业软实力"逐渐被广泛提出。

尽管人们日益认识到软实力对组织和个体的重要性，但是对软实力进行专门研究的机构和人员仍然很少。在中国虽然一些学者对"软实力"概念做出了自己的基本界定，但多是停留在概念上，而对软实力在多层面上的内涵探讨还远远不够，通过什么途径提升软实力等问题很少展开系统的论述，对软实力的测量如何有效实施，也有待展开进行进一步的细致研究。特别是针对个体软实力的研究更为复杂，人的行动需要以思想为先导，这必然导致软实力在不同个体身上的千差万别。系统、深刻、紧密围绕社会实践开展软实力理论研究，已是当前各层次软实力建设必不可少的一环。软实力作为时代精神的一部分，软实力理论当然也是构成社会资源的诸类重要来源之一。要使个体的责任感、诚信精神、敬业精神、团队合作精神、人际沟通能力、职业道德等"软实力"要素水平得到提高，需要外在环境条件的刺激和个人内在觉悟的结合，还需要主观努力。

（四）提升个人软实力的意义

在当今发展迅速的高科技时代，无论是学习、工作还是生活，每个人自身具备的软实力显得愈加重要。因为一个人的软实力对自己来说是无形的财富，是一种无形的力量，是事业成功的内在基础。我们能看得出，社会中各行各业拥有硬实力的人不计其数，但是相对于硬实力而言，软实力才能让我们更有能力、得心应手地处理好学习、工作、生活中的突发事件，才有能力胜任更难的工作。结合对个人软实力内涵的理解，笔者认为作为一个社会工作者，不断提升个人软实力水平具有重大意义。

第一，个人软实力水平的提升有助于提高自身的责任感和使命感。调查研究中发现，那些对事业忠诚、执着、负有责任感和使命感的高校毕业生，往往都有着强烈的自主创造精神。也就是说，软实力水平高的人在围绕要实现的目标打造自我的过程中，能唤醒自我发展意识，并能充分发挥内在潜力作用。

第二，个人软实力水平的提升有助于提高团队合作意识。现代社会是个开放的社会，个人好想法、好创意要想让他人和团队尽快了解并能够采纳，个人的表达和沟通能力显得尤为重要，它关系到个体与团队合作、相处是否融洽。表达和沟通能力是个人软实力的重要一环，懂得一定的沟通技巧，将自己想要表达的信息，有效地传递给他人是个人职业生涯中最有用和最重要的技能，抓住机会锻炼自我表达和沟通能力，积极表述自己对各种事物的看法和意见，掌握与人交流和沟通的艺术，能大大提升团队的合作意识。

第三，个人软实力水平的提升有助于提高持续学习能力，促进个人事业的持续发展。高校教育能培养大学生用新时代的眼光、阳光的心态、善于学习的自觉行为与良好习惯、独立自省的态度去思考面对未来自我职业的发展，那么大学生的软实力将会真正地发挥其作用。可见，大学生学习能力的培养最重要的是改变他们的思维体系和行为模式，做到有眼光发现可学之处，准备好良好的学习心态，通过不断练习将可学之处变成自身的行为习惯，不断反省自己在整个过程中的表现和学到的东西，做到持续学习，这样个人事业的发展将会蒸蒸日上。

第四，个人软实力水平的提升有助于提高对组织的贡献，进一步提升个人价值。软实力水平高的人在工作中往往能结合工作任务自主制定自我成长进步的详细计划，明确自己要达到的目标，有自我前进的动力和方向以及坚持不懈完成计划的恒心，不空谈目标，同时，其会给予自己成功可期的心理暗示，以激发个人前进的脚步，具备自我反省的自觉和阶段性的工作小结，增强继续完成计划的信心和决心。个人价值大多是自己对自己的评估和鉴定，要把实现个人价值与实现个人成长进步结合起来，与实现社会价值结合起来，真正把个人价值转化成社会财富，那么个人对社会、组织的贡献也就充分展现出来。

总之，个人软实力的提升也是综合素质水平的体现，它不仅利于硬实力的有效发挥，更能使一个人在复杂的社会环境中立足，获得丰厚的社会资源，并取得事业成功的人文保障。

第二章 大学生就业软实力问题综述

各领域相关专家和学者们在约瑟夫·奈的理论影响下都在谈"软实力",其中不乏优秀的观点值得借鉴推广,如文化软实力、外交软实力、科技软实力、军事软实力、体育软实力等。但是目前,在软实力问题的研究中,有关大学生就业软实力问题的研究却不具有重要地位,对地方高校大学生就业软实力问题的研究尚缺乏标志性的成果。这是本书以专题形式对该问题展开研究的原因所在。

2014年,习近平总书记在"五四"重要讲话中指出:各级党委和政府要高度重视高校工作,始终关心和爱护学生成长,为他们放飞青春梦想、实现人生精彩搭建舞台。要全面深化改革,营造公平公正的社会环境,促进社会流动,不断激发广大青年的活力和创造力。要强化就业创业服务体系建设,支持帮助学生们走向社会的第一步。各级领导干部要经常到学生们中去、同他们交朋友,听取他们的意见和建议。2018年5月2日,习总书记在北京大学师生座谈会上再次提出:高校要抓好三项基础性工作,第一,坚持办学的正确政治方向,人才培养一定是育人和育才相统一的过程,而育人是本。真正做到以文化人、以德育人,不断提高学生思想水平、政治觉悟、道德品质、文化素养,做到明大德、守公德、严私德。第二,建设高素质教师队伍。人才培养,关键在教师。教师队伍素质直接决定着大学办学能力和水平。评价教师队伍素质的第一标准应该是师德师风。要引导教师把教书育人和自我修养结合起来,做到以德立身、以德立学、以德施教。第三,形成高水平人才培养体系。学生在大学里学什么、能学到什么、学得怎么样,同大学人才培养体系密切相关。

从这里分析我们国家当前的育人导向,能看出国家对高校教育要求的实质,高校是立德树人、培养人才的地方,是青年人学习知识、增长才干、放飞梦想的地方,人才培养一定是育人和育才相统一的过程,而育人是根本。高校关心大学生的成长,激发当代青年的内在发展力量,使他们顺利走向社会并做出更大贡献是时代发展的必然。把立德树人的成效作为检验高校一切工作的根本标准,把立德树人内化到大学建设和管理的各领域、各方面、各环节，做到以树人为核心，以立德为根本。要真正做到这点，最关键的就是加速提升大学生的自身素养，注重软实力的培养，才能真正为就业做好充足准备。

一、大学生就业软实力的内涵

一般认为，大学生的硬实力是他们具有的可准确描述的专业知识和专业技能，是从事具体职业所必需的工作技能，是其在社会上用于生存的基本能力。具体说来，一个人的健康状况、长相优劣、家庭经济背景、专业特长等即是他的硬实力。大学生的软实力则是其在社会群体中的适应能力和心理承受能力的综合，具体体现在他们的思想状况、心理状态、语言表达、组织协调、社交、性格品质、团队协作等方面。由此可见，硬实力以外的个人能力都可称为软实力，也就是大学生专业学习、考试、拿学位之外的一切对生活、工作、个人成长有用的能力，这种能力明显地体现在就业、职业发展、追求幸福生活、人际和谐等能力方面。零点研究咨询集团董事长袁岳曾说，人生是各个场景的组合。软实力是指暂时没法用证书考核的能力，比如思维能力、沟通能力、表达能力、领导力、分析能力、快速学习能力、团队协作能力、性格品质等。

自"软实力"这一概念面世后，不断被运用于多个领域，也随之用来形容大学生所拥有的综合素质。笔者认为，高校大学生就业软实力作为个体化的一种隐形能力，是在复杂环境中形成和发展起来的，它是在个体行为中表现出来的一种个性化特征，具有一定的独特性。

（1）隐性化：大学生就业软实力更多的是通过自身的行为表现而被感知的一种能力，"软"是相对其硬实力而言的隐形特点。

（2）内生性：大学生就业软实力的成长具有内在生成性，是个体成长过程中渐次培养和形成的，具有明显的累积效应。

（3）复杂性：大学生就业软实力是一个内容丰富的概念，是蕴含于大学生个体内部多重要素的综合，是不同的个体素质要素相互影响的综合系统。

（4）垄断性：大学生就业软实力一方面具有内隐性，另一方面又是一个人长期学习感悟的结果，其他人难以简单复制，它发挥的作用在很大程度上依靠人的内在心智环境，这就是它的垄断性，不同的个体在软实力的表现上具有自身不同的特点。

(5) 可培育性：基于大学生就业软实力本身要素多样化特点，在日常生活学习中通过具体的职业生涯规划的指导和创新创业教育的培养措施，可以有效提升大学生就业软实力水平，进而改善大学生的人生轨迹。

(6) 持续性：这是指大学生就业软实力一旦形成，便构成了大学生自身的个性特征，它会在实践中持久地发挥作用，具有影响深远的持续力。大学生毕业走上社会置身职场，拥有一份工作，经过一定的锻炼便会成为部门主管，甚至成为老总，这是个人软实力在实践中的持续效果，也是我们每个人的追求和希望的发展前景。

对就业而言，大学生的"软实力"和"硬实力"是其综合实力的两个方面，两者互为促进、相辅相成、协调发展，如车之两轮、鸟之两翼，缺一不可。大学生的"硬实力"是培养大学生"软实力"的基础，大学生"软实力"的提升是实现大学生"硬实力"的强有力支撑。从专业上看，丰富的学识固然重要，也有利于思想道德、心理素质、人格魅力的提升，但一个有创新、讲诚信、擅合作、勤沟通的人更能为自己开创局面、得到支持，更能获得他人、单位、社会的肯定和认同，从而获得并能及时抓住优于他人的就业机会。

二、研究大学生就业软实力的紧迫性

我国大学生是特殊群体，我国的国情和高等教育培养的模式都决定他们的行为特征具有一定的共性，这对研究他们未来的个体发展具有重要的意义。2014年，我国高等教育的规模已经位居世界第一，高等教育的毛入学率达34.5%。《国家中长期教育改革和发展规划纲要（2010-2020年）》提出到2020年我国高等教育毛入学率将达40%，高等教育在学总规模将扩大至3550万人。2018年，教育部高等教育司副司长范海林表示，我国已经建成了世界上规模最大的高等教育体系，我们的高等教育毛入学率达到48.1%，即将由高等教育大众化阶段迈入普及化阶段。我国高等教育快速发展达到了巨大规模，同时，高校大学生质量的培养问题也向我们提出了新的挑战。长沙理工大学校长赖明勇在"高校教育要厚植创新创业文化"中曾明确提出，我国高等教育规模的稳定增长带来两个重要命题，一个是如何持续提升教育质量的问题，还有一个是保证大学毕业生高效就业的问题。从我国目前的社会形势对人才的需求来看，在当今的高等教育中，如果再继续单纯强调培养掌握高级知识的专业人才已变得不合时宜，而应注重强调知识与能力的有效结合，品行与素质的协同提升，把握人才培养基本标准与鼓励个性化发展相协调①。

当前，有相当多的高校大学生为了能够顺利就业，他们在毕业前积极进行就业准备，但这些准备也仅仅是忙于考取各类证书，诸如计算机和英语等级证书、职业资格证书、第二学历证书，甚至有人把机动车驾驶证也拿到手等，这些虽能证明他们具有一定的硬实力。但是真正进入求职现场时，常常是各种证书却难以抵上一张"嘴皮子"，这让拥有诸多证书的学生难以理解和接受。新华网曾经爆出"大学四年狂揽65个证书，大学生却找不到工作"的现象，这在很大程度上说明，这是当前大学生重学历、重表象，忽略能力和实质发展而引发的突出问题。其实，相当多的大学毕业生求职过程的面试可见一斑，出现应试不利的问题常常源于一些具体的环节甚至是一些小细节，归根结底还是大学生自身的就业软实力不足。

各高校对在校大学生学习环境的创设、人才培养方案的制定实施、严格的考试制度、日常学习考核措施的采用等，都能为他们学习较好的专业知识素养提供有力保障。但是，在大多数行业中可供选择的高校毕业生供过于求的情况下，社会企业及用人单位招聘人才时更加理性务实。很多机构、企业明确表示，同等条件下，绝大部分毕业生具备的专业水平相差不是太大，但包含在他们的学习能力、品性素养、社交能力以及团队合作精神方面却是千差万别，仅凭几张证书不能反映出这些实力的大小，只有通过面试中的细节才能清晰地看到他们简历之外的东西。很多企业、用人单位（如家政公司、幼儿园、各种教育培训机构等）都把要求学生具有"较强的应变能力、沟通协调能力、高度的责任心和良好的团队精神"等作为招聘的首选条件。相当多的大学生偏爱自身"硬条件"的情况下，用人单位却更加看重他们的就业"软实力"。显然，这使得当前就业市场上的激烈竞争，成为了大学生就业软实力的较量。当我们培养的学生在就业竞争中败下阵来时，往往并不是缺乏专业技能，而是缺乏用人单位青睐的就业软实力。大学生的就业软实力与社会要求之间的明显差距，是造成大学生就业困难的主要原因，大学生的就业软实力决定其就业竞争力和持续发展力。在对待就业软实力的功用培养学生方面学校不重视、家长不明白、学生没意识的情况下，"软实力"就成为了很多人就业和职业发展的最大绊脚石。

随着改革开放的深入，高校招生规模的一再扩大，2008年大学生的录取率已经达到了高考人数的60%以上，截至2019年参加全国高考的考生人数突

---

① 资料来源：《光明日报》2015年9月7日。

破了千万人大关的情况下高考录取率已达到87.29%。可见，我国的高等教育经历了规模急剧膨胀后而进入高等教育的大众化阶段。数量规模的急剧膨胀加上教育观念和培养模式的滞后，导致了当前我国高等教育中的一系列问题亟待解决，特别是大学生就业软实力的不足已经严重影响到了大学生的健康成长和有效就业，同时，也给社会和家庭带来许多棘手的问题。

从社会层面看，大学生就业软实力不足直接导致了大学生就业方面的问题存在，给社会带来新的负担和压力。在论及该问题时，我们认为大学生就业问题应该从内外两个方面展开认识。从外部看，它与社会经济发展和大学生培养模式等方面相关联，从内部看则要着眼于大学生自身素养的提升，这点更是造成当前大学生就业难的重要原因。我们必须从提高大学生的就业软实力，即素质能力这个根本因素入手，做到为大学生排忧解难，最终提升他们的就业能力。

纵观近些年来，每年毕业季大大小小的大学生招聘会现场，一方面是苦读了十几年后求职者们疯狂的求职场面，另一方面却是一些企业在众多的大学生应聘者面前苦觅，却很难找到自己中意人才的无奈与苦闷。在大多数行业中可供选择的高校毕业生供过于求的今天，就业市场的激烈竞争实际上是大学生就业软实力的较量。

我国正在全面提倡"构建和谐社会"。从宏观上看，和谐社会应是全社会不同层次、不同群体、不同区域和行业的和谐；从微观上看，是你、我、他之间的人际关系的和谐。在我国社会处于转型和全面深化改革的新时期，各种挑战正考验着广大的青年。同时，青年一代也承担着建设新时代的使命。在这样的社会背景下，只有全面提升每个人的自身素质，社会才能更加和谐、稳定，经济才能更加繁荣、昌盛。所以，各高校在做好专业教育引导的同时，还应责无旁贷地加速培养和提升高校大学生的就业软实力水平，对教育培养中存在的问题进行深入探究和有效解决，加速构建提高大学生就业软实力水平的具体途径和措施。这也是本书努力寻求和探索的路径。

三、研究地方高校大学生就业软实力的意义

当今世界正处在大发展、大变革、大调整时期。世界多极化、经济全球化深入发展，科技进步日新月异，人才竞争日趋激烈。在我国改革发展的关键阶段，深化改革形式会全面推进经济、政治、社会、文化以及生态文明建

设，工业化、信息化、城镇化、市场化、国际化会更快速深入发展。在面对人口、资源、环境压力日益加大、经济发展方式的快速转变时，都呈现出提高国民素质、培养创新人才的重要性和紧迫性。中国未来的稳定发展，关键靠拥有更高水平软实力的人才。

研究地方高校大学生就业软实力，一是有利于增加地方高校大学生就业时的"核心竞争力"。在未来的职场中到底什么才是地方高校大学生就业时必须具备的核心竞争力？答案只有一个：那就是"不可复制"的就业"软实力"。二是有利于提升国家文化"软实力"。文化实力已经成为衡量一个国家综合国力强弱的重要标志，提升国家文化软实力就必须提升整个国家国民的文化意识和综合素质。一个国家国民的文化素质，在很大程度上是由本国人受教育的程度决定的。大学生作为未来国家的接班人和受教育程度较高的人群，对于提升国家文化"软实力"具有举足轻重的作用。

大学生的"软实力"是一种终级竞争力，并且是核心竞争力。"硬实力"虽然相当重要，并且在一定时期也起到关键性的作用，但那只是阶段性作用，而不能居于核心竞争力的位置。"软实力"产生的效力是缓慢的、长久的，而且更具有弥漫扩散性，更决定影响其未来的长远发展。《老子》中说："天下莫柔弱于水，而攻坚强者莫之能胜，以其无以易之。弱之胜强，柔之胜刚，天下莫不知，莫能行。"在广泛的社会竞争中，个人核心竞争力中最关键的是软实力水平，正是老子强调的"以柔克刚"所产生的效果。在当今充满各种竞争的时代，一个人在不同竞争领域中胜出主要靠的是核心竞争力。它是个体拥有而不易被竞争对手复制、具有竞争优势能力，他在个体身上会持续发挥作用。大学生的核心竞争力应从人生定位开始形成，未来拥有独特的资源运作整合能力、行动能力与创新思维等。

当代大学生核心竞争力的关键在于就业软实力的强弱，当他们具有了较高水平的软实力后，才更利于形成自己的核心竞争力。在竞争无处不在的社会里，人们参与社会的各种活动进入市场，就不可避免地面对和参与竞争。如何做到在各种竞争中取胜？最重要的一点是打造出个人的核心竞争力。我国新时期成长起来的大学生，要打造出个人核心竞争力，有效应对未来的各种挑战和竞争，就应把握目前的学习机会，积极参与各种特色的实践活动，实现个人就业软实力水平的不断提升。

在具体学习中，大学生学好专业知识固然重要，但要将自己所掌握的专业知识尽可能地转化为专业能力，在社会实践中得以施展，在很大程度上还需要"软实力"来铺路搭桥。高校的教育条件为大学生就业"软实力"的提升提供了现实的平台，个体参与起主导作用，只有通过积极地参与个体就业软实力才能真正得以提升。当前，在我国出现大学生就业问题的新形势下，更亟须着力提升大学生就业"软实力"，以使他们的自身条件与社会用人单位要求相适应，这也是缓解大学生"就业难"问题的一个有效途径。

加强对地方高校大学生就业软实力的培养，一是有利于地方高校大学生的全面发展。在部分地方高校，由于更多地重视培养大学生的硬实力，导致部分学生空有知识储备却难以在从业过程中发挥出优势，直接影响其就业。培养大学生的就业软实力，有利于培养其人文素养和人格魅力，具有创新意识、与人沟通的能力，促进其全面发展。二是有利于帮助地方高校大学生客观审视自己的能力。大学生进入社会之前，大多是在学校与家庭中被呵护着长大。在此过程中，大学生容易高估自身的能力，所以对工作的要求较高，一旦受到挫折时，也更容易产生自卑心理。如果提高大学生的就业软实力，则有助于其正视自己的能力，从而选择合适的职业，顺利就职。三是有利于提高地方高校大学生职业规划意识。多数学生在大学期间没有对自己进行长远的职业规划，缺乏对现阶段就业形势、环境等方面的规划，导致在就业时，难以找到合适的岗位。四是有利于提高大学生自身适应社会的能力。相当多的学生由于已经适应大学里的生活，导致就业或实习时难以迅速适应所处环境的变化，在从业过程中，不能最大限度地发挥自身潜力，容易受到挫折，从而影响到以后的自我发展。

通过对当前地方高校大学生就业软实力的具体研究分析，特别是能有效评价当前大学生拥有的软实力水平，让每一位大学生明白自身软实力的量化指标、等级划分标准和对其今后发展的影响，就会从大学生的主观意识上产生新的效果，并能激发他们积极地投入到学习和提升软实力上来。在社会实践活动中，他们也会更加积极锻炼，广交朋友，全面适应新的社会形势。在人际交往上，能做到换位思考、强化自身责任感、培养创新思维等，最终对他们做事、做人都会产生积极的影响。

在竞争日趋激烈的社会主义市场经济时代，大学生的就业"软实力"已成为他们实现个人价值、有效服务社会不可缺少的因素。从社会的广义角度研究大学生的就业软实力时，可以把就业软实力理解为一个人争取社会资源、赢得支持、融入团队、影响他人的一种能力。《孟子·公孙丑·下》谈及"天时不如地利，地利不如人和"，就是讲一个人对社会资源运用的一种软实力，是构建和谐人际关系的能力。然而，在社会现实中，地方高校的大学生能做到注重学历、技能、各类证书等"硬实力"的获得，却往往容易忽视"软实力"的培养和提升，以至于在大学生群体中较普遍地出现了个人素养缺陷、敬业精神低下、人际协调沟通受阻、心理状况不佳等不良现象，这些正严重影响着大学生的健康成长和顺利走向社会。因此，对了解目前地方高校大学生具有的就业软实力现状，开展如何提升其就业软实力水平的研究具有十分重要的现实意义。

第一，清晰了解地方高校大学生所具有的就业软实力水平的现状。大学生的就业软实力是一隐性因素集，它的作用产生具有随机性和隐蔽性，我们必须进行深入探索才能搞清楚地方高校大学生就业软实力现实状况。

第二，有利于有的放矢地培养和提升地方高校大学生的就业软实力，全面提升大学生的综合实力。就业软实力自身特点决定了难以对其作用状况进行有效把握，只有通过系统分析，切实理清提升就业软实力需要的脉络、思路后，方可有针对性地提升地方高校大学生就业软实力水平。

第三，有利于促进地方高校大学生健康成长。在现有的环境下，就业软实力更容易让人利用现有的资源，发挥出个人的最大优势，这就是就业软实力作用的核心。当一个人拥有了较高的软实力水平，它就更能有效驾驭个体行为，在具体社会活动中做到扬长避短，出奇制胜。

第四，有利于地方高校大学生就业和今后在社会上更好地发展。软实力是硬实力的有力辅助，是硬实力得以有效发挥的促效剂。当大学生拥有了一定的专业技能后，还需要充分发挥其软实力的功效，把这些能力与社会对接，找到能得以发挥作用的平台，甚至要与人合作，才能英雄有用武之地。

第五，有利于用人单位整体软实力的提升。每个个体都要融入一定的组织，个体能力高低直接影响和作用于一个组织整体的发展。目前，地方高校向社会输送的人才，不仅要硬实力过关，更要软实力过硬，才是培养出了真正适应社会发展的人才。

四、研究地方高校大学生就业软实力的整体思路

本书深度关注地方高校大学生就业"软实力"问题，结合当前的研究背景，采用实际调研的方式，对地方高校大学生目前的就业软实力水平进行实证研究。问卷内容涉及品德素质、职业素养、人际沟通、创新精神、团队合作等方面，通过对地方高校大学生不同群体样本抽取和调查，达到了问卷调查的预期目的，再通过进一步分析第一手资料等，发现地方高校大学生在自身软实力方面存在的主要问题，深入分析影响大学生就业"软实力"发展的不利因素。科学研究反映地方高校大学生就业软实力的指标构成体系，构建

起能有效衡量地方高校大学生就业软实力的测度模型，用于研究和评价当代大学生的就业软实力水平，以利于清醒地认识自我，并有针对性地提出提升地方高校大学生就业软实力的基本途径。为地方高校在贯彻实施教育规划纲要、服务国家战略需求、促进经济社会发展、实现特色性发展提供参考。

研究地方高校大学生就业软实力问题，必须结合实际构建科学清晰的思路，然后才能有效开展研究工作并取得应有的成果。在研究地方高校大学生个体就业软实力问题中，我们将遵循以下基本思路展开研究，如图2-1所示。

从与现实的结合看，对地方高校大学生就业软实力问题的认识和研究可在国家的层面、区域的层面、企业的层面、校园的层面，直至个体的层面展开。我们在此的探讨主要从大学生个体身上展开。

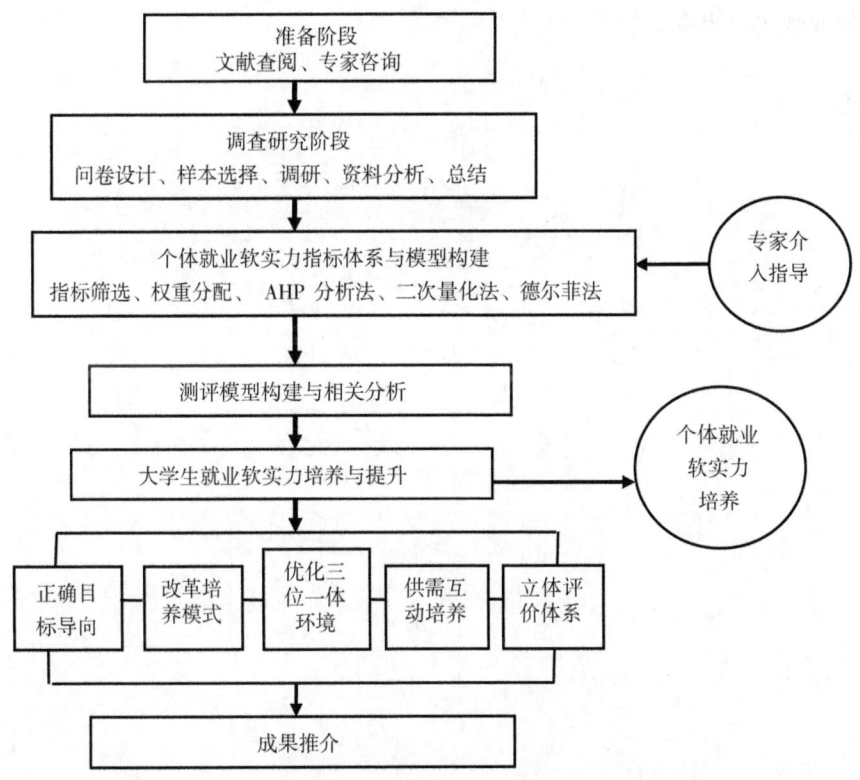

图 2-1　大学生就业软实力培养与提升路径研究基本思路

研究的准备阶段：针对地方高校大学生个体发展现状特点，查阅有关文献资料，咨询有关专家进行问题的基本探讨和定位。

调查研究阶段：根据研究的内容设计调查问卷和收集信息的渠道，选择调查样本，通过实施具体调研方案获得客观的信息资料。笔者对调研资料进行整理分析，针对调研的基本对象和要素发现问题，并进行初步分析总结。

构建评价地方高校大学生就业软实力指标体系：根据对大学生个体就业软实力要素的调查结果进行初步整理和筛选，经过不同层面的检验和评价，形成描述大学生就业软实力的指标体系。

建立地方高校大学生就业软实力测度模型：模糊数学理论构建评价大学生就业软实力水平的评价模型，把具有定性特点的软实力水平转化为量值。

就业软实力水平测度实证：选择一定的样本，利用构建的评价模型进行测评，观察测评结果，并与被测评对象的实际表现进行比较，检验可信程度。

地方高校大学生就业软实力水平提升研究：根据当前地方高校大学生就业软实力形成的特点与地方高校对其构成的影响因素，探讨如何培养与提升其就业软实力水平。

第三章 地方高校大学生就业软实力的现状研究

在全面深化改革的新时代背景下，我国社会各个领域都在发生着深刻变化，社会各类组织机构的用人观念也在随之改变。我国高校毕业生就业市场目前呈现两种就业现象。一方面，高校毕业生就业人数与市场企业需求人数相比，存在供大于求的现象，高校毕业生供给超过了经济增长带来的对大学生的需求；另一方面，由于社会产业结构的调整和经济体制改革，地区结构以及高校的专业结构的不合理致使大学生自身知识结构与能力结构不能适应市场需求，另外高校毕业生就业市场、就业机制的不完善，都导致高校毕业生的就业难度加大。总体而言，在当今就业市场上，一些企业和用人单位所欣赏的不再是应聘者一些表面性特征，而是更看重他们的内在因素和持续发展力。面对激烈的市场竞争，特别是企业在招聘人员时，它们更渴求具有较高就业软实力水平的专业人才，并能进一步将他们的才干和激情最大程度地释放出来，这也必将成为企业竞争力的核心要素。这种新的动向在提示高校大学生，在校期间能有效提升个人就业软实力具有特殊的意义。

一、地方高校大学生就业软实力现状调查

在研究大学生就业软实力问题过程中，用辩证的观点看待这一特殊群体是我们应该遵循的基本原则。一方面，高校大学生具有意识开放、思维活跃、易于接受新鲜事物等优点，他们是国家的希望和民族的未来；另一方面，这些年轻人受时代环境的影响，也具有反叛性、情绪化、浮躁等特点，容易形成一种不稳定的社会暗流。如果任其放纵，对青年群体不正确加以疏导，这种"暗流"就会长期影响社会进步。总之，当代地方高校大学生在社会的转型期正显示出个体发展中的多样化特征，我们要想准确认识和把握它们，就必须进行系统深入的研究。

2010年8月,河南理工大学万方科技学院对新形势下社会(企业)对人才需求的特点进行调查分析①,发现企业对人才的素质有五个最基本的要求:职业道德素质、专业技术素质、人际交往素质、良好文化素质、更新知识素质。

2010年10月29日《人民网·天津视窗》发表了南开大学对本校千余名学生就业情况的相关调查。调查结果显示:当今大学生已不再单纯希望仅凭一纸学历证书就能找到一份好工作,他们把更多精力投入到如何提升自身"软实力"上。在学生身上已渐渐表现出,除了毕业院校、学位证书等硬指标外,大学生的个人品德、团队协调能力、创新精神等"软实力"越来越受到重视。例如,在调查中对学生提出"您认为自己最缺少上述哪种素质"这一问题,结果分别有23%和19%的被调查者选择了"开拓创新能力"和"组织管理能力",认为自己缺乏"动手能力""人际交往能力""表达能力"的同学各占16%,另各有5%被调查对象选择了"适应能力""知识积累和学习能力"。多数受访者表示,社会最需要的素质也正是自己所最缺少的。一位受访者告诉记者:"其实我们不一定要完全具备所有的能力,要就事论事,积极获取与自己职业相关的素质,定向培养,理性选择,才能发挥它最大的效用。"此外,调查还发现很多大学生注重加强人际交往方面能力的锻炼。近三成的被调查者选择参加社团活动,两成通过与老师和同学加强沟通来积累人脉,用各种实习机会的占17%,只有5%的同学通过上网交友来积累自己的人脉。对于"你认为在大学期间应该以何种方式提高就业竞争力",被调查者除了选择"努力学习自身专业知识"外,大多数同学把票投给了"参加学生组织和锻炼综合能力"与"实习或兼职"。相对于学历、专业技能等"硬件"培训,口才、人际沟通、心理等体现综合素质的"软充电"在一些大学生中正悄然盛行。

据2012年4月23日中国新闻网消息:企业最青睐软实力佳的学生。调查显示,在实习过程中,受访者认为上司最为看重的主要两大能力是"用积极的态度对待问题,采取行动解决问题,不怨天尤人或为失败找理由",以及"在征询上司意见前,先给出一些建议和分析"。

在面试中,受访者们普遍认为可以打动面试官的特点为:"积极主动、准确清晰表达自己的观点;言之有物"坦率地表达自己的看法"。另外,受访者们还强调在面试中的真诚态度。坦率真实的表现,才能与适合自己的职位匹配,对将来的发展是有利的。通过伪装得到的职位往往容易导致在今后

---

① 资料来源:http://3y.uu456.com,三亿文库。

的工作开展中力不从心，更加费时费力。前者体现了员工在工作中的积极态度和对工作的责任心，后者则体现了工作中的主动性。

2018年5月3日《人民日报》报道：记者采访了北京、杭州、上海的多家企业，谈谈用人单位想要招聘什么样的大学生。58英才招聘研究院院长李妍告诉记者，根据58英才招聘研究院的数据研究发现，企业往往更加看重大学生的快速适应环境的能力、社交能力、人际理解力。作为用人单位，企业一致强调并认可，他们更需要可塑性强、有潜力的高校毕业生。企业在招聘过程中注重能力的同时，更看重大学生的职业道德修养和人品，拥有社会责任感和大局观的高校毕业生备受青睐。阿里巴巴的招聘负责人告诉记者，"皮实、聪明、自省、乐观"是他们对所有即将加入阿里的年轻人寄予的期望。"皮实"意味着内心强大，能够正确对待挫折，抗压能力强，面对压力能够有技巧、有策略地化解；"聪明"指的是专业的能力和开放的思维，智商与情商都高；"自省"要求应聘者能保持经常反省自身的好习惯；"乐观"意味着始终充满好奇心和乐趣。北京首农食品集团三元食品在看重能力的同时，更看重个人的人品和职业道德修养；人力资源总监李萍告诉记者，"好人品、正能量永远是职场上成功与晋升的基石"。除了人力资源招聘科学化的测评工具外，三元食品还会通过面谈与无领导讨论方式，发现大学生的性格本质与自身修养。由此可见，社会中的诸多大企业越来越关注高校毕业生的就业软实力。

笔者在研究地方高校大学生就业软实力问题的最初阶段，先是与用人单位（主要是企业、事业、党政机关单位）进行对接，以便把用人单位对地方高校大学生软实力要素内容及水平的要求与大学生自身具有软实力要素水平状况进行初步比较，以利于在对比中发现问题开展有针对性的研究。在经过访谈和征求多家用人单位意见的基础上，我们整理出了实际工作中要求较高的10项软实力（或能力）要素，对其进行深度关注和考察，作为对地方高校大学生当前软实力水平进行初步探讨的基本内容。具体有：压力承受能力、口头表达能力、学习能力、组织协调能力、积极主动性、时间管理能力、团队协作能力、处理人际关系能力、敏锐性、奉献精神。

从2011年3月到2016年12月，在5年多的时间里，笔者坚持对地方高校大学生就业软实力状况和变化进行了持续调查，对部分调查对象还进行了跟踪式调查，形成了较为完整的研究周期。调查对象共涉及北京、上海、江苏、山东、陕西、四川、辽宁、广东等省市不同类型的26所地方高校中不同年级的本科大学生，涵盖了文史、经管、计算机、机械设计、建筑工程、农学、音乐、美术、数学等文理科17个专业，共通过纸质问卷、电子邮件、短信、微信、面对面等形式调查大学生1146人。针对以上10项基本要素，结合有关的影响因素整理成问卷，进行初步了解地方高校大学生就业软实力状况。在调查评价过程中，要求被调查者客观认识和评价自己，把自己的相关就业软实力指标进行5个等级的划分，以分值表现。对测评要素的具体得分值的分配：很好得5分，良好得4分，一般得3分，较差得2分，差得1分，实施匿名评价。

笔者对被调查者的社会背景、学校、年级高低、专业、性别等不同进行了分类统计比较，从中进一步发现了他们之间对就业软实力要素的感知和认同情况，用于折射影响软实力的一些具体因素。在他们的积极配合下笔者实现了全面性调查，取得了有关大学生就业软实力问题的第一手资料。通过对资料的具体整理分析，得出了反映大学生就业软实力情况的一览表（见表3-1）。

表3-1 大学生就业软实力要素自评得分汇总

学生类别	软实力要素	抗压能力	组织协调	主动性	学习力	语言表达	时间管理	人际关系	团队协作	奉献精神	敏锐性
学校	重点高校	3.81	4.20	4.50	4.36	4.06	4.36	3.62	3.74	3.12	4.16
	一般高校	3.70	4.11	3.32	3.68	4.15	3.42	4.02	3.68	3.50	3.75
文理	理工科	4.0	4.02	4.10	4.14	3.90	4.07	3.66	3.90	3.61	4.30
	文科类	3.51	4.11	3.72	3.9	4.31	3.71	3.98	3.54	3.01	3.61
城乡	城市	3.80	4.33	3.97	4.16	4.26	3.88	4.01	3.46	3.20	4.21
	农村	3.71	3.88	3.85	3.88	3.95	3.90	3.63	3.98	3.42	3.7
年级	高年级	4.01	4.30	3.90	4.14	4.50	3.87	4.31	3.40		4.15
	低年级	3.50	3.91	3.92	3.90	3.71	3.91	3.54	3.13	3.22	3.76
性别	男生	4.02	4.23	4.12	4.01	3.89	3.78	3.91	4.22	3.48	4.30
	女生	3.49	3.98	3.70	4.03	4.32	4.00	3.63	3.22	3.14	3.61
平均值		3.75	4.1	3.91	4.02	4.1	3.89	3.82	3.72	3.31	3.95

注：①表中的数据是被调查对象各要素自我评价分值的综合平均值，用于反映大学生某一就业软实力要素的水平。②在对大学生进行分类的基础上，分别考察其就业软实力要素水平，结果显示只有3项指标达到良好状态（得分在4分以上），其余大部分处在一般与良好之间（得分3~4分）。若把10个要素的得分进行简单平均，被调查地方高校大学生的总体就业软实力水平估计值是3.875。尽管这一数值接近良好状态，但是地方高校大学生就业软实力的总体水平还是偏低，若与社会用人单位的要求对应，还不能实现较好对接，仍有很大的提升空间，特别是对于得分在平均值以下的大学生，在一些要素水平上有更大提升空间。

显然，表中所列的10项软实力要素与地方高校大学生自身素质密切相关，这也深深影响着他们将来的就业和发展空间。这些要素也是大学生就业后承担较高层次管理工作所需要的基本能力，但是这些在很大程度上正是高等教育与社会需求脱节的主要体现，也是当前高校改革和提升教育质量的关键环节，与大学生就业软实力的提升息息相关。

根据社会研究机构的调查结果，北京麦可思 HR 信息管理咨询公司曾经对我国 2007 届大学毕业生做过一项工作能力分析研究。麦可思 HR 信息管理咨询公司把大学毕业生的能力划分为 35 项基本工作能力，在调查就业的应届毕业生时，请被调查对象评估各项能力在自己工作中的重要性、工作要求的水平和自己离校时掌握的水平。从调查结果中显示，重要性最高的 5 项基本能力包括积极学习、有效的口头沟通、理解他人、学习方法和积极聆听。结果表明，高校毕业生的这 5 项能力普遍达不到工作要求的水平。

李军凯从能力素质模型理论出发，以全国范围 2500 余份大样本调查和实证研究方法系统分析了大学生就业能力与求职行为的关系，构建了就业能力、求职行为过程和求职行为结果三者之间复杂的结构模型，验证了"能力通过影响行为进而影响绩效"的理论在大学生就业领域的适用性，这在现有的研究中尚属首次。在研究中不仅构建了大学生就业能力结构模型，还深入剖析和构建了就业能力各因子间的关系模型，量化展示了各因子间的相互关联，找出了内在核心因子和外在重要因子。该书形成的地方高校大学生就业能力与求职行为过程的结构模型和测量工具具有良好的代表性和信效度，符合我国的国情和实际情况。[①] 这为我们研究地方高校大学生就业软实力水平提升提供了重要参考。

在调查往届毕业生中发现，现在入职后的大学生也在业余时间尽量参加一些"与众不同"的培训，目的在于获得新的能力。这些学习与在学校考证时的培训相比，更偏重人的内在修养的培养。被调查者说："在校期间，我和其他同学一样，在选择培训课程时，基本上都是倾向于以证书、文凭为目的的培训。但是，在毕业季应聘中发现，最有用的还是大学 4 年在社团管理中锻炼的能力。"

通过调查已经毕业的大学生，他们大多表示在大学期间不能结合个人职业发展方向对大学生涯进行有效的规划，结果在学习中缺乏中心，无形中降低了自己走向社会的核心竞争力。直到毕业时对照用人单位招聘条件的时候，才意识到自己 4 年大学生活荒废了很多。正是这种情况，使得他们形成了个人就业中的能力短板。已经参加工作的往届毕业生表示："专业知识只是基

---

① 李军凯：《大学生就业能力与求职行为的关系研究》，北京大学出版社 2013 年版。

础,就业软实力肯定会在未来工作中发挥越来越重要的作用。"在对待个人认识上,有的也比较准确,特别是作为二本的地方院校毕业生,第一份工作不必太挑剔,但无论做"白领""蓝领"还是"灰领",都要保证自己能够通过这份工作获得成长,为以后的规划打下基础。从当前看,这些二本院校毕业生遭遇到的就业窘境,形成的根本原因就是大学生"要求不低,能力水平不足"所致,他们与重点名牌大学毕业生固然存在专业知识上的差异,而更关键的是学习态度与目标管理、自我管理能力、勤奋等就业软实力上存在短板。显然,不论是地方高校的培养教育还是大学生的自我成长都应重视到这一点,才能跳出这类高校大学生就业"高不成低不就"的怪圈。在高校学习的几年里,还要特别让学生认识到毕业证只是块就业初始的"敲门砖",走上工作岗位要取得职业发展,拥有"逢山开路,遇水架桥"的奋斗精神更有意义。二本地方院校毕业生,在充分了解自身竞争劣势的前提下,靠的是脚踏实地的拼搏。这正是"没有人会在意你是从井底踏着泥土向上攀登,还是踏着黄金道路往前奔跑。人生的路很长,个人发展与毕业证书真的没那么大的关联"。

2018年5月3日,人民网、《人民日报》就"毕业季 探就业"问题谈企业是想要一来就能独当一面的"成品",还是"潜力股",阿里巴巴负责人强调,"刚毕业的高校大学生作为新人进入企业可能并不是完美的'成品',但是,他们给企业带来了活力、新颖的思考角度。所以,阿里巴巴在校园的招聘方式是'招培一体化',即将招聘和对新人的培训结合起来。在大学生入职后的第一年,他们会通过各类培训帮助高校毕业生以更快的速度适应企业氛围,掌握职场所需的基本技能,完成从'校园人'向'职场人'的转变"。阿里巴巴负责人还强调,"学历和学校背景是他们招聘过程中的一个因素,但能力是决定是否录取一个新人的关键。招聘过程要经过各个方面的衡量和比较,没有对于重点高校大学生的偏好,也不会在学历上设置任何'隐形门槛',他们始终坚信'能力取胜'"。可见,社会中的诸多企业越来越重视高校毕业生的就业软实力。

二、地方高校大学生就业软实力的问题表现

我国的改革开放历经40多年,在新时代思想影响下的年轻人自我意识普遍增强,无论是"80后""90后"还是"00后",他们在关注自我利益和价

值实现的同时，也对他人、国家和社会担当责任。对自我的责任，普遍表现在学习、择业、发展、爱情等方面，往往在具有了更多的独立思考和自主选择后，在生活、工作、学习环境中得以快速成长。

笔者结合表3-1中列举的10项指标（压力承受能力、口头表达能力、学习能力、组织协调能力、积极主动性、时间管理能力、团队协作能力、处理人际关系能力、敏锐性、奉献精神），先后调查访谈了制造类企业、商业服务类企业、金融服务业企业和行政事业型单位176家。经过对调研资料的综合整理，结合对地方高校大学生就业软实力要素的调查、座谈和观察，进一步认识了地方高校大学生的就业软实力状况，深感当代大学生思想开放、思维活跃、知识面广等优点外，也从中发现了许多亟待解决的问题，这些多与就业软实力的表现有关。从调查的第一手资料中，笔者进行正反方面的总结，从中能感受到今后进行就业软实力研究和提升应重点突破的一些方面。表3-2是笔者对调查的结果材料所进行的文字性归纳，可作为了解地方高校大学生对就业软实力的一般性参考。

表3-2　地方高校大学生就业软实力表现调查访谈情况一览表

调查项目	被调查对象的反馈信息	
	正面反应	负面反应
公共意识	参与，维护公共秩序	社会公德意识薄弱
沟通力	想象丰富，追求艺术性	主动性不够，技巧欠缺
团队合作力	能参与，懂得合作优势	合作意识差，欠缺合作精神
敬业精神	对感兴趣的东西能深度关怀和投入	对专业的兴趣偏差
做事激情	精力旺盛，乐于有兴趣的事情	专业学习热情不够
遵守规范	具有规范意识，能辨别是非	随意性大，易忽视环境影响
思考力	关注影响自己未来大的事情	独立思考力欠缺
审美	丰富多彩，追求上进，时尚	比较浮浅
待人热情	乐于待人接物	礼节运用欠缺，自我
自省	有自省想法	反思少，关注后果少
进取力	有进取心	努力程度欠缺
自我剖析	懂得重要	自我评价缺乏
语言表达	词汇丰富，现代	逻辑性差
感恩心	心地善良朴素	感恩意识欠缺
责任心	追求责权利对等	发自内心责任感不够

续表

调查项目	被调查对象的反馈信息	
	正面反应	负面反应
认真严谨	懂得重要性	实施不够
感召力	在自己的圈子内可以	范围不大
亲和力	特定群体有亲和力	适应性不强
自信力	对自己选定的事情有信心	小部分对未来发展自信力不足
包容	懂得包容的重要性	包容面窄,难以实施
忍耐	在试着提升忍耐性	忍耐性不强,容易发脾气、泄气
关爱心	在自己圈子内可以实施	广度不够,不以为然
组织协调	有想法和思路	懒得做,缺少方法
人际交往	形式多样,有选择性	面窄,不主动
吃苦精神	懂得吃苦的重要意义	缺乏吃苦精神
探索	具有较强的好奇心	探究不够,浏览式
奉献精神	内心懂得,在做	主动性不强,局限性
控制能力	关键问题上能控制自己	容易失控,自制力偏差
尊重他人	懂得尊重他人	实施不够,表现不到位
乐观	参与娱乐的多种形式,面对现实	内心压抑的个体多
灵活	应变力强	缺乏引导,用在专业上不够
自我推销	能做出纸质材料,有艺术效果	自我表达力欠缺
威望	能在小范围内有影响力	欠缺,不太顾及这点
执着	对追求能拿出主要精力	坚持不足,"一曝十寒"明显
抗压能力	能抗住一般挫败	寄托外来帮助,偏弱
规划能力	有一定规划力	多数思路不清晰,不持久遵循
创新思维	思维活跃	实施于行动不够,联系专业不强
诚信	有诚信意识	部分学生容易出现缺失
学习力	能投入精力学习,积极考证	学习面窄,信息搜寻能力差
敏锐性	思想敏锐	对个人利益过于敏感
创业精神	思考创业	比例很小,缺少能力

注：本表为笔者在对被调查对象进行相关访谈中记录反馈要点,主要涉及被调查对象自身就业软实力中这些要素的反映和认识。通过表中相关内容可以在一定程度上反映和印证当前地方高校大学生的就业软实力水平状况。

综合上述调研结果和大学生就业软实力要素考察结果汇总表,可以看出地方高校大学生就业软实力中存在以下明显问题：

（1）沟通协调能力：表现欠缺，好多学生表现出胆小怕事，自卑孤僻，懒得跟人交往，以至于影响与同学的关系，并进一步影响求职创业和事业前途。

（2）语言表达：能力偏弱，说话常常词不达意，并且逻辑不清，结果难以完整表达自己的意思，让听者费解，导致沟通障碍。

（3）思维能力欠缺：在日常学习和生活中，对基础知识更多地采取死记硬背而不加思考，做事缺乏独立思考和判断，极易盲目跟风，缺少创新。

（4）缺乏做事激情：由于在校期间没有自身发展的规划，导致个体发展目标缺失，出现了长期的迷茫状态，形成了无所事事，上进心不强的状态。

（5）敬业精神不强，由于在学习过程中自我约束力差，导致他们执行力不强，不能沿着自己既定的目标持之以恒地追求下去。

（6）团队合作方面，缺乏团队精神。这点在地方高校大学生群体中普遍存在，在具体的活动中常常从个体喜好或个人利益出发思考问题，缺乏主动配合的积极性。

（7）素养存在缺陷：由于受到家庭和社会成长环境的影响，这代人得到更多的是过度关怀，渐渐形成了自私自利，无视他人利益，具有极强的功利心，进而导致许多人诚信观念淡薄甚至缺失。

（8）学习力欠缺：大量存在看书偏少的情况，导致许多大学生知识系统化不够，缺乏扎实的理论功底。

（9）自制力差：不能有效安排自己的实践，表现在学习效率低，容易被外来因素干扰，发展目标缺失。

（10）抗压力不强：失败后挫折感明显，面对困难信心不足，缺乏积极的应对行为。

（11）规划力弱：这一点虽然在不同地方高校的大学生身上表现不一，但仍是一个普遍性问题，也直接导致了大学生发展目标不明确，行动不专一。

（12）责任心弱：不愿意担当责任，面对困难出现推诿、找借口现象普遍。

（13）奉献意识不强：不易融入团队，降低个人对组织贡献度，产生自私行为。

三、地方高校大学生就业软实力问题的原因分析

在我国改革开放的快速进程中社会发生着深度转型，人们的利益与价值取向呈现出多样化，新旧、中西价值观的碰撞交互影响，形成了人们价值标准多层次和多样化的趋势。这些都会在不同程度上导致社会上出现一些是非模糊、善恶不明、荣辱错位的问题。特别对年青一代的生活和行动导致直接影响，使他们的人生重心不再是对超越性意义的追求，而是生命当下的快感和实用主义，甚至把"游戏人生"当成自己的人生态度。这种认知观点进一步导致他们对传统价值观和道德责任感的认知淡化。

2005 年，温家宝总理看望钱学森的时候，钱老感慨地说："这么多年培养的学生，还没有哪一个的学术成就，能够跟民国时期培养的大师相比？"钱老又进一步发问："为什么我们的学校总是培养不出杰出的人才？""钱学森之问"是关于中国教育事业发展的一道艰深命题，这需要我国整个教育界乃至社会各界来共同破解。我们在深入思考和反思这一问题时，深深感受到这不能不与当前大学教育中的问题相联系。我们国家尽管提倡素质教育很多年，但是，我们的教育实施仍是在计划模式下运转，应试教育培养出来的仅仅是能够考试得高分的好孩子。这些都对大学生自身软实力问题产生了影响，由于软实力的不足也直接影响到各类人才的培养。从历史的文化传承看，我们都身在儒释道文化生态环境中，强调伦理与知识的增进，君子人格是我们成长的终极目标。顺便看一下西方教育，古希腊的哲学中有形式逻辑理论和实验验证科学，一出世便强调真理与智慧的探究，终极目标是思想家和科学家，这些直接向我们提出了教育改革的新思考。

2017 年中共十九大报告中明确指出："发展素质教育，推进教育公平，落实立德树人的根本任务，培养德智体美全面发展的社会主义建设者和接班人。"同年，中小学的新课改推出了以学科素养为核心的《新课标》和新教材，在注重基础性的同时，关注学生的全面发展，强调发展个性。强调教育要以学生为中心，强调全面发展，同时发展个性是素质教育的最大特点；学生是学习的主体，学会主动学习和自主学习，为终身学习奠定基础；学业评价是综合的、动态的；教师以学生为中心，以学定教。但是，我国现在的"素质教育"都是在做业绩，从中获利。将北京十一学校校长李希贵从山东高密一中捧上神坛的《中国教育报》记者李炳亭已经成为了十一学校附属亦

庄小学的校长兼《新教育家》杂志的主编。而"十一学校模式"的"素质教育"在哪所学校实现了?"李希贵"和"李炳亭"们并不在乎。山东聊城"杜郎口中学模式"是素质教育吗?它与衡水中学、毛坦厂中学都是准军事化管理,只是培养技术工人的模式,绝非素质教育。在这种非素质教育的体制下,学生们的学习、认知、能力发展有了一定的固化模式,等他们苦读十几年有朝一日考上大学后,作为大学生如何学习、如何锻炼提升自己、如何更好地增强自身就业软实力,在当今高校的教育教学的环境模式下,却让相当多的大学生很茫然。

笔者围绕地方高校大学生就业软实力问题进行了长期跟踪调查,并对问卷的结果进行了系统梳理,整理出了导致地方高校大学生就业软实力问题的主要影响因素,通过归类整理形成了表3-3。

表3-3 影响地方高校大学生就业软实力因素分析比较

影响因素	频数	百分比(%)	信息点分析	
			涉及作用要素	形成影响点
家庭问题	567	49.47	家庭构成、家庭教育、家庭变故	心理健康程度、生活快乐度、世界观
教育模式	874	76.26	管理方法、教学环节组织	发展定位、学习习惯
就业问题	742	64.75	个人定位、社会舆论	困惑、压力、无奈
经济问题	364	31.76	家庭收入水平、学费、其他支出	节约、计划、压力
学习压力	705	61.52	专业学习、考证、英语	考研、考公务员压力、提升学习力
人际关系	463	40.4	兴趣相投、利益相关	自私、竞争、回避、互助、和谐
个人经历	356	31.06	留守经历、失恋、打工经历	学习气氛、心理压抑、颓废、抗争
社会环境	656	57.24	商业机会、网络资讯、消磨时间	价值观、金钱第一、信任问题、不良习惯、创业冲动
专业影响	568	49.56	专业课程、专业技能、认为用不上	专业乏味、不在乎、及格就行

续表

影响因素	频数	百分比（%）	信息点分析	
			涉及作用要素	形成影响点
学校环境	441	38.48	生活单调、学习活力	淡漠生活，缺少激情

注：根据大学生就业软实力问卷整理得出。

从表3-3中的结果，我们可以对导致地方高校大学生就业软实力问题的原因进行一些具体的认识和剖析，从而可有的放矢地提升地方高校大学生的就业软实力水平。总的来看，导致地方高校大学生就业软实力不足的原因来自多个方面，是多重因素共同作用的结果。具体表现在人们的社会理念、个体价值判断、社会背景、家庭环境、教育目标取向和培养方式、网络世界等方面。下面针对其中一些具体的关键因素做一简要分析。

1. 地方高校教育培养模式的直接影响

在我国，素质教育经过十几年的推动和发展，取得了巨大成绩，但并没有摆脱应试教育的影响，没有真正解决好教育与时代发展要求同步、与社会需求相符的难题，地方高校的素质教育也不例外。中小学关心的只是那些与考试有关学科的书本知识的教学，而忽视其他知识以及情感、意志等培养。巨大的升学压力，学生长期处于紧张状态，丧失了想象力和创造力，也缺乏基本的责任感和义务感，最多成为掌握了某种技能的工具。学生进入大学后，没有硝烟的应试教育仍大行其道，比如，英语要过级、计算机要过级，要拿到各种各样的资格证书。因此，在一些大学生心目中，甚至部分高校教师的观念也认为，上大学唯一的目的就是拿到毕业证、学位证、英语等级证、计算机证等。大学生仍然只注重学习成绩的高低和证书的多少，一切为了考试拿证，学习过程是"死读书、读死书"，忽视或直接没有意识到自身软实力的存在和提升的意义。由于教育的效应是滞后的，在具体社会实践中判断一个人能否成才，对社会贡献的大小程度，需要在每个人工作几年甚至多年之后才能显现和考量出来。这就导致了难以拿到有力证明去说服大学生加强对个体就业软实力的认识。教育的目的只为了考试，只用考试分数作为评判标准，不仅不符合教育的本质，也不利于发现和培养有个性、创造性的人才。

我们在众多的教育资料和课题研究成果中也发现，中、西方在人才培养模式上明显不同，这也早已成为我国教育工作者常谈常新的话题。在西方发达国家关注学生的成长，更关注受教育者的兴趣、志愿、选择和持续性发展，学生的学习具有极强的自主性，这能使得受教育者在充满兴趣的氛围中健康、自然地成长，学习具有了内在动力，也免遭外界的强力干预。中国的教育在源头上选择了塑造式教育理念，应试是它最大的特点。在教育过程中把学生当作原材料，硬是把其放到教育的"生产流水线"上，机械地生产出特色相差无几的"教育产品"——中国式学生，这就是中国从小学到大学的教育特色。从总体上考察，中国的教育培养模式过程是：孩子接受父母的塑造，各类学校接受国家教育部统一的标准来培养学生。结果导致，学校没有特色、学生没有个性、行为没有激情、工作缺少创造性。显然，我们在人才培养理念这一源头上出了问题。

尽管中小学新课改的教学模式层出不穷，但都无疾而终，根本原因就在于这些模式都仍然以教法为中心、以学科知识和技能为中心，在教法上做加减法，没有以学生为中心，没有同步开展系统的学法教育，教学中碎片化的学法指导难以使学生实现真正的自主学习，自然无法主动学习。这种学生得病给老师吃药的改革，无法从根本上解决学生的学法问题，导致应试教育经久不衰。新课改中，题海战术和死记硬背（文科中最为典型）仍是学生的主要学习方法。以高中生为例，他们每天在课堂上被动学习5~6小时，在课余时间还要完成4~5科的指令性作业，用时至少3个小时；在假期每天要完成规定的各科作业，单科用时在40分钟到1小时，共需至少6小时，此外，除去睡觉、体育锻炼、吃饭、交友，学生的课余时间被指令性作业填满，不能自选作业，几乎没有自主支配的时间，根本无法实现有体系的自主学习，失去了很多试错的机会，压制了学生的全面发展和个性化培养，根本无法体现主体地位，缺少试错的体验和反思，难以实现自我教育，长期的这种教育体制压制了孩子的自主学习和个性发展。到了大学之后，靠大学生自己展示并提升能力的发展也是有难度的。有的大学生认为自己的文凭与实际水平不太一致，学校开设的专业课"不太适应社会的需要，学科知识陈旧"，影响他们更好地择业。

从本书研究调查结果中也可以看出，认为教育模式导致了大学生就业软实力问题占据很大比重，有70%以上的学生认可这一影响因素。从事实上看，我国应试教育模式形成了学生家长与学校一起"捆绑"学生意志，在给予他们过度保护和智力开发的同时，又给他们不应有的过度心理压力，导致大学生缺乏应对现实困难及承受心理压力的锻炼。从调查结果显示，大部分家庭对大学生的经济条件可以满足，没有形成真正的压力。而把学习成绩与就业联系起来考察，我们会发现对大学生就业软实力影响较大，有60%以上被调查者选择了这一影响因素，这点值得我们关注。从地方高校大学生看，由于特别关注毕业后的就业问题，结果导致自身心理压力，往往为争取成绩的提升而忽略自身综合能力的提升。究其成长过程，由于在中小学长期学习压力下，没有更充足的时间去思考和发展自己，即使到了大学，也难以彰显个性。网络的影响也越来越大，到目前已经成为不可轻视的影响因素，在被调查中这一因素有57%的比例受它明显影响。

在培养学生的过程中，从一些来自国外教授的评价中看，他们习惯夸赞一句"中国学生数学很好，或者中国学生学习很努力"。但此句话的潜在内容，就会延伸到"但是，中国人不能只是学习不错，考试分数很高的傻子"。可想而知，我们的教育若培养出这样一代代所谓人才，国家、民族的希望还会在哪里？未来国际竞争要靠科技上的开拓和创新能力，是超常创造力，是强大的精神世界和灵魂。要实现中国的崛起，我们的人才不是只看简单的计算能力或者表面上的学习成绩，这正是我们国人走入的一个关于成功的误区。

在当前关于教育改革的讨论中，学生负担过重成为一个突出的问题。其实，这只是在考上大学之前的事实。显而易见，我们的学校教育，从幼儿园到大学，形成了关于知识的过度教育和智力的过度开发。审视当前在基础教育过程中为应对应试教育，偏题、怪题层出不穷，这些过难、过深的东西不仅意义不大，甚至变成了摧残少年、儿童的"反教育"，这是当前学校教育中的一种竭泽而渔的普遍现象，用经济学的理论解释就是严重陷入了边际回报的递减区。我国社会中对高分数、高学历、名牌学校的强烈追逐，造就了不少"高分低能"的考试机器。进入大学，还是演变过去的做法，学生习惯了机械的学习和记忆，也早已模糊和淡忘了提高生存能力、追求自我实现、获得发展中的快乐人生这一真正追求，创新创造的欲望甚至荡然无存。

2. 社会转型期的复杂社会环境带来的负面影响

当今社会，高校毕业生人数激增，增大了择业的竞争力。近年来，随着高校的不断扩招，毕业生人数急剧上升，而就业总需求则增长缓慢。高校毕业生人数的激增无疑将使已经供大于求的就业市场的供求关系更加失衡，甚至出现畸形发展，使高校毕业生产生就业危机感。部分企业经济效益下滑严重制约着市场对高校毕业生的需求量。随着我国经济体制改革的深入，国有大中型企业采取减员增效、"下岗分流"，各级党政机关及事业单位也实行"精简分流、精兵简政"。

高校是社会机器的重要组成部分，作为社会一分子的大学生，其思想动机和行为受市场经济的影响很大。在改革开放初期，随着社会的快速发展，对人才的需求量日益增大，社会上渐渐出现重学历轻能力的现象，并一直影响至今。在市场经济体制建立和不断完善中，人们的功利思想仍相当严重，导致很多人认为上大学就是为了拿到一张大学文凭，有了这张文凭自然就能找到一份好的工作。特别是面对在异常激烈的就业形势，"多一本证书，多一个资本"的念头又成为很多学生的共识。他们认为仅凭一张大学文凭很难找到满意的工作，多考取几个资格证书可以增加竞争资本，毕竟技多不压人，证书可以证明自己的能力，这样可以在竞争中为自己争取胜利。因此，在学习上只关心所考的知识，忽略了知识体系的完整性和其他素质的培养和锻炼。他们认为工作后只需要做好自己的事情，其他的都不需要专门学习。在应对各种考试的背景下，大多数学生还没有真正意识到用人单位在招聘需求导向上的转变，以至于抱怨自己在求职时没赶上好时候。

在我国社会发展转型的特殊阶段，社会上常常会产生重钱不重人的意识，甚至在短期内蔓延成一种不良的社会风气，这些也会不同程度地侵蚀成长中的青年人，使其人生观、价值观发生扭曲，为追求实现个体利益最大化而走向歧途。大学生虽然年龄上已经进入成人阶段，但他们仍然处在心理成长的关键期，他们对环境的辨别力不足，适应力脆弱，还需要健康有利的成长环境。可是，我国大学生当前普遍面对未来的不确定性和就业难的压力，与过去对上大学的高预期形成了很大的反差，结果引起一些大学生在上学期间的心理困惑与障碍，进一步影响他们的心态和对自身就业软实力的积极提升。甚至面对现实社会环境和普遍存在的竞争，一些大学生自然滋生出一种消极应对的心态。具体表现为，失去对未来目标追求的动力和信心，有的干脆把大量时间花费在网上，深深迷恋在网络游戏之中，用各种无意义的事情大量消磨时间，颇有逃避现实的局面。

这几年，高校毕业生在毕业季找工作的过程中还出现了一种情况是自愿性失业——"有业不就"。主要是由于大学生自身的性格、能力、水平、发展前景等因素找不到自认为适合的工作，就出现了"有业不就"的现象。具体分析这个问题的焦点在于高校毕业生本人的价值观念、自我定位、心理素质和择业观念等，就业核心竞争力缺乏，缺少刻苦磨砺、艰苦学习的精神，在学习上没有求真务实的精神，没有固定的衡量成绩的标准，满足于当前的物质生活需求，形成不符合自身实际的学习观和价值观。从另一个层面看，高等教育与市场经济存在脱节也是一个负面影响，现行的教育政策和资源都倾向于"建设世界一流大学"和"建设国内外知名大学"，而需求方则需要理论与实际相结合的人才。各大地方院校也是强调办学规模、科研能力和学科综合度，较少关注教学环节和培养大学生的职业技能。在专业配置课程设计中，较多地考虑教授书本中的理论知识和硬实力的培养，而忽略了实际动手操作能力的软实力提升。市场经济自发调节的负面效应使更多的学生在大学报考时就跟风报考一些当下所谓的热门专业造成供大于求，使供求结构关系发生了巨大的变化，导致更多的学生不能找到相应的、符合自身条件的专业，在就业条件中被迫自降身价。有市场就会有波动，波动越大，对人的影响就会越大。一定时期，社会的岗位需求是一定的，当毕业生数量和结构严重偏离需求时，毕业生就业问题就越严重。更何况相当一部分大学生在就业软实力上本身就没有做到很好的储备，存在社会企业需求的短板。

调查结果（见表3-3）中显示，有57.24%的地方高校大学生认为社会环境因素也是引起大学生心理问题和就业软实力不足的主要原因。从我国社会转型的过程来看，过去社会曾经对大学生这一词汇过于看重，造成了人们对上大学有了超越实际的认识。显然，这些曾经的天之骄子在如今的风口浪尖上，在舆论的焦点中已渐渐失去了光彩，还有部分家长对子女的过度期望等，都给如今的大学生增添了心理压力。我国连年难以看好的大学生就业形势，让他们倍感困惑，不禁发问"我的职场在哪里？"这也是每个大学生、每位求职者和关心孩子未来的家长们不得不问的问题。另外，丰富多彩的网络世界对大学生造成了严重影响，当他们沉浸其中时，不知不觉时间就浪费了。长此以往便是意志消沉，学业荒废。虚拟世界使得许多大学生已经深陷其中，忘记了自己的专业学习和其他能力的锻炼，甚至与现实的世界隔绝开来，以至于没有了相互的关照，缺乏了同学间彼此真切的沟通。

3. 新型家庭环境教育

家庭是每个人存在和成长的直接环境和第一环境，特别是家庭主要成员的目标期望和教育行为直接作用于孩子的成长，它在很大程度上决定了一个人的成长和未来成为什么样的人。当前我国的家庭环境与过去相比发生了极大变化，随着人们生活水平的提高和社会演变，家庭规模变小，人员结构变化明显，现在的大学生一般都是在高期望目标和重点保护下步入大学的。

中国式家长是应试教育下的产物，家庭群体对学生过度保护，大量独生子女更是受到特殊关爱，在不曾经历困难挫折中长大，心理脆弱、承受力极差，加上紧张乏味的学习与生活的环境，必将促使个体成长进入扭曲状态。"应试"迫使无数中国家长让孩子从小就走着一条"重点"之路，即从小学到中学进而到大学，一级级要重点。除了学习以外的事家长一手包办，这严重导致许多学生心理发育不健全，过度依赖家庭内部的照顾。另外，受我国传统观念的积淀影响，独生子女与父母之间依靠与被依靠、控制与被控制性表现得尤为明显。这些大学生在择业中的表现往往是缺乏自主的勇气，过度依靠于父母的经验，选择什么样的职业岗位由父母做主；有的父母怕子女缺乏经验，生活阅历浅，控制子女的择业行为，不答应其自己做主。结果导致了相当一部分年轻人虽已是大学生，可是心智还停留在希望被人照顾的小学水平，以至于现在众多的大学生在学校的衣物还要寄回家由家长代洗，完成后再寄回学校。可以顺理类推，当他们进入社会遇到许多不适应和不顺心时，在缺乏良好的心理素质和家庭帮助的情况下，便会使事业遭受挫折，甚至走向失败。

另外，来自农村的"90后""00后"大学生更多是在复杂甚至落后的环境中成长，经历了个人成长过程中的曲折性，许多的是在长期的农村留守生活中考入大学的，有的甚至承受了情感的压抑和精神的挫折，在心理上留下了斑斑阴影。一些来自单亲家庭、问题家庭的学生，往往也存在心理和心智问题，这些都是影响大学生就业软实力提升的直接原因。正因为这些原因，导致了如表3-1所示的情况，来自农村的一些大学生就业软实力要素的得分明显低于城市的大学生，特别是在组织协调、人际关系、学习力等方面，差距尤为明显。

4. 人际关系处理问题

当代大学生独特的思想氛围和生活环境，决定了他们的人际交往较之中学时代具有更大的多样性、互动性和广泛性，大学生人际交往的愿望比中小学生更为迫切，他们力图通过交往去丰富知识、开阔视野、学会处事以表现自己各方面的才能，获得情绪的稳定，保持足够的自信心和自尊心。大学生精力充沛、思想活跃、兴趣广泛，富于理想情感，有充裕的时间去思考交往，讲究融洽相处、情投意合。随着年龄的增加，大学生人际交往的愿望反而减少，这与高年级学习负担加重、与工作联系更加紧密有关；同时，大学生的人格、兴趣逐步走向固定，从多元化向一元化发展。大学生人际关系的社会性大大地强化，"初生牛犊不怕虎"，大学生年轻、有干劲并且是有冲劲和活力的一代，他们参与社会交往，不仅可以增长见识，也可以增长社会财富。学生在中学阶段，注意力都集中在高考学习上，没有时间和精力进行很多的人际交往；进入大学后，他们走出家门，认识、结交了更多的朋友，交流更多的信息，接收更多的新思想，与社会的接触比中学时更加频繁与密切，人际交往呈现出前所未有的开放式交往趋势。大学生有一个共同目标，即学好高等课程，提高自身素质，争做全面发展的社会主义接班人，因此相互之间的人际交往必须符合这个共同目标，道德规范的调节作用显得特别有力。

社团已成为现代高校大学生交往的重要校园场所。在调研的过程中，笔者发现有相当一部分学生认为，如果大学四年期间从没有参加过任何社团就相当于没有上过大学一样。大学校园里，形成这些团体或组织的原因主要有补偿性吸引、接近性吸引和相似性吸引三类，在这些群体中，起积极作用的是多数，同学之间的情谊能用道德标准要求，有共同的兴趣和爱好，互相关心、帮助、共同进步；也有起消极作用的团体，交往活动常常是娱乐、玩耍、吃喝，思想、学习上不能互相帮助，不能用集体的道德标准和生活规范来约束自己的行为。大学生的独立意识普遍增强，能理性地思考、判断、处理自身的问题，也能关心社会，批判地接受知识，批判地看待其他事物，有着强烈的体现个性的疑问和见解。大学生在自我意识和社会关系相互协调的基础上，开始树立自我的个性，支持自己的主张，以独立的人格和态度处事，积极自主地开展人际交往活动。这个时期，大学生的志向、抱负鲜明，对于家庭不再完全依赖，而是以成人的眼光参与和处理家庭事务，充分体现个人的意志和性格，这些特点让大学生更容易接受新事物和新东西，更容易受社会思潮的影响。他们在交往中用较温和的方式，不再粗暴地自夸自大，对社会、同性和异性的鉴赏力增强，能适应各式各样的人，能接受并宽容朋友的不同意见，不试图硬性地改变他们，争吵减少。交往手段的发展，使大学生的人际交往变得更方便、快捷，交往距离更远，交往范围甚至可以扩展到世界。大学生交往的内容除了专业知识以外，人际交往频繁，内容丰富多彩，涉及文学、艺术、体育、政治、外交、人生、理想、爱情和社会问题等各个方面。大学生交往频率提高，由偶尔的相聚、互访发展到较为经常的聊天、社团活动、聚会、体育活动、娱乐、结伴出游以及一些其他集体活动。交往方式、手段更多，由原来的互访、通信等转向使用一切现代化的通信设备、交往工具、交往场所等交往手段。利用现代化手段仍离不开人与人之间的交流，但在高校这个教学、科研中心，其内容的广度和深度都还远远不能满足大学生的需要，形式化的东西不仅不能促进大学生人际交往，反而打击了一部分同学的积极性。

　　人都要在特定的社会环境中生活，社会环境是影响和制约大学生就业软实力发展的一个重要因素。在复杂的环境中，又突出地表现在人际关系处理不当，不能构建和谐的个人生活、学习环境，这是影响高校大学生就业软实力的又一主要原因。从调查资料整理的结果可以看出，在被调查者中有40%的认为，人际关系处理不好会影响个人就业软实力发展。

　　大学生主要的任务是学习，大部分时间与精力都倾注在学习上，缺乏一个良好的交往环境，交往技能过于贫乏，交往方式过于被动。青年学子未接触社会，社会的复杂性绝非在菁菁校园中所能想象的，面对错综复杂的人际关系及各种各样的实际问题，他们开始发现以前那种认为自己可以完全独立的心态是可笑的，大学生的人际关系更因他们的年轻而难以把握。在学校，老师是学生学习、生活的主要引导者。在一次专项考察"学生在校期间与老师的关系密切程度"时，两个大三班级的86名同学中有47名没有或很少与老师来往，占54.65%，到大四即将毕业时与老师几乎没有交流过思想和专业学习的有37.3%。可见，在处理师生关系上，与老师交往过少，甚至远离老师，长期与老师之间缺乏沟通，直接导致了学生难以受到老师的启发和有针对性的教育，长此以往，对大学生人际交往技能以及其他方面的成长容易形成不利影响。

现在的大学生接触到的人际关系比过去更加复杂，他们往往要同时面对现实和网络两个空间的人际关系。一方面，在现实的生活、学习中面对的主要影响者，有家庭成员、老师、同学、朋友等，他们要随时与这些不同角色的人打交道，处理问题。另一方面，在发达的网络世界里，随时涌来意想不到的事情和不速之客，使他们在人际关系上更会应接不暇。当身处不协调的环境中，再加上多重的外来压力，极易扭曲大学生们的心理，促使学生转向内向，不善言谈、回避交流、隐藏个人情感，在公共场所变得离群索居，渐渐自我封闭，与人、与同学、与老师产生隔阂。现在大学校园里也不乏出现学业成绩优异的大学生因为人际交往问题的困惑、处理不当而发生悲剧。这些都让我们清醒地认识到，当大学生在人际关系处理不当时，直接影响的就是大学生就业软实力的提升。

5. 大学生自身修养不足

在对地方高校大学生目前的生活现状进行调查时，我们也发现有一定比例的大学生表现为生活颓废，缺少激情，不思进取。当我们进行细致询问时，这些学生似乎都有自己充足的理由，比如未来就业困难，感到迷茫而不知道干什么好；受身边人的影响，别人在玩我为什么要学习；对专业不感兴趣，对学校很失望；所学专业没有知名的老师，自己看不到专业的未来希望；等等。在他们的观念里，还有同学流露出一种更极端的心态，认为大学就是拿个文凭，不需要学习的；"毕业即失业"，毕业出去反正也找不到工作，不如在大学混下去……所以，在地方高校的某些寝室里，随时可以看到有些大学生消沉的痕迹。特别是在男生宿舍内，常常有人在电脑前面精神抖擞，玩得不亦乐乎，自己的衣服懒得洗，鞋子懒得刷，卫生懒得搞，甚至连饭也懒得吃，沉迷到正常的专业学习都能无视而无法正常完成学业。

中学时代"教育成就未来，读书改变命运"的口号，把这群曾经朝气蓬勃的青少年们送进了大学，但当年的理想和奋斗目标到现在一扫而空。他们在经历了"千军万马过独木桥"的高考，真的迈入了大学门槛后，这部分青年人很快产生了群体分化。确实有一批人希望经过大学的努力能改变自己人生的命运，也有的依然抱着旧观念，认为考上了大学就是走进了拥有好职业的"保险箱"，以致使这些人失去了目标和前进的动力。从大学的学习和生活环境看，这一相对宽松的环境，使一部分人主观上放松了对自己的要求，缺乏外在的约束，变得得过且过。于是，他们难以结合个人追求的发展方向或是职业选择对大学生涯进行合理规划。结果，在无目标的生活中空耗时光，久而久之必然降低他们的就业软实力水平，乃至彻底失去个人的社会竞争力。

综合考察大学生就业问题，来看当今时代背景下的地方高校大学生自身修养存在的问题，主要表现在：一是缺乏恒心，动力不足。地方高校大学生的价值取向呈多元化，部分学生没有远大的理想和抱负，政治观念模糊，趋向于实用主义，讲实惠重功利，缺乏远大理想和抱负，没有长远打算，更缺乏社会责任感，因而没有强大的学习和未来工作的动力。二是缺乏奉献精神，追求个人索取。在父母身边生活习惯了的大学生们（特别是一些"90后""00后"的独生子女们），容易形成"小皇帝"脾气，因而养成了只求索取、不懂奉献的习惯。这样，必定导致他们成年后的敬业精神匮乏、社会诚信形象不佳的情形。背离了职业人才的最基本、最核心要求，难以适应社会发展要求。三是缺乏正确开展社会交往的能力。在调查研究中发现，有的大学生在与他人交往中显得霸气十足，举止不雅、语言粗俗、破坏公共秩序，容易被宿舍同学排斥；有的大学生性格孤僻，缺乏宽容与合作精神，不善于交往，自制能力差。四是缺乏自理、自立和解决实际问题的能力。专业素质不高，专业基本功不扎实，被动应付现象突出，实干能力欠缺，缺乏解决问题的能力，主动参与能力较差。五是身体、心理上的问题。这个问题已成为诸多地方高校不容忽略的教育管理问题。由于各种因素导致，许多大学生身体状况不佳，身体瘦弱，近视眼较多，有相当一部分大学生体育成绩一般或勉强过关，心理比较脆弱，一旦受到挫折就容易产生心理障碍。

大学生自身修养是制约地方高校大学生就业"软实力"形成和提升的主观因素，也是基础性的因素。如大学生诚信问题，它是职业道德的核心内容。讲诚信的毕业生，其就业的成本最低，也最能获得企业的青睐，并进一步影响个人的发展。但在求职过程中也会出现，个别毕业生向用人单位提供虚假论文、获奖证书等证明材料；有的在进入企业后，随意单方面撕毁劳动合同等。他们种种不讲诚信的表现，也给自己的就业道路设置了重重障碍，最终，自己也必将为之付出代价。

孟子在《孟子·告子下》中讲："故天将降大任于斯人也，必先苦其心志，劳其筋骨，饿其体肤，空乏其身，行拂乱其所为，所以动心忍性，增益其所不能。"其实，这些讲的就是人的"修身""养性"过程和要求。修身，指整治、学习、提高；养是培育、抚育，养性是指人们为获得某种能力和品质所进行的自我学习、磨炼、改造和陶冶的功夫。修养是一个人对人生态度的完美诠释。大学生的修养当然不只体现在学识见闻上，更重要的体现在他们道德修养上，大学生的成才首先要成为一个具备良好社会德行的人。

在大学教育期间加强大学生的道德修养，对于正逐步迈进社会的大学生们而言显得尤为重要。大学生在接受高等教育学习的几年里，不仅是不断汲取知识，掌握各种技能的过程，更是努力塑造完美人格和实现自我提升的过程。所以，上大学的过程不单单是掌握一门专业知识，更重要的是学会做人，在走向社会后能拥有积极的人生态度，不断为社会做出贡献。

第四章 大学生就业软实力测度评价的理论依据

近年来，随着我国高等教育的快速化、大众化发展，国内专家、学者开始从"软实力"的视野来分析当代大学生"软实力"现状，特别是关注他们"就业软实力"的提升问题，以期全面提升我国高等教育的办学质量和人才培养水平。我们都能够清楚地了解到，大学生的"就业力"是一种综合实力，是大学生所拥有的各种素养的有机综合，反映一个学生的整体水平和综合实力，这个综合实力也可分为"硬"和"软"两个方面。硬实力主要是指他们毕业后从事具体工作中所必备的专业技能等能力，这种技能大都可以在大学或专业培训机构里获得，是一个人能够完成任务的基本手段，也是通过一定的具体形式量化，体现大学生能力水平的各种"硬件"，如各科成绩单、各类获奖证书、学位证、毕业证、计算机和英语等级证书等。而软实力则指通过责任感、主动性、人际关系、团队协作、创新思维等要素表现出来的发现问题和解决问题的综合思维能力，软实力主要在大学生的实践活动、学习、生活中渐渐形成，是一个人多方面能力的综合表现，它虽不能量化但可以通过大学生言行举止和工作、学习、生活体现出来的一种状态，亦即所谓的"软件"，如大学生心理素质、人格魅力、价值理念、职业道德与敬业精神以及对他人的吸引力和影响力等几个方面。这种"软实力"是影响大学生自身发展潜力和感召力的重要因素，是可以感知的潜在的隐性力量。

总结前期的调研考察结果，笔者认为地方高校大学生就业软实力实际上是一种通过吸引用人单位而不是通过其他非常规途径（如依靠社会关系、弄虚造假等）来实现理想就业目的的能力。人际沟通能力、团队合作意识、思想品德、敬业精神、价值观和态度等，这种经过长时间的磨炼而形成的主观意识是就业软实力的主要内容。

对地方高校大学生就业软实力进行具体测度既没有现成的理论也没有具体的方法，在本章探讨中，主要受我国古代对人性思考的启发，借鉴国外个体素质测评理论，分析地方高校大学生就业软实力具有可测度性。任何研究都是历史研究的延续和发展，是在前人研究和实践基础上展开进行的。面对当前地方高校大学生现实中的新问题，我们对大学生就业软实力进行研究需要在前人研究成果的基础上展开，把这一领域的相关研究深入细致化，使其产生更好的社会效果。

一、我国古代人性评价对就业软实力测度的启发

我国是历史悠久的文明古国，在对人的认识上具有丰富的思想智慧和具体做法，在不同的历史阶段都有标志性的人物及其思想。如儒家创始人孔子作为我国古代教育思想的奠基人，就非常重视对人品德素质进行系统考察和全面评价，堪称我国对人性进行研究的第一人。他在长期的社会活动和教育数千弟子的实践中，渐渐形成了一套有价值的个人品德评价的思想与方法。

（一）孔子对人品德采用的测评方法

1. 观察与对话——孔子进行品德测评的方法

观察与对话是现在进行人员素质测评仍然常用的两种基本方法，它要求测评者具备相当的测评技巧。2500年以前，孔子经常会采用这两种方法，对他的弟子进行成功的测评。孔子认为，了解一个人的最大困难是被测评者往往言行脱节，表里不一。他说："有德者必有言，有言者不必有德。仁者必有勇，勇者不必有仁。"因此，他改变了听其言则要信其行的观点。《论语·公冶长》中，孔子曾说："始吾于人也，听其言而信其行。今吾于人也，听其言而观其行，于予与改是。"孔子的意思是：一开始我对于一个人的品德测评是听到了他的理想，就相信他能够做到。如今对一个人的品德测评，不能只听他有什么理想，还要看他的行动，是不是身体能顶得住，是不是有那个精力和魄力。是宰予的行为改变了我评判人的方法啊！在具体操作上，孔子谈话有集体谈话法和个人谈话法两种。

访问调查也是孔子在测评品德过程中经常使用的一种方法。孔子认为，在了解人的品行上，除了采用观察法、谈话法外，还可以采用访问调查的形式通过被测评者周围的许多人间接地去把握。

2. 言行与服装——孔子进行品德测评的标志

言行与服装是孔子进行品德测评时所选择的测评标志。对行为的观察孔子形成了一套辩证而系统的方法。他认为观察时不仅需要注意行为现象，而

且要分析产生行为现象背后的原因及其所指向的目的。不要被表面现象所迷惑，要透过现象看本质。《论语·为政》中孔子强调："视其所以，观其所由，察其所安，人焉廋哉！"孔子是这样考察一个人的品行、才干、能力的。孔子说要"视其所以"，看他的动机、目的；"观其所由"，看他的来源，整个行动的经过；"察其所安"，再看看他平常做人是安于什么。人是一个复杂的多面体，在人与人之间有着很大的差异，单单从某一方面看人是很难看准的。而孔子则是从上面三个方面系统考察人，是值得借鉴的。他提出了从错误行为测评品德的高见。认为人不可能不犯错误，问题是品德水平高低不同的人对待错误的态度是不一样的。他认为可以从所犯的错误及其所持的态度测评其思想品德。

在奴隶社会的等级制度中，孔子利用他的评价标准还把人分为不同的等级。《荀子·哀公第三十一》中记载，孔子曾经说过："人有五仪，有庸人、有士人、有君子、有贤者、有圣人。"如何鉴别呢？孔子认为就是要掌握上面这三个知人品、识人性的要点。

3. 综合评价实事求是——孔子进行品德测评的思想

用现代语言表达，综合测评、实事求是是孔子对人的品德测评中的基本主导思想。孔子在长期的教育实践中非常注意对其弟子的品德进行测评，并形成了他具有综合性或整体性的测评思想特色。《论语·泰伯》中记载，孔子强调"恭而无礼则劳，慎而无礼而葸，勇而无礼而乱，直而无礼则绞"。此类辩证而全面的测评思想对于我们今天全面认识社会中的人仍有借鉴作用。另外，孔子在对人的品德测评过程中，非常坚持实事求是的测评思想。《论语·公冶长》有以下一则事实：孟武伯问子路仁乎？孔子说："不知也。""由也，千乘之国，可使治其赋也，不知其仁也。"子张问曰："令尹子文三仕为令尹，无喜色，三已之，无愠色，旧令尹之政，必以告令尹，何如？"子曰："忠矣。"曰："仁矣乎？"曰："未知焉得仁？"这就是孔子坚持实事求是，不轻易对弟子言行以外的事实妄加评定与推断，也为教导弟子树立了良好的风气，与现代品德测评的纪实法的新思想是一致的，很值得我们学习和借鉴。

4. 客观不盲目从众——孔子进行品德测评的可信性

孔子认为在品德测评中，多数人的意见未必一定对，不能盲目从众，更不能以多数人的意见代替自己的意见。孔子和弟子有一段对话如下：

《论语·子路》中记载，孔子与弟子子贡的对话，子贡问曰："乡人皆好之，何如？"子曰："未可也。""乡人皆恶之，何如乎？"子曰："未可也；不如乡人之善者好之，其不善者恶之。"孔子的这种明辨是非、坚持原则的大无畏精神启示我们，在社会上看人不要人云亦云，要从客观实际出发并检查他人的测评结果，要善于从正反两方面的测评中来评判人的品德。

显然孔子这种思想蕴含了对品德测评结果必须进行再测评的现代测评观。对于那些不愿作深入调查，简单地以多数人品德评价的结果代替自己的测评意见，认为多数人的测评绝对正确无误的人是很有教育意义的。

5. 仁义礼智信——孔子进行品德测评的目标

在认识和辨别人性上，孔子主要对人的"仁、义、礼、智、信、忠、孝、悌"等进行考察，这既是孔子一贯坚持的教育目标，又是孔子用来测评人品德的标准。同时，孔子还非常重视对他的学生的学习品质的测评，在这方面孔子侧重测评他学生的以下几个维度：

尚志。志相当于学习动机、学习目的或学习理想，它是一种内在的学习动力。孔子很重视志在学习中的作用，他一而再再而三地强调学习必须立志，他认为一个人若"志于道"，就会在自己的学习和具体行动上如《论语·述而》中记载所言"据于德，依于仁，游于艺"。

好学。好学即爱好学习。孔子非常重视好学精神对学习的重要作用，认为"知之者不如好之者"。孔子认为一个人有了好学精神，他就会"学而不厌"，就会"食无求饱，居无求安"。

乐学。乐学即是乐于学习，是情感的一种表现。孔子十分重视情感对学生的积极作用。他认为在学习之中"好之者不如乐之者"。

笃信。孔子把信和学结合起来，主张笃信好学，认为笃信是好学的重要前提。一个人如果对他所学的东西笃信，则不但会感到"不惑"而且会"好学"。但他反对盲目崇拜，反对道听途说。

有恒。恒就是恒心，是学习过程中意志的一种表现。他赞赏民间的一句格言，"人而无恒，不可以做巫医"。他说："譬如为山，未成一篑，进，吾往也。"一个人若有恒心，则在学习上就会坚持不懈勇往直前。

虚心。虚心即学习上从不骄傲自满，自以为是，而是虚怀若谷。他认为虚心是一个学者必须具备的基本品质，他告诫学生要"有若无，实若虚"。"知之为知之，不知为不知，是知也。"一个人若虚心学习，则他就会在学习上踏踏实实，埋头苦学，不耻下问。

（二）我国古代其他圣贤识人之术

早在数千年前，中国古代就有识人的经验总结，许多圣人先贤们总结出了很多识人方法，如吕不韦提出的"八观六验"和"六戚四隐"，三国时诸葛亮总结的"观人七经"，刘邵《人物志》中的"九征""五常"学说，曾国藩的《冰鉴》中关于识人的著述等。下面简要列举人们易于理解的几点：

1. 《吕氏春秋》中的"八观六验"识人法

《吕氏春秋·论人》中记载："凡论人，通则观其所礼，贵则观其所进，富则观其所养，听则观其所行，止则观其所好，习则观其所言，穷则观其所不受，贱则观其所不为。喜之以验其守，乐之以验其僻，怒之以验其节，惧之以验其特，哀之以验其人，苦之以验其志。八观六验，此贤主之所以论人也。"

一般来说如何衡量人，如果他显达，就观察他礼遇的都是什么人；如果他尊贵，就观察他举荐的都是什么人，如果他富有，就观察他赡养的都是什么人；如果他听言，就观察他采纳的都是什么；如果他闲居在家，就观察他喜好的都是什么；如果他学习，就观察他说的都是什么；如果他困窘，就观察他不接受的都是什么；如果他贫贱，就观察他不做的都是什么。使他高兴，可以检验他的节操；使他快乐，可以检验他的邪念；使他发怒，可以检验他的气度；使他恐惧，可以检验他卓越的品行；使他悲哀，可以检验他的仁爱之心；使他困苦，可以检验他的意志。以上八种观察和六项检验，就是贤明的君主用以衡量和评定人的方法。

《吕氏春秋》要求为官者在对人进行评价时应做到"八观六验"，用到今天就是要求全面地考察一个人，不单要看清他的外在表现，而且还要做到洞察他的内心，考察他的人品。这样则可以做到对被考察者的本来面目看得清楚，不论他是虚伪贪婪还是诚实谦让；不论是邪恶阴险还是正派善良，便都能一一明察而不会有丝毫的疏漏。

2. 三国时期诸葛亮的识人七法

诸葛亮在认识人性上有自己的一套标准，并总结为七个方面。一曰：问之以是非而观其志。二曰：穷之以词辩而观其变。三曰：咨之以计谋而观其识。四曰：告之以祸难而观其勇。五曰：醉之以酒而观其性。六曰：临之以利而观其廉。七曰：期之以事而观其信。这七句话在认识人性方面具有现实的指导意义，具体内涵可进行以下简要说明：

（1）"问之以是非而观其志"。向对方提出大是大非的问题，看他的志向、志趣有何特点。人的许多行为都是观念的产物。古今中外具有深刻信仰的人，无论是政治家还是宗教徒，也无论是科学巨子还是军事间谍，都可以忍受奇耻大辱与不白之冤。从这个意义上说，要了解一个人是否值得你重用，首先就得了解他的立场、观念、角度、位置。凡是在大是大非问题上含混不清、模棱两可的人，决不可委以重任。因为这种人习惯于见风使舵，没有定性，最容易在关键场合、关键时刻损害国家、民族的最高利益。

(2)"穷之以辞辩而观其变"。专门考察对方的机变或应变能力。自古用人的两大铁定法则是：一看德；二看才。在官场上，除了有许多贪官之外，还有为数不少的庸官。贪官害国，庸官也误事。在诸葛亮看来，在诸多智能因素中，应变能力是十分重要的。像马谡那样的人，虽也有一些作为（如建议"攻心为上，攻城为下"之类，被诸葛亮采纳），但毕竟缺乏随机应变的能力。为官一任，理应造福一方；但若缺乏驾驭复杂问题的能力，这一切也只能是镜花水月一场空。

(3)"咨之以计谋而观其识"。考察对方的见识。向对方提出方方面面的问题，让他思考相应的计策，看他的谋略是否深远，看他的见识是否独特。古往今来，官场之上的争斗是异常激烈的，这种争斗不仅包括小人之间的钩心斗角，也包括正邪、善恶之间的大冲突、大对决。人无远虑，必有近忧。因此，处在这样一个特殊的环境中，那些毫无计谋、遇事便束手无策的官员，即使有心向善，为上级解愁，为百姓排忧，也终究力不从心，无法左右大局。

(4)"告之以难而观其勇"。考察对方的勇气。俗话说："道高一尺，魔高一丈。"但还有一句话叫作"邪不压正"。缺乏勇气的官员，别说惩恶扬善，就连自身也难保，又怎能坦然面对乡亲父老的期盼眼神呢？诸葛亮在重用一个人之前，常常人为地创造一个逆境，观察对方是否具备足够的勇气战而胜之。毛泽东同志说过："与天奋斗，其乐无穷；与地奋斗，其乐无穷；与人奋斗，其乐无穷。"不管怎么奋斗，都离不开一股闯劲、一股勇气。没有敢蹚地雷险阵、敢跳万丈深渊的非凡勇气，一切都无从谈起。

(5)"醉之以酒而观其性"。向对方劝酒，待他醉后再观察他属于何种类型的人。中国的酒文化源远流长，诸葛亮时代的文臣、武将常有因酒误事以致违法斩首的例子。还有一个说法叫酒后吐真言。要了解一个人，特别是一个酒徒，最好是等待他喝醉的时候。真正的大丈夫，酒醉之后依然慷慨激昂，比如岳武穆"怒发冲冠""直捣黄龙"之类的神态言辞就是这样。而戴着面具的小人即使一生挖空心思掩饰自己的内心世界，也往往在酒醉之后将卑鄙无耻的灵魂暴露无遗。

(6)"临之以利而观其廉"。以小恩小惠引诱对方，考察他是否清正廉明。自古以来，中国老百姓都希望自己遇到的是清官、廉官，而非昏官、贪官。看人既得看关键时刻，也得看平时，两者缺一不可。有些官员不愿也不敢贪小钱，思想深处还是认为"不值得"。这种官员实际上也很危险，一旦他人贿赂一点"大钱"，他就很容易被拉下水了。事实证明，经受不住金钱诱惑的人，不可能成为利国利民的清官，反而会危害国家利益、损害政府威信、伤害百姓感情。

(7)"期之以事而观其信"。与对方商定某事,看他能否说到做到,是否讲究信用。中国人信奉一点,即"言而无信,不知其可也"。意思就是说,一个人说话不算数,就不值得别人信赖。这一条虽然细小,实际上举一反三,也可以这样理解:关键要看一个人言行是否一致,说的是否是想的,做的是否是说的。诸葛亮的七条用人之道中,第一条就考察对方的观念、志向,最后一条则考察其行为、信用,这是大有深意的。因为人完全可能说假话,许多恶人、贪官可能比任何人都说得冠冕堂皇,实际上却狼心狗肺、无恶不作。所以,还得考察其做得如何。听其言,观其行,这才是高明之举。

3. 曾国藩《冰鉴》[①] 中的识人之术

有人评价曾国藩的《冰鉴》是一部纵横中外的人才学教科书,它其中关于识人、相人的观点,是曾国藩总结自身识人、用人心得而成的一部传世奇书。曾国藩随着带兵经验丰富,他越来越相信自己的眼睛。在此书中表现出曾国藩对人性的体察入微,在洞悉人心方面总结出了他的心法要诀,因此,这些智慧至今具有极强的实用性、启迪性和借鉴性。曾国藩在长期的社会实践中结合个人经验,在个人的仕途中对人明察秋毫、知面知心,用心总结形成了他的识人用人的经典《冰鉴》这部书,"冰鉴"一词,取其以冰为镜。《冰鉴》中的识人特点集中表现在对人进行识别观察时侧重于由外及里、由形及心的考察。

(1)曾国藩提出"用人必先识人"。曾国藩认为,"办事不外用人,用人必先知人"。也就是说,用人需具备识人本质的眼力,用人慎重须以知人至深为前提。有一次,李鸿章带着三个人去见曾国藩,碰巧曾国藩出去散步,李鸿章便让此三人在门口等候。当曾国藩回来的时候,看到门口有三个人,他左边看一眼,右边看一眼,中间看一眼,什么话也没说就走了进去。李鸿章问老师对此三人的评价,曾国藩回答道:"左侧之人可用,但只可小用;右侧之人万万不可用;中间之人可用,且可大用。"李鸿章对老师"一眼识英雄"非常敬佩,问其原因,曾国藩说:"左侧这个人,我看他一眼,他也看我一眼,我再看他一眼,他就把眼皮顺了下来,不敢再与我对眼神了。这说明他心地比较善良,但是气魄不够展开,所以可用,但只可小用。右侧这个人,在我看他的时候,他不敢看我,当我不看他的时候,他又偷偷地看我,很明显这个人心术不正,所以万万不可用。然而,中间这个人,我看他一眼,他也看我一眼,我上上下下扫他一眼,他又堂堂正正地打量了我一番。说明此人心胸坦荡,气魄宽广,可用,而且可以大用。"此时,李鸿章幡然领悟,

---

[①] 有人传说,《冰鉴》非曾国藩作,本书认为曾国藩作《冰鉴》。

并遵照老师的指点派用此三人。委任期间的事实也证明,曾国藩看得很准,被重用的那个人就是后来在台湾保卫战中闻名于世的淮军将领刘铭传,后任台湾首任巡抚。

(2)曾国藩强调用人必须德为先。曾国藩曾说"求才不遗余力",但在具体任用上要做到"广中求慎",他认为,用人要慎之又慎,用错一个人,横则影响一片,纵则贻误长远,造成难以补救的后遗症,因此,有严格统一要求的同时,必须要注重人才的品德。"观人之法,以有操守而无官气、多条理而少大言为主";"才德不可兼得以德重,好利之人不可重用"。表现欲过强的人,不可久用;有大才而性格偏激之人要慎用;标榜"主动吃亏之人"要慎用;才高德薄名声不佳者、才德平平迁升太快者、个人不愿出仕者不可推荐。

这些都代表了曾国藩不同时间、生活侧面和生活空间内对他最为熟悉的群体,所发表的看法和见解也必然具有较强的客观和公正性。所以,要全面地考察一个人,不但要能看清他的表现,而且还能够洞察他的内心品格,根据实际情况综合应用这些方法,则任何人的本来面目不论是虚伪贪婪还是诚实谦让、不论是庸俗卑鄙还是高尚磊落、不论是阴险邪恶还是善良正派都将一一明察而不会有丝毫的疏漏。这就是古代圣贤之所以能知人善任的道理。

我国古代在对人性进行认识和鉴别方面,还有许多典型的理论观点和成功的例子。这些为我们构建具有可操作性的就业软实力测度理论与方法提供了很好的借鉴作用。

二、国外个体素质测评理论的借鉴

在国外具有现代意义的人员素质测度理论为研究大学生就业软实力问题提供了更多科学的理论依据,这些理论的形成与应用可追溯到20世纪60年代的西方国家,尤其在美国、日本等发达国家,其最初主要应用于信息经济领域,如波拉特测度法、日本信息化指数法。随着社会经济的发展,人们不断拓展这些理论方法的应用领域,并不断把测度理论与现代企业管理相结合,这为测度人的素质提供了理论依据,使得各种测度方法有了更广阔的用武之地,也是我们用于测度地方高校大学生就业软实力可借鉴的重要内容,并在对大学生就业软实力测度评价中进行尝试。

(一) 就业能力方面的研究

就业能力在很大程度上与我们探讨的就业软实力有很大的交集，在特征上与就业软实力也有许多共性。我们可借鉴国外研究的方法得到启示。

美国的 SCANS（Secretary's Commission on Achieving Necessary Skills：获得必要技能的部长委员会），20 世纪 90 年代通过研究提出了人的就业技能的五大胜任能力，以及获取就业技能的三个方面的基础。① 具体可参考表 4-1。

表 4-1　五大胜任能力、三个基础技能②

能力类别		能力要点
五大胜任能力	资源	驾驭使用时间、资金、物资能力
	人际	团队成员、教导他人、服务、领导与协商等
	信息	获取信息、维持信息、阐述运用信息、信息沟通等
	系统	理解系统、监督和纠正、改进和再设计系统
	技能	选择技术、技术应用、维护和解决硬件问题
三个基础技能	基本技能	读写、聆听、讲、计算
	思维技能	创造性思维、决策力、推理、探索等
	个人品质	责任感、自尊、自我管控、真诚、社交等

自 20 世纪 80 年代以来，能力一词一直是澳大利亚职业教育关注的热点。澳大利亚关于能力的提法不同，但主要有"通用能力""关键能力"和"就业能力"三种提法。"通用能力"是指那些在不同的工作和生活背景中应用的能力。它一般包括如下六大要素：基础能力、与人们相关的能力、概念/思考能力、个人能力和品性、与商务世界相关的能力、与社会相关的能力。

澳大利亚工商业协会（ACCI）和澳大利亚商业委员会（BCA）提出的就业能力包括如下要素：交流能力、小组工作能力、解决问题能力、主动性和企业能力、计划和组织能力、自我管理能力、学习能力、技术能力，以及包括忠诚、诚实和正直、热情、可信赖等在内的个性品性。③

加拿大在提升就业能力方面开发了通用能力的课程。早在 20 世纪 90 年代，加拿大的雇主更大程度地参与了加拿大会议委员会（The Conference

---

① ③ 刘育锋：《部分国家和地区近年来职业教育教学改革新动向》，教育部职业技术教育中心研究所，2008 年。

② 宋国学：《就业能力开发的绩效衡量与实证分析》，中国社会科学出版社 2007 年版，第 22 页。

doard of Cananda），开发并引进了"就业能力"这一术语。他们构建的就业能力体系包括：基础能力（交流、管理信息、使用数字、思考/解决问题）；个人管理能力（积极的态度和行为、负责、适应、持续学习、安全工作）；小组工作（与其他人工作、参加项目和任务）；自尊、团结与责任。①

另外，从特别注重职业能力的德国职业教育中，也能看出他们非常注重学生的软实力研究。德国劳动和社会学家梅尔腾斯（D. Mertens）在对劳动市场与劳动者的职业适应性进行研究时，提出了"关键能力"概念。德国职业能力理论的提出，应从纵横两个维度分析职业能力的基本结构。职业能力在纵向的性质结构层面可分为基本职业能力和综合职业能力，启者即"关键能力"；在横向的内容结构层面则包括专业能力、方法能力和社会能力。

基本职业能力即从业能力是劳动者从事一项职业所必须具备的能力，包括与具体职业密切相关的专业能力、方法能力和社会能力。其中，基本职业能力层面的专业能力是指具备从事职业活动所需要的技能及与其相应的知识，包括单项的和综合的技能与知识。基本职业能力层面的方法能力是指具备从事职业活动所需要的工作方法和学习方法，基本职业能力层面的社会能力是指具备从事职业活动所需要的行为能力，包括人际交往、公共关系、职业道德、环境意识。

显然，在不同国家对就业能力的研究和有关成果有着不同的表示，这正是由不同国家的具体情况所决定的。但是，我们能够清楚地看到，在这些发达的国家里，他们都特别关注在就业中个体软实力的开发和培育，这点是相通的。

（二）人员素质测评的方法

在对人员素质测评上，已经形成多种成熟的具体方法，可以从许多成果资料中获得相关信息。为简便起见，在此仅概括一下最为常用的方法作为参考和拓展思路。

心理测验法：心理测验法是根据已标准化的实验工具如量表，引发和刺激被测试者的反应，所引发的反应结果由被测试者自己或他人记录，然后通过一定的方法进行处理，予以量化，描绘行为的轨迹，并对其结果进行分析。这种方法的最大特点是对被测试者的心理现象或心理品质进行定量分析，具有很强的科学性，而且随着计算机技术的发展和广泛应用，心理测验领域已出现了明显的计算机化的趋势，如在机上施测、自动计分、测试结果分析和

---

① 宋国学：《就业能力开发的绩效衡量与实证分析》，中国社会科学出版社2007年版，第23页。

解释等。心理测试主要包括：智力测验、个性测验、职业能力测验、职业兴趣测验、创造力测验等。

评价中心技术：评价中心技术在"二战"后迅速发展起来并在世界发达国家的管理中被广泛运用，它是现代人员素质测评的主要形式之一。评价中心技术最明显的特征是运用一种严谨的程序，它是组织选拔管理人员的一项人事评价过程，不是空间场所、地点。在具体操作中，有多个评价人员参与，针对特定的目的与标准，使用多种主客观评价方法，对被试者的各种能力进行评价，为组织鉴别、选拔、发展和训练个人服务。

评价中心技术中注重情景模拟是一显著特点。这取决于现代人才测评理论的认识，认为人的行为和工作绩效是在一定的环境中产生和形成的。对人的行为、能力、绩效等素质特征的观察与评价，不能脱离一定的环境。所以，要想准确地测评一个人的素质，应将其纳入一定的环境系统中，观察、分析、评定被试人的行为表现以及工作绩效，从而考察其全面素质。这构成了评价中心突出的特点，就是它的情景模拟性。

面试法：面试法在人员素质测评中是一种简捷而又有效的方法。在测评过程中要求被试者用口头语言来回答相关提问，从而测查和评价应试者的基本素质和工作能力。这种方法的基础根据是面对面进行的口头信息交流，对主试者的经验、能力以及技巧要求较高，否则会影响到面试的结果。

以上理论是在研究当代人员素质、个体能力等方面的成功理论，这些理论和方法为我们对地方高校大学生就业软实力进行研究，为进一步提升大学生就业软实力的路径提供了有益的参考。

三、当代大学生软实力的可测评性

面对新问题，我们必须摆脱历史的局限，也不能简单抄袭国外现成的理论，必须坚持"古为今用，洋为中用"的原则，从我国现实出发借助和参考已有的成果，研究现实中的新问题。

目前，我国各界对于大学生软实力问题已开始关注并重视，理论界也展开了具体的研究。现在对大学生就业能力研究影响力比较大的《中国大学生综合素质与能力测评平台》即全国大学生测评网（http://www.chinadxscp.org/），是由教育部中国老教授协会智慧教育研究院长期指导，经过十几年的不断发展和大学生测评服务，由此建立了国际化大学生素质能力测评研究中心,即 CTA 测评发展研究中心,积极拓展国际化测评服务,致力于高校大学生素质与能力等方面的测评与咨询服务,形成了针对我国大学生在校发展、就业发展和事业生涯发展的测评智能模型,以丰富的经验、专业的知识、科学的分析、独到的见解,为我国广大的高校、职业院校等提供测评与咨询服务,积极为高校服务,取得了良好的服务成果。它包括大学生综合素质与学习发展能力测评系统、大学生多元潜能测评系统、大学生综合素质评定管理系统、大学生心理素质与人格行为发展能力测评系统、大学生身心健康与生存质量环境测评系统、大学生心理健康评定与心理危机干预系统、大学生职业生涯发展规划测评系统、大学生就业能力测评系统几大部分的研究和应用。就大学生就业能力测评又形成独立的网站平台"全国大学生就业测评网"(http：//www.chinajycp.org/Article/ShowContent.aspx？titleId = 1GutFNHT%2Bkw=),让我们从研究的角度更科学地把控大学生的择业决策动因、就业综合能力、就业发展能力、就业实践能力、创造力、择业心理素质、职业品质、职业价值取向等,让大学生通过具体的自我测评结果也能更客观理性地认知自己的就业能力。

但是,对于地方高校大学生就业软实力水平进行具体测度和评价的研究尚不充分。要加强对当代地方高校大学生就业软实力的研究,具有充分的依据和科学的方法,以便对其做出客观正确的评价,在为他们提供有价值的参考中有利于提升个体就业软实力水平。在本书中,为真正测度评价出地方高校大学生就业软实力的实际水平,我们从建立一套科学、系统的评价指标体系入手,探讨和运用正确、科学的评价方法,针对地方高校大学生就业软实力构成的诸要素进行考量,得出具有参考意义的量化结论。

(一) 克服大学生就业软实力测评中的障碍

在实践中对硬实力进行人和事的评价测度,我们可以找到明确的客观指标,但是客观指标一般要从它们得以实现的结果中才能寻到。而对软实力进行评价测度,就很难找到这样的客观指标。

例如,我们以所熟悉的构成就业软实力的文化要素本身,就很难找到同质的数量指标来对其评估。要是对文化吸引力进行评估,就要从它实现后的数据 (如有多少人被该种文化的吸引) 来评估,这就很难从文化本身来评估 (若想评估出某类艺术的吸引力程度,由于主观艺术见解的不同,就会产生"公说公有理,婆说婆有理"的不同观点认知)。

一般而言,从就业软实力要素的自身来评估就业软实力的大小,只能采用主观评价方法。我们在具体研究中,可以根据就业软实力要素自身的特点,设计出问卷和量表,用分层抽样的方法(按照社会不同阶层来分层),收集评估数据,计算不同软实力要素的得分多少。

(二) 测评就业软实力的可能性

本书在进行地方高校大学生就业软实力测评这一问题的研究中,坚持遵循客观事实,形成了基本思路。首先对地方高校大学生就业软实力指标进行筛选;再进一步研究各指标对就业软实力的影响程度,并赋予其相应的权重;最后,以模糊理论为指导建立起测度就业软实力水平的综合评价模型。作为隐含在个体内部的就业软实力研究起来比较困难,但是我们仍可以借助相关的知识和前人研究的成果开展对个体就业软实力的评价和测度。个人就业软实力虽然难以直观地进行观察,但它作为一种客观存在,人们可以进行较好的感知,并为人们普遍认识,它作用在人的行为上产生的效果又会出现很大差异性。我国古代著作《吕氏春秋·观表》中就对这一问题进行过说明:"人之心隐匿难见,渊深难测,故圣人于事志焉。圣人之所以过人以先知,先知必审征表,无征表而欲先知,尧、舜与众人同等。征虽易,表虽难,圣人则不可以飘矣,众人则无道至焉。无道至则以为神,以为幸。非神非幸,其数不得不然。"这段论述中认为,隐藏在人内心的东西终会在外表现出来,只有有智慧的人才能发现,这既不是他们的先知先觉、运气,或者是神在帮助他们发现隐藏在内心深处的东西,而是智者依靠征兆现象看到了事理的本质。这也给了我们启发,要想真正把隐含在大学生生命体内部的就业软实力要素进行系统考察,必须下功夫进行具有穿透力的研究工作。

在具体评价的技术上,我国古代先哲也给了我们大量的启发。中医理论有"望、闻、问、切"[1],这是对患者的一种诊断评判法,这是定性与定量评价技术的结合。中国古代对人的考察更有"问、听、观、访、察、论、试"[2]等评判技术。这些可能在某些方面会流于形式,但在具体操作上毕竟从多个维度可以对人进行较系统的考量。

事实上,对就业软实力的测度评价不论是理论还是实践上,目前还没有一个完全定型的方法,可以说是在开创阶段。所以,在此我们只有尊重客观实际,在已有的相关成果基础上发现可用于就业软实力测度评价的理论与方法,继续做好这方面的有益探讨。

---

[1] 中医的看病诊断方式,望:就是用眼睛看患者的整体和局部情况;闻:用耳朵听,用鼻子闻;问:仔细询问患者的病情;切:是切脉、号脉。
[2] 萧鸣政:《人员测评与选拔》,复旦大学出版社2011年版,第37页。

四、大学生就业软实力测评的功用

这里谈到的功用主要是指在对地方高校大学生就业软实力实施测评后，在对评价结果的运用时起到的具体作用。

（一）认识大学生就业软实力

在对地方高校大学生就业软实力的评价中，最关键的就是做到把大学生的主体行为与我们设定的某种标准进行具体的比较，并进一步确定他们就业软实力构成与表现水平。在具体的评价过程中，我们将根据具体情况进行自我评价和他人评价相结合，形成客观的评价结论。在结论中我们将进一步按照个体就业软实力标准，对照个体表现指标的高低，较彻底全面地了解大学生整体就业软实力水平的高低以及某个要素方面的能力高低。

通过这一评价，既能够肯定个体良好的素质，又能对个体素质与行为中的某些短板得以认识，从而把对大学生就业软实力提升的要求与其自身追求进步的愿望进行有机的结合。

（二）诊断大学生就业软实力

通过对大学生就业软实力的测评和结果的参考，可认识大学生就业软实力现状，发现存在的问题，以利于有针对性地提升大学生的就业软实力。必须广泛收集各种就业软实力的素质资料，在充分占有基础材料的基础上才能做出具体分析评价。事实上，这一个过程就形成了对大学生的就业软实力水平的具体诊断过程，从中发现具体问题并分析基本原因，在诊断结果基础上对大学生实施有效的反馈，对个体的就业软实力提升提供有意义的参考。

（三）指导大学生的就业软实力提升

根据对大学生就业软实力测评的结果，对大学生现有的就业软实力水平作出客观的评价和反馈。特别要注重大学生就业软实力现状中的短板分析，结合个体发展倾向和兴趣为大学生今后发展提供参考性指导，还要进一步通过深度沟通，为个别大学生指出较为明确的发展路径，帮助地方高校大学生进一步拓展和提升就业软实力水平。

第五章 大学生就业软实力的测评

描述大学生就业软实力的指标体系是具体测度大学生就业软实力内容的基本工具，运用这一指标体系能清晰地看到当前大学生就业软实力的基本构成内容与结构特点。在对大学生就业软实力开展研究的过程中，可对个体软实力的具体指标要素进行评价赋分。最终，借助于这一指标体系实现对大学生就业软实力水平的量化评价。

大学生就业软实力的测度尚没有一定遵循的方法，由于大学生就业软实力是一个多因素构成的能力体系，其中的要素多具有隐含性和不易衡量性的特点。鉴于此，本书在借鉴国内外学者研究成果的基础上，结合研究构建了大学生就业软实力指标体系和量表工具对大学生就业软实力水平进行测度。在比较分析常用的综合测度方法和模型后，选择了模糊综合评价法作为大学生就业软实力水平的测度方法，并结合测度指标体系和测度方法，构建就业软实力测度模型。

一、大学生就业软实力测评理论与方法综述

（一）测评理论

大学生就业软实力反映大学生的实力水平，它的强弱、大小不是由单一因素决定的，是多个相关要素协调作用的结果，一些学者在研究评价大学生综合素质的有关成果可供参考。赵祖地等（2001）撰文认为，大学生素质测评的内容应从基本素质、课程学习成绩、创新与实践能力三方面进行，重点凸显学生的创新精神与实践能力。夏怡新等（2003）认为，对大学生综合素质测评的主要内容一般可分为政治思想评价（主要包括政治思想、品德、行为、情感等）、智能素质评价（主要包括学习成绩、思维方式以及在掌握知识过程中表现出的分析问题、解决问题的能力）、身心素质评价（主要包括

身体发育、体力、精力、卫生习惯、心理健康状况等)、审美意识评价(主要包括审美鉴赏能力和美育技能水平)、创新和实践能力评价(主要包括创造性思维能力、开拓创新能力和社会实践能力等)、个性发展评价(即兴趣、爱好、意志品质及个性特长)六个方面。刘学伶等(2007)认为学生综合测评的一级指标包括思想道德素质、文化素质、科技创新能力、人文素质、组织实践能力、身心素质六项。

2017年,东华理工大学学生综合素质测评实施办法在总则中明确强调综合素质测评的内容包括思想道德素质、身心素质、专业文化素质、实践创新能力、外加分五个模块。综合素质测评总分的计算方法:思想道德素质、身心素质、专业文化素质和实践创新能力四个模块各以100分测评,分别以20%、20%、60%、20%计入综合测评总分。可见,在关注专业文化知识的硬实力的同时,其他几方面都是在关注大学生就业软实力的提升。2019年郑州大学学生综合素质测评实施办法,总则中指出大学生综合素质测评的内容包括德育素质、智育素质、体育素质和劳动素质四个方面。2019年聊城大学本科学生综合测评管理规定总则中指出,综合测评从德、智、体、美、劳方面对大学生进行定量考核。全国大学生测评网(http://www.chinadxscp.org/)就综合素质评定管理强调学生综合素质评定包括学业素质评定、品德素质评定、文体素质评定、心理素质评定、能力素质评定、创新素质评定。

总之,各高校都谈到的综合素质测评一般是对大学生实施的一种评价指标体系,综合素质测评的内容包括德育测评、智育测评、体育测评和能力测评四个方面,每个类别根据情况给予一定的比例,再将大学生在校期间参加的各种活动、学习或者各种竞赛给出一定的分值,根据所占的比例算出总分,然后根据总分决定学生的优秀与否。

从现有的一些专家、学者的研究成果和观点以及各高校综合素质测评的实施办法制定来看,要测度大学生就业软实力水平,必须构建起具有完整性、系统性的指标体系。为做到这点,我们将依照"文献研究—个体样本调研—专家参与指导—综合评价分析—指标体系确定"的思路展开,以构建起科学有效的指标体系。

从当前地方高校大学生个体成长状况看,能体现他们就业软实力的要素有许多,我们将利用可行的方式筛选出对地方高校大学生就业软实力最有影响的部分要素进行研究,最后形成一个具有内在联系性、全面反映问题本质的指标体系。

为此,我们在广大学者对于各不同领域软实力研究的基础上,借助和参考相关研究成果结合研究过程的结论来构建测度地方高校大学生就业软实力的指标体系，以期利用这些指标体系对地方高校大学生就业软实力水平进行较为科学的描述。

(二) 模糊综合评价法的应用

1. 模糊综合评价法① (fuzzy comprehensive evaluation method)

这是模糊数学中最基本的数学方法之一，该方法是以隶属度来描述模糊界限的。传统的综合评价方法很多，应用也较为广泛，但是没有一种方法能够适合各种场所，解决所有问题，每一种方法都有其侧重点和主要应用领域。如果要解决新的领域内产生的新问题，模糊综合法显然更为合适。

在现实中，由于评价因素的复杂性、评价对象的层次性、评价标准中存在的模糊性以及评价影响因素的模糊性或不确定性，尤其是定性指标难以定量化等一系列问题。这使得人们在具体评价时难以用绝对的"非此即彼"来准确地描述客观现实，经常存在着用自然语言来表达的现象，自然语言最大的特点是自身的模糊性，很难用经典数学模型加以统一量度。因此，建立在模糊集合基础上的模糊综合评判方法可以发挥其独特的作用。模糊综合评判方法在具体操作中，要从多个指标对被评价事物隶属等级状况进行综合性评判，它把被评判事物的变化区间做出划分，一方面可以顾及对象的层次性，使得评价标准、影响因素的模糊性得以体现；另一方面在评价中又可以充分发挥人的经验、主观判断力，使评价结果更客观，符合实际情况。模糊综合评判可以做到定性和定量因素相结合，扩大信息使用量，使评价速度得以提高，评价结果更加可信。

2. 在研究大学生就业软实力测度问题上，模糊评价法具有优势

(1) 避免主观带来的偏差。模糊评价通过精确的数字手段处理模糊的评价对象，能对蕴藏信息呈现模糊性的资料做出比较科学、合理、贴近实际的量化评价。在评价中又可以充分发挥人的经验，使评价结果更客观，符合实际情况，从而可以避免凭经验进行的主观判断。

(2) 实现多类指标评价信息的整合。模糊综合评判方法，从多个指标对被评价事物隶属等级状况进行综合性评判，它把被评判事物的变化区间做出划分，可以顾及对象的层次性，使得评价标准、影响因素的模糊性得以体现。模糊评价法虽然采用模糊数学，但其方法简单易行，在一些用传统观点看来无法进行数量分析的问题上，显示了它的应用前景，很好地解决了判断的模

---

① 模糊综合评价法奠基于模糊数学。模糊数学诞生于 1965 年，创始人是美国自动控制专家 L. A. Zadeh。

糊性和不确定性。

(3) 具有适应性。模糊综合评价方法可以做到定性和定量因素相结合，扩大信息应用量，使评价工作效率得以提高，评价结论更加可信。由于模糊的方法更接近于东方人的思维习惯，因此更适应于对这类系统性问题进行综合评价。

当然，在具体使用过程中也要注意一般模糊综合评价模型自身存在的不足。如在分析因素过多时会导致各因素权重小，从而会造成失真现象；计算过程比较复杂；由于指标权重矢量的确定具有主观性，在分析前熟悉的问题时容易出现偏差。

3. 模糊评价法的基本原理体现

模糊综合评价法是一种基于模糊数学的综合评价方法。该综合评价法根据模糊数学的隶属度理论把定性评价转化为定量评价，即用模糊数学对受到多种因素制约的事物或对象做出一个总体的评价，根据该对象的特点进行具体赋值。它具有结果清晰，系统性强的特点，能较好地解决模糊的、难以量化的问题，适合各种非确定性问题的解决。设评判对象为 P：其因素集 U = $\{u_1, u_2, \cdots, u_m\}$，评判等级集 V = $\{v_1, v_2, \cdots, v_m\}$。对 U 中每一因素根据评判集中的等级指标进行模糊评判，得到评判矩阵：

$$R = \begin{bmatrix} r_{11}, & r_{12}, & \cdots, & r_{1m} \\ r_{21}, & r_{22}, & \cdots, & r_{2m} \\ r_{n1}, & r_{n2}, & \cdots, & r_{nm} \end{bmatrix} \quad (5-1)$$

其中，r_{ij} 表示 u_i 关于 v_j 的隶属程度。(U, V, R) 则构成了一个模糊综合评判模型 $\sum_{i=1}^{n} a_i = 1$。确定各因素重要性指标（也称权数）后，记为 A = $\{a_1, a_2, \cdots, a_n\}$，合成得

$$\overline{B} = A \cdot R = (\overline{b_1}, \overline{b_2}, \cdots, \overline{b_m},) \quad (5-2)$$

经归一化处理后，得 B = $\{b_1, b_2, \cdots, b_m\}$，于是可确定对象 P 的评判等级。为了便于描述，依据模糊数学的基本概念，对模糊综合评价法中的有关术语定义如下：

(1) 评价因素 (F)：指模糊评价法中被评议的具体内容，即它指反映大学生就业软实力的各种指标要素等。为便于权重分配和评议，可以按评价因素的属性将评价因素分成若干类。在此，这里分成了一级指标、二级指标，把每一类都视为单一评价因素，并称之为第一级评价因素 (F_1)。第一级评价因素可以设置下属的第二级评价因素 (F_2)，在此，一级指标下设二级指标，有必要可以此类推。

(2) 评价值（E）：指评价因素的优劣程度。评价因素最优的评价值为满分（如采用百分制时为 100 分），根据具体情况分级，其评价值大于或等于零、小于或等于 1，即 $0 \leq E \leq 1$（采用百分制时 $0 \leq E \leq 100$）。

(3) 平均评价值（E_p）：指所有参评者对某评价因素评价的平均值。以简单平均为例，则是：平均评价值（E_p）= 全体评标委员会成员的评价值之和 ÷ 参评人数。

(4) 权重（W）：指评价因素在被评价对象中的地位和重要程度。第一级评价因素的权重（W_1）之和为 1；每个一级评价因素的下一级评价因素的权重为二级指标权重（W_2），权重之和为 1（见表 5-1）。

(5) 加权平均评价值（E_{pw}）：系指加权后的平均评价值。加权平均评价值（E_{pw}）= 平均评价值（E_p）× 权重（W）。

(6) 综合评价值（E_z）：系指同一级评价因素的加权平均评价值（E_{pw}）之和。综合评价值也对应上一级评价。

4. 模糊综合评价法运用的步骤

第一步，模糊综合评价指标的构建。模糊综合评价指标体系是进行综合评价的基础，评价指标的选取是否适宜，将直接影响综合评价的准确性。进行评价指标的构建应广泛涉猎与该评价指标系统行业资料或者相关的法律法规。第二步，采用构建好权重向量。通过专家经验法或其他方法构建好权重向量。第三步，构建评价矩阵。建立适合的隶属函数从而构建好评价矩阵。第四步，评价矩阵和权重的合成。采用适合的合成因子对其进行合成，并对结果向量进行解释。

表 5-1 个体就业软实力综合评价表

一级指标与权重		二级指标与权重		分数评价（百分制）				二级指标综合得分		一级指标要素得分乘以权重
指标内容 F_i	权重 W_{1i}	指标内容	权重 W_{2i}	90~100分	80~89分	70~79分	60~69分	60分以下	结构得分 $W_{2i}P_{nj}$	综合 $\sum W_{2i}P_{nj}$	$\sum W_{2i}P_{nj} * W_{1i}$
基本素养	0.29	感恩	0.222								
		诚信	0.218								
		责任心	0.200								
		敬业	0.195								
		审美能力	0.165								

续表

一级指标与权重		二级指标与权重		分数评价（百分制）					二级指标综合得分		一级指标要素得分乘以权重
指标内容 F_i	权重 W_{1i}	指标内容	权重 W_{2i}	90~100分	80~89分	70~79分	60~69分	60分以下	结构得分 $W_{2i}P_{nj}$	综合 $\sum W_{2i}P_{nj}$	$\sum W_{2i}P_{nj} * W_{1i}$
组织管理	0.26	组织协调	0.220								
		沟通力	0.210								
		执行力	0.198								
		语言表达	0.192								
		感召力	0.180								
团队合作	0.24	团队精神	0.233								
		人际关系	0.202								
		奉献精神	0.200								
		热情主动	0.180								
		遵循规范	0.185								
持续发展	0.21	反省能力	0.200								
		学习能力	0.228								
		规划能力	0.202								
		忍耐力	0.190								
		创业精神	0.180								
总计	1.0	—	—			—			—		

注：①一级指标权重值来自一级指标权重赋值表（见表5-3）；②二级指标权重使用二级指标权重赋值表（见表5-4）中的混合平均权重。

二、基于模糊综合评价理论的就业软实力综合评价量表及测度中的应用

（一）基于模糊综合评价理论的就业软实力综合评价量表

模糊综合评价理论的综合量表是测度评价大学生就业软实力的基本工具，用于测度个体就业软实力的结果，可以综合反映大学生个体的就业软实力

水平。

1. 大学生就业软实力因素评价值分布

在对大学生就业软实力评价实际操作过程中，可以根据这一基本量表提供的要素和相关内容，针对被评价对象进行客观打分和评价（可以使自我评价打分，也可以是对他人进行评价打分），形成被评价人就业软实力要素的分值结果，并进行进一步计算汇总。

2. 量表结构及要素说明评价表使用说明

（1）量表基本结构：可根据这一基本框架对地方高校大学生就业软实力构成进行评价。在量表中一级指标包含了基本素养、组织管理、团队合作和持续发展四个方面。

（2）各级权重使用：第一级评价因素的权重之和为1。二级各个评价因素下的权重之和为1。

（3）要素得分：评价者①对被评价者相应的就业软实力要素给出的评判分值。

（4）二级指标得出：二级指标是对一级指标所进行的细致描述。根据参加指标确定者的意见，坚持用多数原则确定二级指标。

（5）一级指标得出：一级指标是大学生就业软实力的四个构成维度。同样，根据参加指标确定者的意见，坚持用多数原则确定一级指标。

（6）各级指标得分说明与结果应用解释：在一、二级指标的评价中，该项指标得60分以下为软实力水平差；60~70分为合格；70~80分为中等，80~90分为良好，90分（含90分）以上为优秀。评价人根据被评价对象在各要素上的具体表现，参照评价表进行打分和汇总。

3. 量表的运算描述

运用量化计算公式，具体计算出被评价对象的具体量值。具体步骤是：

第一步：在量表中先给出每个二级指标得分值（P_{nj}）。

第二步：二级指标得分值（P_{nj}）乘以对应的二级指标权重（W_{2i}），在量表中得出20个具体二级指标得分（$W_{2i}P_{nj}$）。

第三步：对第二步的结果进行综合，得出每个一级指标的得分，运用 $\sum W_{2i}P_{nj}$ 计算得出结果。

第四步：四个一级指标的分值分别乘以对应的权重，运用 $F_i = W_{1i}\sum W_{2i}P_{nj}$ 计算，得出每个一级在就业软实力综合评价中的指标成分得分。

---

① 说明：这里的评价者应熟悉被评价者，或者是评价者的自评。

第五步：对反映大学生就业软实力的四个一级指标进行综合（$Ez = \sum F_i$），则得出被测评对象的就业软实力综合得分 E_z（百分制）。

（二）大学生就业软实力评价结果的说明

通过对量表的计算，可得出被测评对象的就业软实力具体量值，即评价得分。把实际得分划为不同等级，可分为优秀、良好、中等、及格和较差五个等级。

1. 就业软实力水平优秀等级

综合评价得分在 90 分以上。说明被测评对象就业软实力的综合水平高，在群体中有超越他人的突出表现。在具体社会实践中，这类被测评者表现出很强的社会活动能力和工作能力，具有高涨的工作热情，与他人关系和谐。观察这类被评价者的评价表中的得分，各二级指标的得分一般处在高得分段。

2. 就业软实力水平良好等级

综合评价在 80~90 分。说明被测评对象就业软实力的综合水平比较高，在群体中有超出一般人的行为表现。在具体社会实践中，这类被测评者表现出比较强的社会活动能力，在工作方面有较好表现，能做到配合工作。观察这类被评价者的评价表中的得分，各二级指标的得分一般处在较高得分段。

3. 就业软实力水平中等等级

综合评价在 70~80 分。说明被测评对象就业软实力的综合水平一般，在群体中能有说得过去的行为表现。在具体社会实践中，这类被测评者表现出比较低的活动能力，基本能做到与他人合作完成工作。观察这类被评价者的评价表中的得分，各二级指标的得分一般处在中等偏低得分段。

4. 就业软实力水平及格等级

综合评价在 60~70 分。说明被测评对象就业软实力的综合水平偏低，在群体中有较为消极的行为表现。在具体社会实践中，这类被测评者表现出惰性，不愿与他人配合工作，业绩平常。观察这类被评价者的评价表中的得分，各二级指标的得分一般处在中等偏低得分段，有些进入低得分段。

5. 就业软实力水平较差等级

综合评价得分在 60 分以下。说明被测评对象就业软实力的综合水平很低，在群体中表现为消极行为，负面效应大。在具体社会实践中，这类被测评者表现出惰性强、与人配合困难、组织管理能力不足、团队精神缺失等。观察这类被评价者的评价表的得分，各二级指标的得分一般处在偏低得分水平，有些二级指标得分会低于 60 分。

针对以上等级划分，需要说明的是，这里对等级的分类参考评价得分，得出的只是一般性结论，不是绝对标准，仅仅是对就业软实力水平的一般性描述，以便为被测评对象提供基本的参考。

（三）模糊综合评价法在大学生就业软实力测度中的应用

由于这一实验需要较长时间，才能进行具体结果比较，在此把这部分省略，将在以后的后续研究中呈现。下面仅把这部分的基本思路做一简单表述。

在试验中调查具体班级，进行测度评价，将就业软实力测度结果与大学生综合测评成绩（或班主任评价、学生自我认知的软实力状况）进行比较，得出结论。

对具体测评对象的检验过程：

第一步：测评样本选择。可以针对大学生的具体班级或不同特征的个体进行选择。

第二步：测评取值。在选定的样本内，组织和指导大学生个体进行独立自我评价，每个人根据测度评价表的内容结合个人表现情况进行打分，并分别计算二级指标、一级指标得分，最后汇总个人总体得分。

第三步：归类汇总计算结果。检查评价表的计算结果，筛选出不符合要求客观的评价结果。对样本的评价表进行归类汇总。

第四步：登录和集中个体资料。

第五步：大学生就业软实力水平分析。在这一分析过程中，可以系统分析大学生整体就业软实力水平状况，也可以根据大学生自身的不同特征进行比较分析，研究不同类别的大学生就业软实力的差异性。

第六步：评价就业软实力等级。根据分值结果进行界定。

第七步：结果反馈。向被测评对象进行有关测评结果的反馈，并进行有关沟通和解释，同时征询被测评者的建议。

三、大学生就业软实力的指标体系构建原则与评价

（一）构建大学生就业软实力指标体系的原则

大学生就业软实力指标体系的构建不是凭空想象的，必须尊重客观现实，在吸收国内外学者研究成果的基础上进行有关构思。为保证指标体系的科学、完整性，我们应坚持以下原则：

1. 客观性与理论性的结合

客观性具有真实性、生动性，是我们展开研究的基础，是对就业软实力指标体系科学性的要求。在此坚持客观性，就是仅仅围绕当前地方高校大学生的就业软实力的内容要素和影响因素探讨评价指标，摆脱简单的借鉴和想象。而理论性是要求我们对这一问题的研究具有理论意义与实践意义，通过研究得出的指标体系成果可以对提高地方高校大学生就业软实力的认识和提升有指导作用，能对解决实际问题有一定的参考价值。

2. 系统性与层次性结合

大学生本身是具有思想性的群体，他们是由各种复杂要素构成的完整系统。这就要求我们在研究和认识地方高校大学生就业软实力问题时，必须以系统论的观点为指导，除对构成指标系统的要素加以选择外，还要特别重视系统内部各要素的相互关系和影响，如它们的排列、组合的顺序和层次，应尽量做到使其安排合理，使研究问题的误差尽量缩小。在当代地方高校大学生身上还蕴含有丰富的思想和情绪，这些都会在他们身上通过多个侧面表现出来，在就业软实力要素上形成一定的层次结构性。这样建立起的就业软实力评价指标体系能系统反映构成大学生就业软实力的不同方面，并通过进一步具体分解形成单个要素，从而更利于观察和研究。

3. 静态与动态结合

这一原则要求观察问题不是仅仅停留在静止的当前时点上，而要用发展的眼光持续地看问题和观察行为结果。地方高校大学生的就业软实力本身就是有多个要素长期作用和影响的结果，要准确认识和把握它不能简单地运用某些指标就能说明问题。所以，在指标体系中应是静态、动态指标要素的结合，从多个方面进行观察评价，只有这样才更利于对大学生就业软实力的准

确判断，摆脱片面性结论对今后认识和解决问题的影响。

4. 可操作性与实效性的结合

可操作性一方面是指我们构建起的指标体系对问题能够展开研究，另一方面可以把研究的指标体系成果运用于实践过程，都能够进行实际观察、评价，让被评者可以得出明确结论，或是得出符合实际的指标分值。有效性则是指标体系成果最终能够得到具体运用，具有指导意义，能真实评价判断出大学生就业软实力水平，有利于培养合格的大学生。

(二) 评价大学生就业软实力的指标筛选

在这一过程中重点发现大学生就业软实力的构成要素中最为关键的因素，以利于在具体测评中能把握重点，使得结果更具有代表性和解释力。

1. 指标筛选的基本步骤

这一过程的具体做法分为以下基本步骤：

第一步，指标汇集整理。把征询到的影响地方高校大学生就业软实力的诸多要素进行全面审视。

第二步，征询专家、招聘工作者、大学生意见。具体做法：根据大学生个体就业软实力评价表、大学生就业软实力状况专家综合评价表、招聘工作者意见反馈表展开调查，从不同角度认识大学生就业软实力状况，获得第一手资料。

第三步，对调查指标做进一步整理，初步确定构成大学生就业软实力指标。

第四步，指标体系的确定。

通过具有连续性的几个步骤，再经过个体比对和意见反馈，最终构建出4个一级指标，每个一级指标下设5个选出的二级指标，形成完整指标体系。

2. 大学生就业软实力指标体系结构

在反映大学生就业软实力的指标体系构成上，共分两级指标，即一级指标和二级指标。

一级指标：分别从不同侧面直接反映大学生就业软实力的基本构成，各指标相互之间的内容不存在交叉，这些一级指标的综合就是就业软实力的全部。

二级指标：依照每个一级指标的特定内容为主线索，对其构成成分进行细化和进一步分解，经过具体整理和筛选，使每个二级指标能够具体反映一级指标的内容特征，根据一级指标的涵盖面确定出二级指标数量，这些二级指标之间的内容相互不交叉。

3. 一级指标筛选

一级指标是反映大学生个体某一方面状况的总体抓手和一般性描述。最为关键的是应确定一级指标的数量和维度,以利于全面反映当代大学生就业软实力的内容。本书根据客观实际、研究的可行性并结合初步研究的结果,在征求专家意见基础上,确定了"基本素养、组织管理、团队合作、持续发展"四个维度作为一级指标的具体内容。这四个方面从不同角度反映大学生的就业软实力,也是一种综合性、概括性的描述。基本素养主要包含大学生的道德水准和修养情况;组织管理,用来描述大学生的组织管理、协调沟通等方面的能力,表现其管理能力水平;团队合作,用来描述大学生在复杂的群体中个人的定位以及人际关系的和谐能力;持续发展,用来描述个体的成长潜力,是一个人能力的延续和发展力。

4. 二级指标初次筛选

本书在经过广泛征询用人单位、专家、学生等方面意见基础上,提炼出反映大学生就业软实力的若干要素,把这些要素作为二级指标筛选的参考内容,同时这些也是对大学生就业软实力的具体观察点。主要有:沟通能力、组织能力、语言表达能力、协调力、人际关系、奉献精神、学习力、思考力、约束力、忍耐力、抗压力、吃苦精神、团队意识、合作精神、遵守规范、爱心、诚信、敬业、创新、创业精神、好奇心、感恩心、忍耐、包容、朴实、大度、进取、敬业、乐观、参与意识、热情、沟通、审美、尊重他人、人脉、亲和力、感召力、敏感性、敏锐、自控力、灵活、责任心、担当、自我推销能力、自信、个人形象、感染力、吸引力、说服力、威望、信誉度、自我认知能力、自我纠错能力、执着、认真、有序、高效、作风扎实、严谨、进取心、自省等。

这里展示的二级指标要素是构成一级指标的基本支撑点,是大学生个体就业软实力的具体体现。在筛选过程中,关键是找到最能反映大学生就业软实力的要素。这一要素的来源也是在汇集了用人单位、专家、学生和笔者建议后提出的。为了目标相对集中,针对以上若干二级指标要素,我们运用专家、聘用单位、学生相结合的方式,从中选择推荐出最能反映大学生就业软实力的构成要素作为指标体系中的二级指标。并要求每类参与者在为四个一级指标维度进行二级指标选择时,从备选就业软实力要素中共选出24个要素,并把24个要素分配到一级指标的四个维度中,选择情况见表5-2。

从表5-2中选择推荐的内容可知,在进行初步选择所推荐的反映大学生就业软实力的要素中,尽管不同的推荐者之间有较大的差别,但是在对四个就业软实力维度要素指标的选择上有很大的趋同性。这表明来自社会的不同领域和担任不同角色的参与者，他们对大学生就业软实力要素的理解都会与自身的感受和环境相结合，而对大学生就业软实力要素的确定上大家有共同的认识。

表 5-2 大学生就业软实力构成要素推荐一览表

推荐者＼维度	基本素养要素	组织管理类要素	团队合作要素	持续发展要素
用人单位	责任心、诚信、爱心、敬业、作风踏实、乐观	沟通、组织力、说服力、亲和、语言表达、协调	合作精神、热情、奉献、尊重他人、遵守规范、亲和	进取、学习力、自控、创业精神、严谨、吃苦
专家组	感恩、敬业、诚信、认真、严谨、责任	组织力、关爱、沟通、威望、作风扎实、进取	团队意识、亲和、包容、参与意识、乐观、奉献	学习力、抗压力、思考、自控、好奇、规划力
学生代表	诚信、爱心、自信、感恩、朴实、担当	大度、沟通、语言表达、人际、协调、组织力	合作精神、吃苦、责任心、包容、人脉、热情	自控、学习力、敏锐、推销自我、创新意识、执着
课题组	感恩、诚信、责任、严谨、进取、审美	组织力、协调力、沟通能力、担当、语言表达、包容	团队意识、乐观、奉献、包容、参与意识、热情	忍耐、学习力、进取、自控力、自省、规划力
以上参评者认可度高的要素	诚信、感恩、责任心	沟通、组织力、语言表达、协调	合作精神、奉献、热情	学习力、忍耐、自控力、规划力

资料来源：笔者根据调研资料整理提供。

从表 5-2 可以看出，反映大学生就业软实力的指标要素有多个，要想用它们简明扼要而又系统地反映出大学生就业软实力水平，就必须对这些要素进行科学有效的筛选，在做到全方位反映大学生就业软实力，还能有利于评价过程的操作。

5. 二级指标再筛选

在进行二级指标初级筛选后，根据多数原则先确定下一批二级指标。如果在第一次选择中做不到意见完全一致，难以选择出大家全部认可的指标，就要继续进行新一轮的筛选，甚至要进行第三轮或更多次筛选。这时的要求是根据本书确定的二级指标个数，进行二次筛选，把已经选中的要素不再列到可选范围，仅对剩下的备选要素进行再选。基本过程与初级筛选工作类似（为简化起见，这里省略了筛选的基本过程）。

6. 描述大学生就业软实力的指标体系

在经过了上面一系列的具体工作后，完全构建成了具有内在科学性、系统性的指标体系。在这一指标体系中，一级指标是大学生就业软实力的四个构成维度，二级指标是一级指标所包含的具体要素，用于具体解释说明一级指标，也是个体在自身软实力上行为的特征描述。

对软实力二级指标具体的语言描述在整理中进行了个别调整，见指标体系模型（见图5-1）。构建这一指标体系虽然经过了漫长历程，要做大量工作，要付出许多努力，但如果研究的广度、深度不够，甚至方法上有待完善，那么这些都会直接影响到指标体系的有效性和完备性。目前，在进行大学生就业软实力初级研究中，这一指标体系能基本表达清楚大学生就业软实力情况，笔者在今后的持续研究中将做进一步完善和深化。

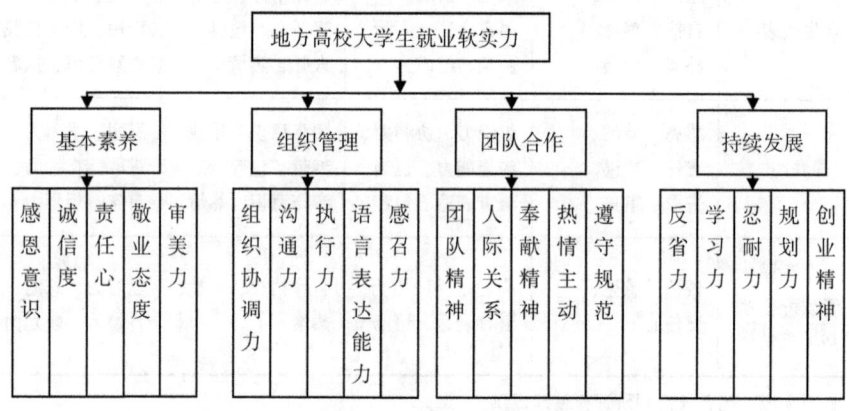

图5-1 大学生就业软实力指标体系模型

四、大学生就业软实力评价指标权重的确定

为了做到有效降低个人主观判断的随意性，本书在确定各指标对就业软

实力影响程度的权重时,主要运用综合意见法,把来自专家、用人单位、学生等多方面做出的相关评估结果进行综合,然后用于评价模型之中。

权重是用来反映就业软实力要素对就业软实力水平影响程度的系数值,某一个要素被赋予的权重值越大,说明这一要素对就业软实力的影响程度越大,也更为重要。客观上,构成就业软实力的各个要素指标在决定大学生就业软实力水平上所发挥的作用有所不同,为较准确地反映出各个要素的实际影响效果,有利于准确有效地测度出大学生就业软实力的"量值",我们在研究过程中科学确定每个要素指标的权重尤为重要。

1. 权重赋值的准备过程

第一,明确具体的工作任务。了解权重赋值的重要性和要解决的具体问题,做到心中有数。

第二,确定方法。明确在进行权重赋值中操作的具体方法和特点。

第三,组织评估人员。包括专家、用人单位和大学生。

第四,熟悉已确定的就业软实力指标体系,并进行相关说明。

第五,实施权重值初次判断。这一环节要观察不同类型成员之间的判断差别是否过大,若差别过大,要分析原因,并进行意见的统一或相关的调整。

2. 权重赋值的具体方法

权重赋值是一个较为复杂的过程,往往要经过几个反复和均衡过程。一般思路如图 5-2 所示。

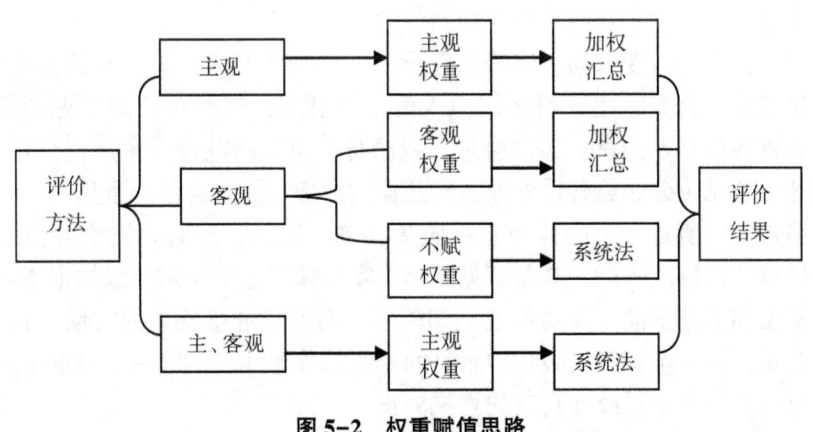

图 5-2 权重赋值思路

评价指标权重的确定按赋值形式的不同分为主观权重和客观权重。主观权重一般采用专家打分法来确定,但是这种情况下权重的排序无法克服主观因素的影响。客观权重的计算结果则仅仅考虑单个指标的特征，对多个评价指标的相互联系却无法描述。为在研究中取值的方便和利于操作，我们在此选用主观权重法为指标权重赋值。

(1) 德尔菲法。德尔菲法（Delphi Method），又称专家规定程序调查法。该方法主要是由调查者拟定调查表，按照既定程序，以函件的方式分别向专家组成员进行征询；而专家组成员又以匿名的方式（函件）提交意见。经过几次反复征询和反馈，专家组成员的意见逐步趋于集中，最后获得具有很高准确率的集体判断结果。在德尔菲法的实施过程中，始终有两方面的人在活动，一是预测的组织者，二是被选出来的专家。应注意的是德尔菲法中的调查表与通常的调查表有所不同，它除了有通常调查表向被调查者提出问题并要求回答的内容外，还兼有向被调查者提供信息的责任，它是专家们交流思想的工具。德尔菲法的具体实施步骤如下：

第一，确定调查题目，拟定调查提纲，准备向专家提供的资料（包括预测目的、期限、调查表以及填写方法等）。

第二，组成专家小组。按照课题所需要的知识范围，确定专家。专家人数的多少，可根据预测课题的大小和涉及面的宽窄而定，一般不超过20人。

第三，向所有专家提出所要预测的问题及有关要求，并附上有关这个问题的所有背景材料，同时请专家提出还需要什么材料，然后由专家做书面答复。

第四，各个专家根据他们所收到的材料，提出自己的预测意见，并说明自己是怎样利用这些材料并提出预测值的。

第五，将各位专家第一次判断意见汇总，列成图表，进行对比，再分发给各位专家，让专家比较自己同他人的不同意见，修改自己的意见和判断。也可以把各位专家的意见加以整理，或请身份更高的其他专家加以评论，然后把这些意见再分送给各位专家，以便他们参考后修改自己的意见。

第六，将所有专家的修改意见收集起来，汇总，再次分发给各位专家，以便做第二次修改。逐轮收集意见并为专家反馈信息是德尔菲法的主要环节。收集意见和信息反馈一般要经过三四轮。在向专家进行反馈的时候，只给出各种意见，但并不说明发表各种意见的专家的具体姓名。这一过程重复进行，直到每一个专家不再改变自己的意见为止。

第七，对专家的意见进行综合处理。在这一过程中，充分发挥各位专家的作用，通过集思广益，取各家之长，避各家之短，综合判断结论的准确性；总结各位专家意见的分歧，并进行具体分析。

(2) 加权综合法。根据对就业软实力各影响因素的理解情况，对每个评价者给予一个权重值（相加等于1），再分别让其对每个就业软实力因素的重要度给予赋值，最后对具体的一、二级指标的权重值进行综合计算。基本步骤如下：

第一步，给参与评价人（用人单位、专家、学生、课题组）分别赋予相应的重要度（f_i，$\sum f_i = 1$）。

第二步，每类参评者为评价要素重要度赋权重值（X_i）。

第三步，计算每个就业软实力要素的权重。$W_i = \sum f_i X_i$（i=1，2，3，4）。

（3）均等法（简单平均法）。把每个影响就业软实力的因素等同对待，它们的权重为均等的（具体描述略）。

（4）层次分析法。层次分析法（AHP）是美国匹兹堡大学数学运筹学家T.L.萨绨教授在20世纪70年代提出的。这一方法的基本思想是，把一个复杂的问题分解成各个组成部分，然后将这些组成要素按支配关系进行分组，从而形成一个有序的递阶层次结构，在这个基础上，通过两两比较的方式确定层次中各个因素的相对重要性，最后综合人的判断确定出各个要素的相对重要性的总的排列顺序。

3. 权重赋值的具体结果

通过运用不同方法对各指标进行计算，最终获得各指标的权重。具体分布见表5-3、表5-4。

表5-3 一级指标权重赋值表

权重值\方法\指标	德尔菲法	加权综合法	平均值法	层次分析法	混合平均
基本素养	0.30	0.31	0.25	0.29	0.2875
组织管理	0.26	0.27	0.25	0.275	0.26375
团队合作	0.24	0.22	0.25	0.23	0.235
持续发展	0.20	0.20	0.25	0.205	0.21375

注：混合平均值是对前四种方法测定权重结果的再次综合，本表中用它们的简单平均值作为四个一级指标的权重值，这样能进一步平滑掉个别较大的主观差距，根据方便的计算需要，权重值可保留两位小数，后面数字四舍五入。

表 5-4　二级指标权重赋值表

指标	方法/权重值	德尔菲法	平均值法	加权综合法	层次分析法	混合平均
基本素养	感恩	0.25	0.21	0.22	0.21	0.222
	诚信	0.21	0.23	0.20	0.23	0.218
	责任心	0.18	0.19	0.23	0.20	0.200
	敬业	0.20	0.20	0.19	0.19	0.195
	审美能力	0.16	0.17	0.16	0.17	0.165
组织管理	组织协调	0.21	0.23	0.22	0.22	0.220
	沟通力	0.21	0.22	0.21	0.20	0.210
	执行力	0.22	0.18	0.20	0.19	0.198
	语言表达能力	0.17	0.20	0.20	0.20	0.192
	感召力	0.19	0.17	0.17	0.19	0.180
团队合作	团队精神	0.23	0.25	0.22	0.23	0.233
	人际关系	0.20	0.21	0.20	0.20	0.202
	奉献精神	0.20	0.19	0.20	0.21	0.200
	热情主动	0.17	0.18	0.20	0.17	0.180
	遵循规范	0.20	0.17	0.18	0.19	0.185
持续发展	反省能力	0.19	0.20	0.20	0.21	0.200
	学习能力	0.24	0.23	0.22	0.22	0.228
	规划能力	0.19	0.21	0.21	0.20	0.202
	忍耐力	0.20	0.19	0.19	0.18	0.190
	创业精神	0.18	0.17	0.18	0.19	0.180

注：在此，二级指标的权重保留了三位小数。

第六章 大学生就业软实力水平实证研究

当前,能准确把握地方高校大学生就业软实力水平仍然具有一定难度,大学生个体就业软实力综合评价表给我们提供了认识大学生就业软实力的工具,运用量表这一工具可以进行就业软实力的自评和他评。自评就是评价者对自己的就业软实力要素逐一进行分析、评价,按照一定的规则进行量化得分汇总,计算出个体就业软实力得分。他评是借助这一工具表对他人进行评价,但评价者要对被评价者足够熟悉。在这里,我们以调查对象自评为例进行实证说明。

一、大学生就业软实力实证研究概述

为真正认识地方高校大学生就业软实力水平和存在的有关问题,必须借助构建起的测评工具对地方高校大学生进行具体测度,以便为提升大学生就业软实力水平提供指导,同时也是对这一工具使用效果的验证。

(一) 数据来源与收集

历经几年的工作,笔者先后对上千名不同情况的大学生进行考察,获得了一批有关大学生就业软实力的测评数据资料。在获得的这些数据资料中,有整个班级测评数据,也有分散的个体测评数据。

为了更有利地展开研究地方高校大学生就业软实力,使结果更具有可靠性,我们在获得数据过程中坚持并遵循了以下原则:

(1) 紧紧围绕研究目的选择调查对象。
(2) 注重调查对象的代表性。
(3) 重视收集第一手资料。
(4) 调查指标内容的多样性。

(5) 调查结果的真实性。
(6) 调查人员的专业性。

(二) 数据整理结果

为了比较全面地掌握地方高校大学生的就业软实力状况，使研究的结果更具有代表性，我们选择调查对象收集个人就业软实力测评数据时，选择了在校大学生和最近走向工作岗位的大学生。同时注意照顾被调查者的分布状况合理，如他们的家庭背景、学科类别和在校生的年级分布等，以便在研究分析过程中进行比较。经过对获得的就业软实力测评数据的筛选和整理，形成了以下用于进一步分析的资料（见表6-1）。

表6-1 大学生就业软实力水平自我评价得分表

编号	性别	学科类别	家庭背景	学校类别	就业状况	在校年级	基本素养	组织管理	团队合作	持续发展	总评得分
001	女	文	农	地方高校	就业		23	23	23.2	17.91	86.91
002	女	文	农	地方高校	就业		24.5	20	21	17.5	84
003	男	理	农	地方高校	未就业	低年级	22.1	19.09	21	16	78.19
004	男	理	城	重点高校	未就业	高年级	24	22.3	21.8	17.2	85.3
005	男	理	农	地方高校	就业		24	18	18.3	16.8	77.1
006	女	文	农	地方高校	就业		24.5	19	22.5	18	84
007	男	文	城	地方高校	就业		25	22	23.2	18.02	88.22
008	女	理	农	地方高校	就业		22	19.5	19	16.5	77
009	女	文	农	地方高校	就业		24	22.5	20.5	16	83
010	女	文	农	重点高校	就业		25.5	23	22	17.04	87.54
011	男	文	农	地方高校	就业		24.3	21.7	20.3	16.17	82.47
012	女	文	农	地方高校	就业		21.3	18.2	20	16	75.5
013	男	文	农	地方高校	就业		25.6	23.4	21.5	16.5	87
014	男	理	农	地方高校	未就业	低年级	21.5	16	14	12.5	64
015	女	理	农	重点高校	未就业	高年级	26.3	20.24	23	17	86.54
016	女	文	农	重点高校	未就业	高年级	25.6	20	21.11	16.5	83.21
017	男	文	农	地方高校	未就业	高年级	21.3	18.78	18.1	14.7	72.88
018	男	理	农	地方高校	未就业	低年级	19	17.4	18	13.49	67.89
019	女	文	农	地方高校	未就业	低年级	26.5	21.6	20.5	14.6	83.2
020	女	理	农	地方高校	未就业	低年级	26.3	13.25	20	14.6	74.24

续表

编号	性别	学科类别	家庭背景	学校类别	就业状况	在校年级	基本素养	组织管理	团队合作	持续发展	总评得分
021	男	理	农	地方高校	未就业	高	25	18	18.3	15	76.3
022	女	理	城	地方高校	就业		25.6	22	23	20.4	91
023	女	文	农	重点高校	就业		24	21.5	19.6	20	85.11
024	女	文	城	地方高校	就业		23.04	22.8	22.1	20.1	88.04
025	男	理	农	地方高校	未就业	高年级	22.1	18.1	18	15	73.2
026	男	文	农	地方高校	未就业	低年级	21.5	18.2	18.5	16.1	74.3
027	女	文	农	地方高校	就业		23.5	21	22.7	19	86.2
028	男	文	农	地方高校	就业		22	19.5	19	17	76.5
029	女	理	农	地方高校	就业		26.4	22.2	22	18	88.6
030	女	理	农	地方高校	未就业	高年级	24	20	19.2	15.4	78.6
031	女	文	城	地方高校	未就业	低年级	25	18.5	19	14.8	77.3
032	男	理	农	地方高校	未就业	低年级	24	16.7	15	13.5	69.2
033	女	文	农	重点高校	未就业	高年级	26.4	21	21	17.2	85.6
034	男	文	农	地方高校	就业		24	16	16.4	11.6	68
035	男	文	农	地方高校	就业		26	20.5	21.5	19.49	87.49
036	女	理	农	地方高校	就业		25.6	20.4	19	20	85
037	女	理	城	地方高校	就业		26.3	20.7	20.01	17.18	84.19
038	女	文	农	地方高校	就业		25.4	21	20.6	19.3	86.3
039	女	文	农	地方高校	就业		26	20	20.3	18.05	84.35
040	女	文	农	重点高校	未就业	高年级	27	20.2	21.8	18.4	87.4
041	男	理	农	地方高校	未就业	低年级	23	15	18.2	14	70.2
042	男	文	城	地方高校	就业		28.1	23	21	19.1	91.2
043	女	文	农	地方高校	就业		25	20.4	18.23	17	80.63
044	女	理	农	地方高校	就业		25.8	22.2	20	18	86
045	男	文	农	地方高校	就业		24.6	20	16	18.3	78.9
046	女	理	农	地方高校	未就业	高年级	25	19.6	20.4	16.03	81.03
047	女	文	城	地方高校	未就业	高年级	27.5	24	21.2	17.5	90.2
048	女	文	农	地方高校	就业		27	24.3	21.7	18.06	91.06
049	男	文	农	地方高校	未就业	高年级	26	21.6	20.4	16	84
050	女	理	农	地方高校	未就业	低年级	25.4	20.4	18	14.6	78.4

续表

编号	性别	学科类别	家庭背景	学校类别	就业状况	在校年级	基本素养	组织管理	团队合作	持续发展	总评得分
051	男	文	农	重点高校	未就业	低年级	27	22.2	23	17.6	89.8
052	男	理	农	地方高校	未就业	高年级	26	20.5	21.5	16.7	84.7
053	男	理	农	重点高校	就业		26.5	20.5	20.16	17	84.16
054	男	理	农	地方高校	就业		24.5	21.5	21.4	19.5	86.9
055	男	文	农	地方高校	未就业	高年级	26	20	22.5	17.5	86
056	女	文	城	地方高校	就业		26.3	20	19.11	17.7	83.11
057	男	理	农	地方高校	未就业	高年级	24.8	19	17.2	15.2	76.2
058	男	理	农	地方高校	未就业	低年级	24	17.8	16	13.6	71.4
059	男	理	农	地方高校	未就业	低年级	24.5	15	18	11.7	69.2
060	女	理	农	地方高校	未就业	低年级	27	19	18	15.1	79.1
061	女	理	农	地方高校	就业		27.8	19	18.51	17	82.31
062	女	文	农	重点高校	未就业	高年级	27	19.2	21	17.5	84.7
063	男	文	农	地方高校	未就业	高年级	27.3	18	18	18.2	81.32
064	男	文	农	地方高校	未就业	高年级	25	20.5	22.5	17.5	85.5
065	女	文	城	地方高校	就业		26.5	20	19.11	17.7	83.31
066	男	理	农	地方高校	未就业	高年级	24.8	19	17.4	15.3	76.5
067	男	文	农	重点高校	就业		28.4	20	22.05	20	90.45
068	女	理	农	重点高校	未就业	高年级	26	18.26	19	17.25	80.51
069	男	理	农	地方高校	就业		25.8	18	17	16.73	77.53
070	女	理	农	地方高校	未就业	低年级	26.4	13.21	20	14.6	74.21
071	男	文	农	地方高校	就业		27.5	20	19	19.5	86
072	男	理	农	地方高校	未就业	低年级	23	18.2	20	12.3	63.5
073	女	理	农	地方高校	未就业	低年级	23.6	13.6	19.2	11.4	67.8
074	男	理	农	地方高校	未就业	高年级	25	16	18	14.2	73.2
075	男	理	农	地方高校	未就业	低年级	27	16	17	15	75
076	女	文	农	地方高校	就业		27.07	21.2	19	19.8	87.07
077	女	理	城	地方高校	未就业	低年级	24.2	21	20	16.03	81.23
078	女	文	城	地方高校	就业		28	23.1	21.3	20	92.4
079	男	理	农	地方高校	未就业	高年级	26.33	19.2	19.8	17.1	82.43
080	男	文	农	地方高校	未就业	低年级	25.6	18	20	15.1	78.7

第六章　大学生就业软实力水平实证研究

续表

编号	性别	学科类别	家庭背景	学校类别	就业状况	在校年级	基本素养	组织管理	团队合作	持续发展	总评得分
081	女	理	农	地方高校	就业		27.1	19	19.54	18	83.64
082	女	文	农	地方高校	就业		27.2	23	22	19.05	91.25
083	女	理	农	地方高校	就业		25.8	21.4	18.6	17.8	83.6
084	女	理	农	重点高校	未就业	高年级	26	22	19.6	16.14	83.74
085	男	文	农	地方高校	就业		27.2	22	18.9	18	85.92
086	女	理	农	地方高校	就业		27.7	21.9	20.1	19	88.7
087	女	文	农	地方高校	就业		25.6	21.6	19	19.7	85.9
088	女	文	城	地方高校	就业		26	21.6	19	18.7	85.3
089	男	理	农	地方高校	未就业	高年级	26	19.1	20	17.5	82.31
090	男	文	农	地方高校	就业		26.2	20	19.7	17.31	83.21
091	女	文	农	重点高校	未就业	高年级	27.6	21	21.83	20	90.43
092	女	文	农	地方高校	未就业	低年级	25	15.7	16	14.5	71.2
093	女	理	农	地方高校	未就业	高年级	25.6	18.5	18.2	15.5	77.8
094	男	理	农	地方高校	未就业	低年级	25	15.5	15	11.2	66.7
095	女	文	农	重点高校	就业		27.8	20.4	20.32	17.8	86.32
096	女	理	农	地方高校	未就业		26.3	19.3	20.5	13	78.6
097	男	文	城	地方高校	未就业	高年级	26.4	19.5	17.5	14.12	77.52
098	女	文	农	地方高校	就业		26.8	20	21.6	18.06	86.46
099	男	理	农	地方高校	未就业	高年级	25	18.6	20	16.4	80
100	女	文	农	重点高校	未就业	低年级	27.6	22.21	21.31	16.4	87.52
101	女	理	农	地方高校	就业		27.2	22.2	21.23	17	87.63
102	女	文	农	地方高校	未就业	高年级	25	16	17.5	13.5	72
103	男	理	农	地方高校	未就业	低年级	24.6	14	14	10.7	63.3
104	男	文	城	地方高校	未就业	低年级	26.8	19.78	21	18	85.58
105	男	理	农	地方高校	未就业	低年级	28	23	22.4	17.6	91
106	男	理	农	地方高校	未就业	低年级	24	14.25	17	12	67.25
107	男	文	农	重点高校	未就业	高年级	26.3	19.7	18.3	15.79	80.09
108	女	文	农	地方高校	就业		25	19.4	16.6	16.21	77.21
109	女	理	农	地方高校	就业		26.2	20.8	19	18.32	84.32
110	男	理	农	地方高校	未就业	高年级	25.4	19.2	18.8	14.6	78

续表

编号	性别	学科类别	家庭背景	学校类别	就业状况	在校年级	基本素养	组织管理	团队合作	持续发展	总评得分
111	男	理	农	地方高校	未就业	低年级	24	15.2	15.8	11.2	66.2
112	男	文	农	地方高校	就业		26.8	22.2	21.3	17.06	87.36
113	女	文	农	地方高校	未就业	低年级	27	17.6	17	13.2	74.8
114	女	理	农	重点高校	未就业	高年级	26.4	19.4	19.3	15.6	80.7
115	男	理	农	地方高校	未就业	低年级	26.3	19	17	12.33	74.63
116	女	理	农	地方高校	未就业	低年级	25.6	18.4	16.11	11	71.11
117	男	理	农	地方高校	未就业	低年级	23.6	17.4	15.09	10.24	66.33
118	男	理	城	重点高校	就业		26.8	22.2	18.15	19.6	86.75
119	男	理	农	地方高校	未就业	低年级	24	16.4	15.4	13.2	69
120	女	文	农	地方高校	未就业	高年级	24.6	18.4	16.1	15.26	74.36
121	男	文	农	地方高校	就业		27.3	22.39	19.4	19.6	88.69
122	男	理	农	地方高校	未就业	低年级	26.1	19	17.2	14.7	77
123	男	理	农	地方高校	未就业	高年级	24.4	18.6	17	14.27	74.67
124	女	文	城	地方高校	就业		27.2	23.03	20	20	93.23
125	女	文	农	地方高校	就业		26.13	21.47	21.4	16.6	85.6
126	男	理	农	地方高校	就业		26	21	20.12	17.24	84.36
127	女	文	农	重点高校	就业		27.5	23.5	20.44	18.24	89.68
128	女	文	农	地方高校	未就业	高年级	28	25.8	22	18.2	94
129	女	理	农	地方高校	未就业	高年级	25.13	22	20.15	14	81.28
130	男	理	农	地方高校	未就业	低年级	25	19	18.72	11.28	74
131	男	理	农	地方高校	未就业	低年级	26.2	19.2	20	12.6	76
132	女	理	农	地方高校	就业		25	19	21.11	12.1	76.21
133	男	文	城	地方高校	就业		27.6	22.4	21	16.05	87.05
134	女	理	农	地方高校	未就业	高年级	26.17	21.17	21	17.34	85.68
135	女	文	农	重点高校	未就业	低年级	27	21	21.12	16.13	85.25
136	男	理	农	地方高校	就业		26	19.1	17	14.2	76.3
137	女	理	农	地方高校	就业		26.6	19	22.5	16.46	84.56
138	女	理	农	地方高校	就业		22.1	18	14.13	13	67.23
139	女	理	农	地方高校	未就业	低年级	23	17.1	13	10.3	64.4
140	男	文	农	地方高校	未就业	低年级	21	17	14.3	11.5	63.8

续表

编号	性别	学科类别	家庭背景	学校类别	就业状况	在校年级	基本素养	组织管理	团队合作	持续发展	总评得分
141	男	理	农	地方高校	未就业	高年级	24.6	22	18.1	13.19	77.89
142	男	文	农	地方高校	未就业	高年级	26.5	23.5	21.15	16.2	87.35
143	男	文	农	地方高校	就业		27	22.14	20	17.13	86.27
144	男	文	农	地方高校	就业		26	24	22.3	16.06	88.36
145	女	理	农	地方高校	未就业		25.6	19.1	19.4	14.14	78.24
146	男	文	农	地方高校	未就业	高年级	24.1	20.4	19	13.08	76.58
147	女	文	城	地方高校	就业		26.8	21.37	20.2	17	85.37
148	女	文	城	地方高校	就业		28	24.4	21.14	19.6	93.14
149	男	理	农	地方高校	未就业	低年级	24.2	17	15	14.8	71
150	男	文	农	重点高校	未就业	高年级	26.36	22	22.64	16.05	87.05
151	女	文	农	地方高校	就业		27.1	21.4	21.6	15.58	85.68
152	男	文	农	地方高校	就业		27	22.7	21	19.8	90.5
153	男	文	农	地方高校	未就业	高年级	26.2	20.3	20	15	81.5
154	男	理	农	地方高校	未就业	低年级	25.6	19	19.4	15.08	79.68
155	女	文	农	地方高校	未就业	低年级	27	20.4	20	14.43	81.83
156	女	文	农	重点高校	未就业	高年级	26.8	22	20.2	16.32	86.32
157	男	文	城	地方高校	就业		27.3	22.13	22.14	18	89.57
158	女	理	农	重点高校	就业		27	22.9	22.46	19.6	91.96
159	男	理	农	地方高校	就业		25	18.13	20	14.1	77.23
160	男	文	农	地方高校	未就业	高年级	24.8	20.2	21.1	14.04	80.14
161	女	文	农	地方高校	未就业	低年级	25.2	19.6	21.4	12.8	79
162	女	理	农	地方高校	未就业	低年级	23	16.3	17	10.28	65.58
163	男	文	农	地方高校	未就业	低年级	24.2	16	16.48	11.2	67.88
164	男	文	城	地方高校	就业		27.9	24.1	21.16	20.16	93.32
165	男	文	农	地方高校	未就业	低年级	26	21.08	20	16.8	83.88
166	女	文	农	重点高校	未就业	高年级	27.2	23.1	22	17.27	89.57
167	女	文	农	地方高校	就业		28.1	23.5	22.2	18.58	92.38
168	男	理	农	地方高校	就业		25.2	21.2	19.15	17.8	82.35
169	女	理	城	地方高校	就业		26.3	18.1	18.2	16.35	78.95
170	女	理	城	地方高校	就业		26.8	22.2	21.03	17.2	87.23

续表

编号	性别	学科类别	家庭背景	学校类别	就业状况	在校年级	基本素养	组织管理	团队合作	持续发展	总评得分
171	男	理	农	地方高校	未就业	低年级	25.3	17.1	17.7	14.11	74.21
172	男	文	农	地方高校	未就业	低年级	24.1	13.6	15.4	10.22	63.32
173	女	理	农	地方高校	就业		25.6	15.4	16.22	11.52	68.74
174	男	文	农	地方高校	就业		27.3	20.7	17.71	16.6	82.31
175	男	文	农	地方高校	未就业	高年级	26.6	20.12	16.2	15.4	78.32
176	女	理	农	地方高校	未就业	低年级	26.8	20	20.2	15.04	82.04
177	女	文	城	重点高校	未就业	高年级	25.9	24	20.1	16.31	86.31
178	女	理	农	地方高校	未就业	低年级	25.2	18.35	18.5	15.2	77.25
179	男	文	农	地方高校	未就业	低年级	26.2	18.7	20.3	15.8	81
180	男	文	农	地方高校	未就业	低年级	24.6	16.2	18.1	12.42	71.32
181	男	理	农	地方高校	就业		25.6	19.4	20.04	14.32	79.36
182	男	文	城	地方高校	就业		25.2	23	22	17.8	88
183	男	文	农	地方高校	就业		26.3	22.2	21.8	16.6	86.9
184	女	理	农	地方高校	未就业	高年级	27	19.7	20.4	15.5	82.6
185	男	文	农	地方高校	未就业	低年级	24.8	16.1	16.2	10.7	67.35
186	男	文	农	地方高校	就业		27.6	22.3	21.1	19.23	90.23
187	女	文	城	地方高校	未就业	低年级	26.8	23.2	20.5	17.02	87.52
188	男	理	农	地方高校	未就业	低年级	26.3	17.5	19.5	14	77.3
189	男	文	农	重点高校	就业		27.5	22.5	20.76	17.6	88.36
190	女	文	城	地方高校	未就业	高年级	27	23.5	21	19.86	91.36
191	男	理	农	地方高校	未就业	低年级	26.85	19.8	21.5	14.2	82.35
192	男	文	农	地方高校	未就业	低年级	25.4	19.2	19.8	13.6	78
193	女	文	农	地方高校	未就业	高年级	27.3	20.14	20.12	16.7	84.26
194	女	理	农	地方高校	未就业	高年级	26.1	18.16	18.2	15.23	77.69
195	男	理	农	地方高校	未就业		26.7	16.5	16.82	12.33	72.35
196	男	文	城	重点高校	就业		27.12	23.6	22.4	20	93.12
197	女	理	农	地方高校	未就业	低年级	27	18.33	20.4	15.6	81.33
198	女	文	城	地方高校	未就业	高年级	26.22	20.12	19.7	16.3	82.34
199	女	理	农	地方高校	未就业	低年级	27.13	18.8	20.2	15.34	81.47
200	女	文	农	地方高校	未就业	低年级	27.76	19.4	22.24	16.6	86

续表

编号	性别	学科类别	家庭背景	学校类别	就业状况	在校年级	基本素养	组织管理	团队合作	持续发展	总评得分
201	男	理	农	地方高校	未就业	低年级	25.17	16.8	18.2	11.15	71.32
202	男	理	农	地方高校	未就业	低年级	26.1	16.2	19.7	12.01	74.01
203	女	理	农	地方高校	未就业	低年级	24.6	14.4	18.7	10.3	68
204	男	文	农	地方高校	未就业	高年级	25.8	17	20.2	13.3	76.3
205	女	理	城	地方高校	未就业		26.2	20.8	21.4	17.1	85.5
206	女	文	农	地方高校	就业		27.3	19.7	19.9	17.16	84.06
207	女	文	农	重点高校	未就业	高年级	27.5	19.2	26.5	19.2	87.4
208	男	文	农	地方高校	未就业	低年级	25	17.2	20	13.36	75.56
209	男	理	农	地方高校	未就业	低年级	23.6	14.4	17.23	11.1	66.33
210	男	理	农	地方高校	未就业	低年级	23	13.2	17.32	10.8	64.32
211	女	理	城	地方高校	就业		27.2	22.2	20	19.3	88.7
212	男	文	城	地方高校	就业		26.9	23.1	18.42	18.26	86.68
213	男	文	农	地方高校	就业		25.3	19.1	17	16.25	77.65
214	女	文	农	重点高校	未就业	低年级	26.8	18.2	21.5	16.64	83.14
215	男	文	农	地方高校	未就业	低年级	23.2	14.09	17.8	11.12	66.21
216	男	理	农	地方高校	未就业	低年级	26.4	16.3	19.7	14.6	78
217	男	理	农	地方高校	未就业	低年级	24.12	17.5	18.5	13.09	73.21
218	女	文	农	地方高校	就业		24.5	17.5	17.1	15.49	75.59
219	女	文	农	地方高校	未就业	高年级	25.3	17.7	19.41	16.2	78.61
220	女	文	农	地方高校	未就业	低年级	22.6	13.4	17.03	11.2	64.23
221	女	文	农	地方高校	未就业	低年级	27	17.7	20.3	15.55	81.55
222	女	理	农	地方高校	未就业	高年级	26.36	18.64	19	16.12	80.12
223	女	文	农	重点高校	就业		26	20.2	19.8	18.17	84.17
224	男	理	农	地方高校	未就业	低年级	25.8	17.6	19.6	15.7	78.7
225	男	文	城	地方高校	未就业	高年级	26.4	21.6	19.6	17.21	85.81
226	女	文	农	地方高校	未就业	低年级	23.8	15	18.2	12.34	69.34
227	男	文	农	地方高校	未就业	低年级	24.4	13.6	19.09	10.8	67.89
228	女	理	农	地方高校	就业		27.6	22.4	21	19.12	90.12
229	女	理	农	地方高校	未就业	低年级	25.6	18	19.7	13.7	77
230	女	文	农	地方高校	未就业	低年级	27.2	19.7	22.3	18.11	87.31

续表

编号	性别	学科类别	家庭背景	学校类别	就业状况	在校年级	基本素养	组织管理	团队合作	持续发展	总评得分
231	男	理	农	地方高校	未就业	低年级	25.2	15.8	18.13	14.2	73.33
232	男	文	农	地方高校	未就业	低年级	26.2	17.2	20.8	14.59	78.79
233	男	理	农	地方高校	未就业	低年级	24	14	17.16	11.32	66.48
234	女	理	城	地方高校	就业		26.2	20.8	22.1	17.49	86.59
235	女	理	农	地方高校	未就业	低年级	24.5	14	19.63	13.2	71.23
236	男	文	农	地方高校	未就业	低年级	25.6	16.2	21.8	15.05	78.65
237	女	文	农	地方高校	未就业	低年级	25	12.5	16.5	10.15	64.15
238	女	文	农	重点高校	就业		26.64	23.3	22.7	19.4	92.04
239	男	理	农	地方高校	未就业	高年级	26.3	18.7	20.12	17.1	82.22
240	女	理	农	地方高校	就业		27	18.3	20.7	17.65	83.65
241	女	文	农	地方高校	未就业	低年级	25.2	16	19.8	13.1	74.1
242	女	文	农	地方高校	未就业	低年级	26.3	16.12	20.7	13.23	76.35
243	女	文	农	重点高校	未就业	低年级	26.4	19.6	21	19.2	86.2
244	男	理	农	地方高校	未就业	低年级	23	12.2	16.8	10.38	62.38
245	女	理	农	地方高校	就业		22.4	15.2	18.8	12.16	68.56
246	女	文	农	地方高校	未就业	低年级	27.1	16.5	19.5	14.44	77.54
247	男	理	农	地方高校	未就业	低年级	23.2	13.8	20	11.39	68.39
248	男	理	农	重点高校	就业		25.6	18.4	19.72	15.24	78.96
249	女	理	城	地方高校	未就业	低年级	26	17.4	19.6	14.3	77.3
250	男	理	农	地方高校	未就业	低年级	23.6	14.4	18.23	12.34	68.57
251	男	文	农	重点高校	未就业	低年级	27	19.5	22.6	18.46	87.56
252	女	文	城	地方高校	就业		27.2	23.8	22.3	19	92.3
253	女	理	农	地方高校	未就业	低年级	22	12	17.16	11.3	62.46
254	男	文	农	地方高校	未就业	高年级	26.3	15.13	17.13	15.7	74.26
255	男	理	城	地方高校	就业		26.7	23.16	22.3	17.4	89.56
256	男	理	农	地方高校	未就业	低年级	25	16	19.1	18.14	78.24
257	女	文	农	地方高校	未就业	低年级	26.21	15.8	19	16.3	77.31
258	女	文	农	重点高校	未就业	高年级	26.1	18.6	20.4	16.27	81.37
259	男	理	农	地方高校	未就业	低年级	27	14.3	20	13.32	74.62
260	女	文	农	地方高校	未就业	低年级	27.2	20	22.4	17.6	87.2

续表

编号	性别	学科类别	家庭背景	学校类别	就业状况	在校年级	基本素养	组织管理	团队合作	持续发展	总评得分
261	男	文	农	地方高校	未就业	低年级	26.4	17.6	18.5	16.21	78.71
262	男	理	农	地方高校	未就业	低年级	23	13.4	14.48	15.6	66.48
263	女	理	城	地方高校	就业		26.2	20.8	20.19	19.4	86.59
264	女	理	农	地方高校	未就业	低年级	24	15	18.1	14.13	71.23
265	男	文	农	地方高校	未就业	高年级	25.3	17.25	20.7	15.4	78.65
266	女	文	农	地方高校	未就业	低年级	23	13.6	17.4	10.15	64.15
267	女	文	农	地方高校	就业		27	23.24	22	19.8	92.04
268	男	理	农	重点高校	未就业	高年级	26.12	19	20	17.1	82.22
269	女	理	农	地方高校	就业		27	20.5	19.7	16.45	83.65
270	女	文	农	地方高校	未就业	低年级	26.1	15	19.4	14.6	74.1
271	女	文	农	地方高校	未就业	低年级	27.35	17.1	18	13.9	76.35
272	女	文	农	地方高校	未就业	高年级	27.8	19.7	21.5	17.2	86.2
273	男	理	农	地方高校	未就业	低年级	23.5	11.1	15.5	12.28	62.38
274	女	理	农	地方高校	就业		24.8	14.2	16.3	13.26	68.56
275	女	文	农	地方高校	未就业	低年级	27	15.6	19.4	15.54	77.54
276	男	文	农	地方高校	未就业	低年级	24.1	11.6	18.4	14.29	68.39
277	男	理	农	重点高校	就业		26.4	17.6	18.6	16.36	78.96
278	女	理	城	地方高校	未就业	低年级	26.2	19.1	19.4	16.6	81.3
279	男	理	农	地方高校	未就业	低年级	24.5	11.07	17.3	15.7	68.57
280	男	文	农	重点高校	就业	低年级	27.4	14.6	19	16.56	87.56
281	女	文	城	地方高校	就业		27.6	24.4	21.2	19.1	92.3
282	女	理	农	地方高校	未就业	低年级	22.1	10.6	17.4	12.26	62.46
283	男	文	城	地方高校	未就业	高年级	26	19.7	19.3	16.26	81.26
284	男	理	城	地方高校	就业		26.5	23.5	20.36	19.2	89.56
285	男	理	农	地方高校	未就业	低年级	27	14.6	21.4	15.24	78.24
286	女	文	农	地方高校	未就业	低年级	24.3	15.7	17.2	14.11	71.31
287	女	文	农	重点高校	未就业	高年级	27.2	19.8	20.1	16.27	83.37
288	男	理	农	地方高校	未就业	低年级	26.9	15.1	19.52	13.1	74.62
289	女	文	农	重点高校	未就业	低年级	27.4	20.8	21.5	17.5	87.2
290	女	文	农	地方高校	未就业	高年级	28	21.4	21.6	18.57	89.57

续表

编号	性别	学科类别	家庭背景	学校类别	就业状况	在校年级	基本素养	组织管理	团队合作	持续发展	总评得分
291	女	文	农	地方高校	就业		28.12	21.8	22.2	20.24	92.38
292	男	理	农	地方高校	就业		26.3	17	20	17.05	80.35
293	女	理	城	地方高校	就业		25	19.6	18.4	16.35	79.95
294	女	理	城	重点高校	就业		26.2	22	20.23	18.8	87.23
295	男	理	农	地方高校	未就业	低年级	26.8	12	20.2	15.21	74.21
296	男	文	农	地方高校	未就业	低年级	25.4	9.2	16.32	12.4	63.32
297	女	理	农	地方高校	就业		26.2	11.2	17.8	12.54	68.74
298	男	文	农	重点高校	就业		27	19.9	21.1	17.31	85.31
299	女	文	农	地方高校	未就业	高年级	26.1	17.2	18.8	16.22	78.32
300	女	理	农	地方高校	未就业	低年级	27.1	15.9	20.9	16.14	80.04
301	女	文	城	地方高校	未就业	高年级	26.7	20.11	21.3	18.2	86.31
302	女	文	农	地方高校	未就业	低年级	25	17.1	17	15.15	74.25
303	男	文	农	重点高校	未就业	低年级	26	17	21.5	16.5	81
304	女	文	农	地方高校	未就业	低年级	25.3	15	18.32	12.7	71.32
305	男	理	农	地方高校	就业		26.2	18.8	20	14.36	79.36
306	男	文	城	重点高校	就业		27.05	23.1	19.9	20.3	90.35
307	男	文	农	地方高校	就业		27.2	20.1	20.9	18.7	86.9
308	女	理	农	地方高校	未就业	高年级	26.8	18.2	20.2	17.4	82.6
309	男	文	农	地方高校	未就业	低年级	22.8	12.15	18.2	14.2	67.35
310	男	文	农	重点高校	就业		27.7	21.5	21.8	19.23	90.23
311	女	文	城	地方高校	未就业	低年级	26.2	21.7	21.1	18.52	87.52
312	男	理	农	地方高校	未就业	低年级	26	15.8	20.5	15	77.3
313	男	文	农	地方高校	就业		28	20.6	22.7	17.06	88.36
314	女	文	城	地方高校	未就业	高年级	27.1	23.2	21.16	19.9	91.36
315	男	理	农	地方高校	未就业	低年级	27	17.1	22	16.25	82.35
316	男	文	农	重点高校	未就业	低年级	26.6	16.4	20.6	14.4	78
317	女	文	农	地方高校	就业		28	20.1	20.16	18	86.26
318	女	理	农	地方高校	未就业	高年级	26.3	15.7	19.33	15.66	76.69
319	男	理	农	地方高校	未就业	高年级	26	13.2	17.15	16	72.35
320	男	文	城	重点高校	就业		27.06	24.2	21.8	20.06	93.12

续表

编号	性别	学科类别	家庭背景	学校类别	就业状况	在校年级	基本素养	组织管理	团队合作	持续发展	总评得分
321	女	理	农	地方高校	未就业	低年级	26.4	13.25	20	14.6	74.25
322	男	文	农	地方高校	未就业	低年级	25.4	20.1	19.9	15.6	81
323	女	文	农	地方高校	未就业	低年级	26	14.2	18.1	15	73.3
324	女	文	农	地方高校	未就业	低年级	24.25	18.3	15.54	10.7	68.79
325	女	文	农	重点高校	未就业	低年级	27	22	20.12	14.14	83.26

二、地方高校大学生就业软实力基本情况描述

经过对调查的原始数据分析,形成了反映地方高校大学生就业软实力状况的基本结论。特别是通过对就业软实力结构要素的分析,在对有关数据比较后可清晰地感受到不同背景的大学生在就业软实力综合水平和要素得分上存在明显的差别,这既反映了大学生就业软实力水平的差异性,也为提升大学生就业软实力提供了有意义的参考。

(一) 调查样本的就业软实力综合评价

对调查样本就业软实力评价得分进行整理,见图6-1。

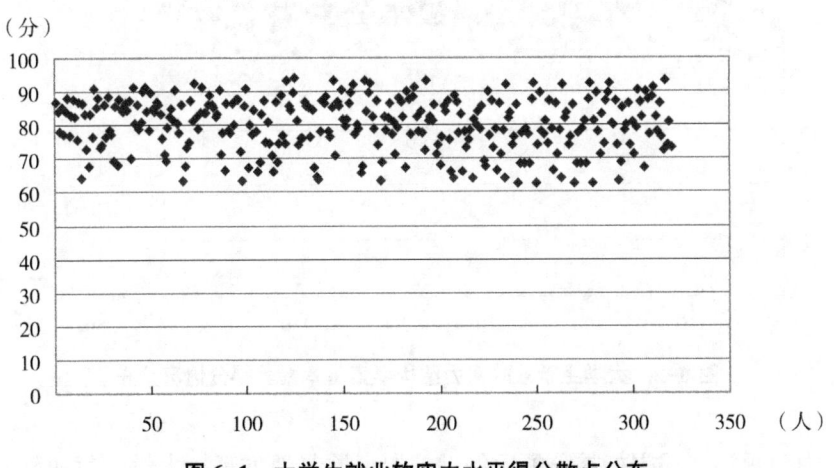

图6-1 大学生就业软实力水平得分散点分布

总体评述：根据我们对测评结果的分值说明，60分以下为就业软实力水平差；60~70分为合格；70~80分为中等；80~90分为良好，90分（含90分）以上为优秀。从图6-1可清晰地感受到地方高校大学生就业软实力的水平和分布特征，并可得出以下结论：地方高校大学生就业软实力整体水平合格，但存在明显问题。图6-1显示，90分以上的优秀者明显偏少，但是60~70分为合格的比重偏大。同时，我们也能看到地方高校大学生整体的就业软实力水平主体处在良好状态，尚未发现不及格案例出现，但有接近60分者。综合结论，我们可以简单概括当前地方高校大学生的整体就业软实力水平的提升空间还是很大的。主要提升目标：增加优秀者数量，提升到占比20%左右；减少中等者、合格者数量和比重，向良好水平提升。

（二）地方高校大学生就业软实力结构要素情况评述

从上面的地方高校大学生就业软实力总体水平得分散点分布图看，不同类型大学生个体之间的就业软实力总体水平存在明显的差异性，且存在较大的差距。在此基础上，我们对地方高校大学生就业软实力的结构要素得分情况做了进一步分析，用得分散点分布图则可清晰地看出地方高校大学生就业软实力的结构要素得分情况，并发现相应问题。

1. 大学生就业软实力结构要素基本素养得分评述

对调查样本就业软实力一级要素指标基本素质得分进行整理，见图6-2。

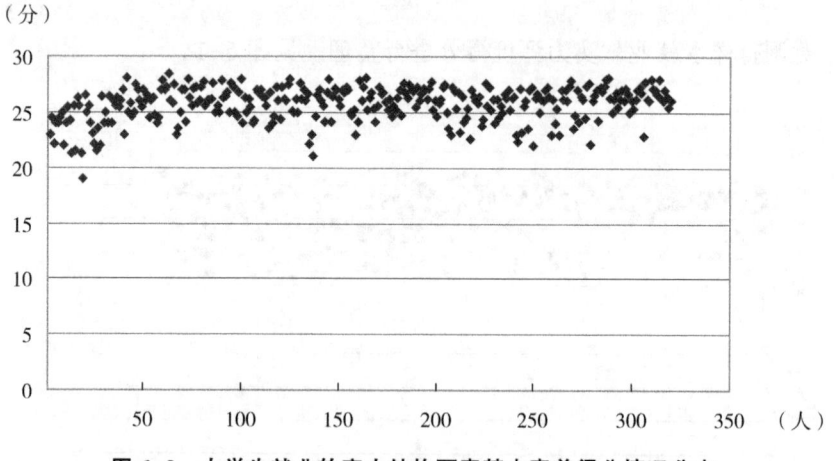

图6-2 大学生就业软实力结构要素基本素养得分情况分布

总体评述：根据权重分配比例，基本素质在地方高校大学生就业软实力总分中占29%，即百分制中的29分。观察被测评对象得分，整体情况比较理想，得分较高的比重大，大多在25分以上，处于良好和优秀水平，只有极少数接近20分的分值。

2. 大学生就业软实力结构要素组织管理得分评述

总体评述：如图6-3所示，根据权重分配比例，组织管理能力在地方高校大学生就业软实力总分中占26%，即百分制中的26分。观察被测评对象得分情况，分布零散，说明地方高校大学生的组织管理能力相差较大，并且得分较低的比重很大，大多在20分以下，说明社会用人单位所强调的大学生组织管理能力提升空间还很大。

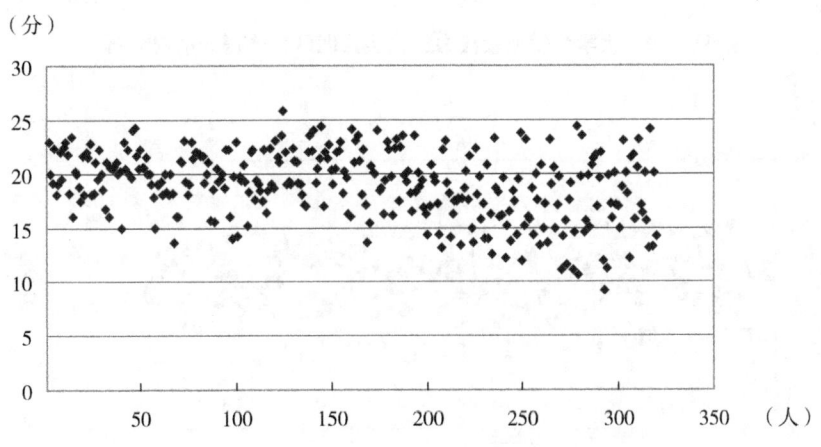

图6-3 大学生就业软实力结构要素组织管理得分情况分布

3. 大学生就业软实力结构要素团队合作得分评述

总体评述：如图6-4所示，根据权重分配比例，团队合作要素在地方高校大学生就业软实力总分中占24%，即百分制中的24分。观察被测评对象得分情况，分布偏零散，说明大学生在团队合作方面的认识具有分散性，观点和具体做法有多样性，但总体得分比较理想，较大部分在20分以上，达到良好状态。说明地方高校的大学生对团队合作问题比较重视，有利于改善这方面的工作内容。

4. 大学生就业软实力结构要素持续发展得分评述

总体评述：如图6-5所示，根据权重分配比例，持续发展要素在地方高校大学生的就业软实力总分中占21%，即百分制中的21分。观察被测评对象得分情况，分布零散，说明地方高校大学生的持续发展潜力差别大，并且得

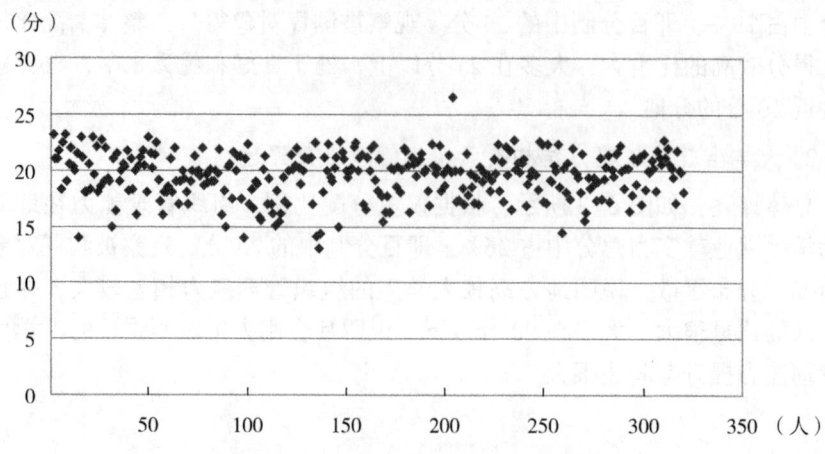

图 6-4　大学生就业软实力结构要素团队合作得分情况分布

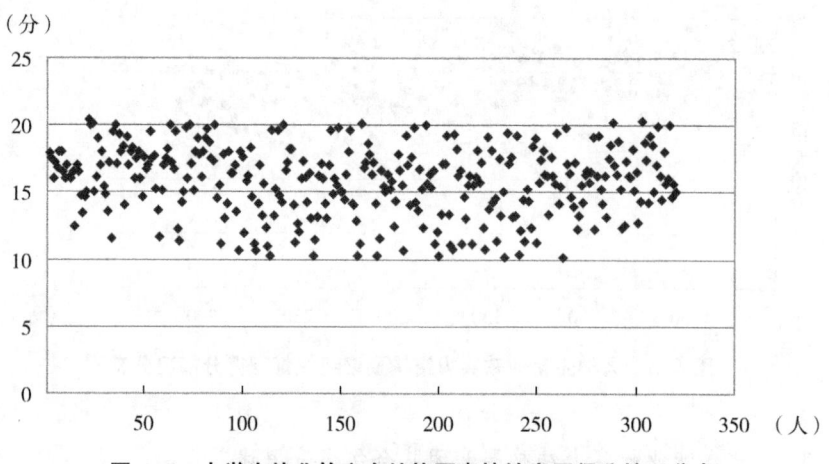

图 6-5　大学生就业软实力结构要素持续发展得分情况分布

分较低的人数偏多,在 15 分以下的比重过大,说明现在地方高校大学生的持续发展能力不足,具有很大的提升空间,必须找到准确的突破口。

三、被调查对象的就业软实力比较分析

如果对这种差距作进一步分析,明确到具体地方高校某类大学生个体的就业软实力水平和差异性,则要借助对大学生就业软实力结构要素得分情况的分析结果,进行相对应的比较,从而看到差距的内在表现。在此,运用 SPSS 统计分析软件对具有不同特征的被调查对象就业软实力要素比较分析,进一步认识了不同类别的被调查对象在就业软实力要素上的差别性,做到了深刻、具体地认识地方高校大学生就业软实力水平和不同个体间的差异性,为更好地提升地方高校大学生就业软实力水平提供了精准的参考依据。在分析过程中参照被调查对象的性别、年级、就业情况、学科和家庭背景等情况,对就业软实力指标体系进行具体分析研究。

(一)按性别不同进行的比较分析

按性别不同进行比较分析见表6-2。

表6-2 按性别不同的就业软实力比较分析

性别		报告				
		基本素养	组织管理	团队合作	持续发展	总成绩
男	均值	25.4697	18.4297	19.1604	15.3296	78.3760
	N	156	156	156	156	156
	标准差	1.60770	3.16052	2.11131	2.54972	7.96091
女	均值	25.9852	19.4860	19.9137	16.2739	81.6627
	N	164	164	164	164	164
	标准差	1.44892	2.92960	1.89832	2.49435	7.36263
总计	均值	25.7339	18.9711	19.5465	15.8136	80.0605
	N	320	320	320	320	320
	标准差	1.54765	3.08522	2.03704	2.56153	7.82307

从表6-2的数据分析来看,我们可以发现地方高校大学生男女生之间就业软实力的差别情况,在他们的综合得分中男生低于女生3.3分。同时,在具体结构要素的得分上,除基本素养得分两者极为接近外,其他三项要素得分男生都略低于女生。这一现象说明,经过整个大学阶段的学习到就业初期,地方高校大学女生的就业软实力要素和男生之间相差不大,女生的优势稍稍强一些,男生表现出略低的现象。

(二)按学科类别不同的比较分析

按学科类别不同进行比较分析见表6-3。

表 6-3 按学科不同的就业软实力比较分析

学科类别		报告				
		基本素养	组织管理	团队合作	持续发展	总成绩
文科	均值	26.0836	19.8677	20.0869	16.5030	82.5995
	N	172	172	172	172	172
	标准差	1.47619	2.91825	1.93384	2.46431	7.30338
理科	均值	25.3276	17.9291	18.9184	15.0124	77.1097
	N	148	148	148	148	148
	标准差	1.53413	2.95220	1.97876	2.44380	7.37917
总计	均值	25.7339	18.9711	19.5465	15.8136	80.0605
	N	320	320	320	320	320
	标准差	1.54765	3.08522	2.03704	2.56153	7.82307

从表 6-3 的分析数据我们可以发现，地方高校文理科大学生之间就业软实力的差别情况，在他们的综合得分中理科生明显低于文科生 5.49 分。在就业软实力具体结构要素的得分上，除去基本素养得分接近外，其他三项要素得分理科生明显低于文科生。这一现象说明，在地方高校大学生的学习生活中，理科生参与的有关活动偏少，相对而言，整体不如文科生活跃，在就业软实力方面的提升不够。

（三）按家庭背景不同的比较分析

按家庭背景不同进行比较分析见表 6-4。

表 6-4 按家庭背景不同的就业软实力比较分析

家庭背景		报告				
		基本素养	组织管理	团队合作	持续发展	总成绩
农村	均值	25.6054	18.4459	19.3611	15.4151	78.8052
	N	271	271	271	271	271
	标准差	1.59108	2.98137	2.08915	2.49766	7.64635
城镇	均值	26.4447	21.8755	20.5714	18.0173	87.0029
	N	49	49	49	49	49
	标准差	1.03411	1.75853	1.32674	1.63144	4.44468

续表

家庭背景		报告				
		基本素养	组织管理	团队合作	持续发展	总成绩
总计	均值	25.7339	18.9711	19.5465	15.8136	80.0605
	N	320	320	320	320	320
	标准差	1.54765	3.08522	2.03704	2.56153	7.82307

从表6-4的分析数据可以发现，在农村和城市不同背景下的大学生在就业软实力上存在较大的差别。从就业软实力总得分看，来自城市的地方高校大学生高于来自农村的大学生8.2分。在具体结构要素的得分上，除去基本素养得分接近外，其他三项要素得分均呈现来自城市大学生明显高于农村大学生的平均水平。这一现象说明，在过去和大学的学习生活中，家居农村的大学生缺乏相关的锻炼，是学习和生活环境条件不足所致。

（四）按是否就业进行的比较分析

按是否就业进行比较分析见表6-5。

表6-5 按是否就业的软实力比较分析

就业状况		报告				
		基本素养	组织管理	团队合作	持续发展	总成绩
未就业	均值	25.4872	17.8597	19.1481	14.7669	77.1886
	N	201	201	201	201	201
	标准差	1.54608	2.94573	2.07696	2.28332	7.39209
就业	均值	26.1507	20.8484	20.2193	17.5815	84.9113
	N	119	119	119	119	119
	标准差	1.46454	2.31664	1.78310	1.97062	5.92070
总计	均值	25.7339	18.9711	19.5465	15.8136	80.0605
	N	320	320	320	320	320
	标准差	1.54765	3.08522	2.03704	2.56153	7.82307

从表6-5的分析数据可以发现，大学生就业后在就业软实力上会有明显进步，从本表分析结果看，就业后的大学生其软实力得分超过在校生7.8分。在具体结构要素的得分上，除去基本素养得分接近外，其他三项要素得分在校生明显低于已就业的大学生，特别是在组织管理能力上尤为明显，二者相

差近 3 分。这一现象说明，大学生走向社会后还有很大的成长和发展空间，经过锻炼会有快速的进步和提升。

（五）按年级高低进行的比较分析

从表 6-6 的数据分析中，我们可以发现在校大学生高年级与低年级在就业软实力上也存在差别，二者在总得分上相差 7 分多，低年级呈现出明显低于高年级的现象。在具体结构要素的得分上，除去基本素养得分高年级略高于低年级外，其他三项要素得分高年级大学生明显高于低年级的大学生，特别是在组织管理能力上，高年级明显高于低年级 3 分。这一现象说明，大学生在高校学习过程中，经过学习和各种锻炼就业软实力水平可得到显著提升。

表 6-6 按年级高低不同的就业软实力比较分析

年级		报告				
		基本素养	组织管理	团队合作	持续发展	总成绩
低年级	均值	25.2089	16.7615	18.7316	13.9734	74.6688
	N	128	128	128	128	128
	标准差	1.66599	2.79014	2.12322	2.22053	7.31335
高年级	均值	25.9827	19.7603	19.8857	16.2790	81.8596
	N	70	70	70	70	70
	标准差	1.20076	2.20692	1.77577	1.54254	5.11891
总计	均值	25.4825	17.8217	19.1396	14.7885	77.2110
	N	198	198	198	198	198
	标准差	1.55944	2.96485	2.07765	2.28761	7.45221

从表 6-7 的数据分析中我们可以发现，一般地方高校与重点高校大学生在就业软实力上存在较为明显的差别，二者在总得分上相差近 7 分。从就业软实力的结构要素得分看，主要差别在组织管理与持续发展这两个方面，一般地方高校得分比重点高校低 2 分、团队合作要素低 1.6 分，基本素养指标得分相差较小，这些区别在得分的标准差上可以观察得较为直接。

表6-7 一般高校、重点高校学生之间的就业软实力比较分析

学校类别		报告				
		基本素养	组织管理	团队合作	持续发展	总成绩
一般高校	均值	25.5687	18.6566	19.2913	15.5044	78.9934
	N	271	271	271	271	271
	标准差	1.58900	3.13528	2.02201	2.58722	7.89509
重点高校	均值	26.6480	20.7104	20.9576	17.5235	85.9620
	N	49	49	49	49	49
	标准差	0.84164	2.07811	1.47609	1.55883	3.75829
总计	均值	25.7339	18.9711	19.5465	15.8136	80.0605
	N	320	320	320	320	320
	标准差	1.54765	3.08522	2.03704	2.56153	7.82307

四、地方高校大学生就业软实力水平实证分析结论

当今社会形势下，地方高校大学生的整体素质在不断提高，但继续强调道德培养，紧抓人文素质教育，仍然是一项十分艰巨的工作任务，从对地方高校大学生样本就业软实力水平的测度分析也证明了这一点。在经过了较完整系统的分析后，对地方高校大学生就业软实力水平可得出基本结论。

（一）地方高校大学生样本就业软实力水平总体差异明显

从以上有关分析看，地方高校大学生整体就业软实力水平处于正常状态，但存在分布分散，从调查的样本中观察，就业软实力水平达到优秀比例偏少，具有非常明显的提升空间。这一结果的形成源于多个因素，也正是由于就业软实力水平由多因素决定的原因。

（二）不同特征的个体存在就业软实力不同要素得分差异

地方高校大学生就业软实力结构要素是指四个一级指标（基本素养、组织管理能力、团队合作与持续发展能力），在对大学生就业软实力结构要素进行比较分析后，可以感受到这些结构要素在不同类型的大学生身上表现出不同情况，有的甚至差别较大，在同类型的大学生身上也表现出一定差别。

这点从各类要素得分的标准差数值上可以清楚地感受到，如组织管理要素得分的标准差较大，标志着调查样本得分数据的波动较大，说明了不同类型的地方高校大学生就业软实力中的组织管理要素存在较大差距。

地方高校大学生就业软实力在结构要素的差异性分析是对影响就业软实力的具体因素的考察，通过这一分析能够较详细地了解地方高校大学生就业软实力的不同及其形成不同的基本原因，为准确提升地方高校大学生就业软实力水平提供可靠的参考。

（三）不同特征的大学生个体就业软实力水平存在差异

不同特征大学生是我们在分析地方高校大学生就业软实力中对调查对象划分的标志，是大学生的性别、年级、家庭背景、学科类别等因素。具有不同的类型特征是客观现实，是大学生成长过程中无法改变的，这决定了不同特征的大学生就业软实力的具体水平不同。我们通过分析，对存在的差异性进行了比较，并得出了基本结论。

以上这些差异性一方面说明地方高校大学生就业软实力存在个体之间的差别，另一方面也说明部分大学生的就业软实力提升还有较大的空间。

第七章 地方高校大学生就业软实力提升的核心内容

我国高校的首要任务是把大学生培养成德、智、体全面发展的社会主义现代化建设人才，这要求大学生不仅要拥有符合现代化要求的专业知识，还要求具有优秀的人格、勇于担当的信念、人际沟通能力和持续发展能力等，这是新时代对大学生整体素质和综合能力提出的新要求。重视和加强对大学生就业软实力的培养，则是培养和发展其诸种能力的综合，是高校坚持"以人为本"理念、全面培养和提高大学生的综合素质，努力造就全面发展的高素质创新人才的基础性工作。高校大学生就业软实力的提升在中国高等教育对大学生培养中的地位越来越重要，随着大学生就业压力的不断增大，越来越多的用人单位把大学生的就业软实力视为一个重要的衡量标准。虽然高校培养模式在不断改革，大学生的整体素质得到提高，但加强人文素质教育，进一步提升大学生的就业软实力水平仍然是一项艰巨的工作。

在21世纪竞争日趋激烈的时代，国家中长期教育规划提出要创新人才培养模式，形成各类人才辈出、拔尖创新人才不断涌现局面列为教育改革与发展的具体目标。从教育思想办学理念上讲，培养创新型人才是中国各高校追求的共同目标。对高校教育而言，培养大学生的想象力、好奇心，提升大学生的创新创造力潜质是高校义不容辞的职责。然而，从现阶段情况来看，诸多高校在教育培养类似"创新型"人才的说法缺乏具体评价、衡量标准，"拔尖"人才更是其中的极少数，不适合作为高校整体人才培养的目标定位。我们需要理性而客观的认识，创新和创造力的培养过程实际上是人的综合素质释放的过程，非智力因素起着格外重要的作用。其中知识基础是指宽广的视野和扎实的基础理论知识，文化基础是表达能力、创新力，方法理论基础是实践能力和科学实践方法，高校教育正是要培养大学生积蓄这些潜质，并且使其内化成为大学生自我的基本素养。该培养模式恰是大学生在具备硬实力的基础上，我们应该给予关注的就业软实力的提升。大学生拥有的就业"软实力"已成为其实现个人奋斗目标、服务社会不可缺少的因素。

我们在对大学生就业软实力提升的相关研究中，通过多渠道筛选出最能反映当代地方高校大学生能力素质的关键指标，这些指标为有的放矢地提升大学生就业软实力进行了直接定位，也是大学生提升自身就业软实力的基本内容。在地方高校大学生就业软实力提升的探讨上，我们主要结合大学生就业软实力包含的诸多要素概括提炼出基本素养、组织管理、团队合作和持续发展四个方面，并针对这四个方面思考地方高校大学生就业软实力水平的提升。

一、地方高校大学生自身基本素养的提升

近年来，社会对人才的需求特点发生了很大变化，突出表现为从专业型转变为素质型，不仅强调高校毕业生的专业技能，更看重他们的综合素质。比如好的工作态度、稳定的情绪、强烈的责任心等，这些不仅是个人走上社会的基础性素质，更是高校大学生顺利踏入职场和能否持续发展的前提条件，这也是他们事业走向成功的支撑。因此，注重培养高校大学生良好的素质是提高他们适应社会的重要途径。高校大学生素质修养的提升来自日积月累的修炼，它是一个人的信念、价值观、世界观的不断完善和适应外部环境时所形成的。在培养大学生基本素养过程中，诸多高校通过思想政治理论、道德素养课这一主渠道，使大学生应具备的基本素质要求和内容实现了进课堂、进头脑。在提升大学生基本素养这一过程中，还应通过加强校园文化塑造形成良好的成长环境，做到保持大学文化的先进性与批判性，鼓励大学生自身价值和社会价值的统一，为促进地方高校大学生的就业软实力提升提供动力源泉。

（一）大学生基本素养的内涵

在党的十八大报告中，着重强调"全面实施素质教育，深化教育领域综合改革，着力提高教育质量，培养学生创新精神"。在此讲的素质教育即重视人的思想道德素质、能力培养、个性发展、身体健康和心理健康教育。如何真正达到素质教育的目标、如何培养学生创新精神成为当下各类教育机构共同探讨及摸索的课题。高校大学生的基本素养是个人走上社会的基础性素质，是顺利入职和持续发展的前提条件，具体可包括思想道德素质、文化素质、专业素质和身体心理素质。良好的个人素养最能体现一个人的品位与价值，一个具有较高个人素养的人，才能具有自我的个性和人格魅力。

本书中所讲的大学生基本素养，是我们在地方高校大学生就业软实力研究中进行界定的，是在对地方高校大学生的基本素养情况进行基本调查后，相对于其他软实力要素而筛选的感恩、诚信、责任心、敬业、审美能力指标，并作为地方高校大学生的基本素养的内容，并要求具体打造和提升。在地方高校大学生基本素养中，笔者希望广大大学生能够拥有乐观、进取的积极心态，面对自己未来的工作勇于担当，走向社会真诚对待他人，具有科技新时代公民的创新、进取精神。

随着21世纪世界科学技术的快速发展和物质财富的高速增长，在社会上人们对物质利益有着强烈追求意识，因此，科学教育备受青睐，对年轻人的人文教育遭受冷落。为此，在世界范围内各国都在采取多种办法整合科学教育和人文教育，特别是把提高大学生人文素质作为高等教育改革的重要方向，以促进精神文明与物质文明的同步发展，建立人与自然、人与社会、人与人之间的和谐关系。加强文化素质教育正是这一时代发展的要求，是社会可持续发展对高素质人才的呼唤。特别是党的十九大，站在新时代坚持和发展中国特色社会主义的战略高度，作出了建设教育强国、加快教育现代化、优先发展教育事业的重大部署，促进人民的全面发展、提高人民综合素质、增强中华民族创新创造活力、实现中华民族伟大复兴。习近平总书记强调，党的十八大以来，我们围绕培养什么人、怎样培养人、为谁培养人这一根本问题，全面加强党对教育工作的领导，坚持立德树人，加强学校思想政治工作，推进教育改革，加快补齐教育短板，提升中国人民的思想道德素质和科学文化素质。高校教育要坚持引导大学生树立共产主义远大理想和中国特色社会主义共同理想，增强大学生的中国特色社会主义道路自信、理论自信、制度自信、文化自信，立志肩负起民族复兴的时代重任。并且，我们做到：①在厚植爱国主义情怀上下功夫，让爱国主义精神在大学生心中牢牢扎根，教育引导大学生热爱和拥护中国共产党，立志跟党走、听党话，立志奉献国家、扎根人民；②在加强品德修养上下功夫，教育引导大学生培育和践行社会主义核心价值观，踏踏实实修好品德，成为有大德、大爱、大情怀的人；③在增长知识见识上下功夫，教育引导大学生懂得珍惜学习时光，心无旁骛求知问学，丰富学识，增长见识，沿着明事理、悟道理、求真理的方向前进；④在培养奋斗精神上下功夫，教育引导大学生树立高远志向，历练不懈奋斗、敢于担当的精神，具有乐观向上的人生态度、勇于奋斗的精神状态，做到自强不息、刚健有为；⑤在增强综合素质上下功夫，教育引导大学生培养综合能力和创新思维，帮助大学生在体育锻炼中增强体质、锤炼意志、健全人格、享受乐趣。同时，我们要做到全面加强和改进高校美育教育，坚持以美育人、以文化人，提高大学生的审美和人文素养；弘扬劳动精神，教育引导大学生尊重、崇尚劳动，懂得劳动最光荣、劳动最伟大、劳动最美丽、劳动最崇高的道理，在学习、生活、工作中能够坚持做到诚实、辛勤、创造性的劳动。

在高等教育中针对大学生成长规律开展的素质教育应是一个多因素结合的整体，只有深入了解各因素在提升大学生素质中的地位、作用和相互关系，才能更好全面设计具体化、系列化、科学化的教育方法与模式，才能有效地培育并提升受教育者的素质。我们还要清楚地认识到，各项素质因素在受教育者的每个个体身上是一种特殊的组合，因而个体的全面素质的发展必然带有个人特点，也是当代地方高校大学生个性的形成过程，是一种个性的全面发展。

（二）提升大学生基本素养的意义

1989年底，联合国教科文组织在北京召开的"面向21世纪教育"国际研讨会上，澳大利亚未来委员会主席艾莉亚得博士发表观点认为：未来世界的主人应该掌握"三张教育通行证"，一张是学术上的，一张是职业上的，而最后一张是证明其个人事业心及开拓能力、综合素质的通行证。以前较重视前两张，忽视第三张。实际上，如果缺乏高素质，潜力难以完全发挥。非智力因素才是智力因素发挥的保障和基石。联合国教科文组织曾提出新世纪教育理念的四大支柱，它要求受教育者"学会学习、学会做事、学会共处、学会做人"。

国务院办公厅2019年关于印发《关于深化新时代学校思想政治理论课改革创新的若干意见》中强调，统筹推进思政课课程内容建设，坚持用习近平新时代中国特色社会主义思想铸魂育人，以家国情怀、政治认同、法治意识、道德修养、文化素养为重点，以爱社会主义、爱国、爱党、爱集体、爱人民为主线，坚持爱国、爱党、爱社会主义相统一，系统开展马克思主义理论教育，系统进行中国特色社会主义和中国梦教育、社会主义核心价值观教育、中华优秀传统文化教育、劳动教育、法治教育、心理健康教育。遵循学生认知规律设计课程内容，体现不同学段特点，小学阶段重在开展启蒙性学习，初中阶段重在开展体验性学习，高中阶段重在开展常识性学习，本专科阶段重在开展理论性学习，研究生阶段重在开展探究性学习。

这些权威性的提法正是每一个即将走向社会的青年人不可忽视的重要内容，这与我们研究中强调的大学生基本素养具有极大的趋同性。大学生基本素养是其人性的体现，这点决定了他们走上社会后的基本状态和未来的发展，是保障大学生健康成长的基础，可见，切实提高地方高校大学生的基本素养意义重大。

从现实中我们可以看到，现在社会上众多缺乏修养的行为更多地出现在青年人身上。在大学期间，大学生具备了良好的素养，就具备了入职后顺利发展的人格保障，他们的基本素养越高，将来事业获得成功的概率就越大。具备优良的个人素养，在实践中就能发挥出积极的作用，产生更好的效果。具体来讲，大学生基本素养的提升可实现以下诸多效果：

1. 利于培养大学生对他人的宽容之心

福莱曾经说过，每个人都有犯错而需要他人原谅的时候，一个不肯原谅他人的人，其实也是不给自己留有余地。学会大度、学会宽容是我们每个人生活中的大事，整天被怨恨、不满的心理所控制的人是非常痛苦的。宽容是一种体谅和理解他人的做法，有一颗容忍之心，学会宽容，就是学会了爱自己。忙碌在滚滚红尘中，面对一个小的过失，一句轻轻的歉语，一个淡淡的微笑，便会获得包涵谅解，这就是宽容；在人的一生中，因一句不经意的话、一件小事，被人不理解或不被信任，以律人之心律己，不去苛求他人，以恕己之心恕人，这也是宽容。所谓"己所不欲，勿施于人"即是寓理于此。

在研究中，我们关注的宽容不是宽容别人对自己的侵权，而是对那些意见、习惯和信仰与自己不同的人，能表现出耐心，善于冷静观察和发现问题。在人们的现实生活中，宽容是一种仁爱，是一种至高的境界，是对别人的释怀，也是对自己的善待，宽容的心态可以使人成为一个心胸广阔和合作能力强的人。一个正常人的心胸应该能够容纳别人的不同意见，如果我们缺乏宽容之心，时间久了就会封闭自我，很难与他人合作。有宽容之心的人能够对别人不同的看法、言论、行为、思想都加以理解和尊重。他们不轻易把自己认为"正确"或者"错误"的观点强加给别人。尽管他们也有不同意别人的观点或者做法的时候，但是他们会选择尊重别人的意见。作为成长中的高校大学生应该学会接受别人，尽量减少与他人无意义的辩论，当遇到不同观点时，应懂得巧妙地对应，避免冲突的产生。美国前总统林肯的故事是对人的宽容所做出的最恰当诠释。林肯对自己的政敌也抱以宽容之心，后来一议员愤愤不平地对林肯说："你不应该试图和那些人交朋友，而应该消灭他们。"林肯却微笑着回答道："当他们变成我的朋友，难道我不正是在消灭我的敌人吗？"在我国历史上有"鲍管分金"[①]的故事，故事中的鲍叔牙不但不计较管仲的自私，后来还把管仲推荐给齐桓公，正是管仲辅佐齐桓公完成了霸业。

[①]《史记·管晏列传》记载，管仲曰："吾始困时，尝与鲍叔贾，分财利多自与，鲍叔不以我为贪，知我贫也。"

鲍叔牙的举止就是宽容，这种宽容体现了他博大的胸怀和对大业的追求，因此，他的故事永载史册。

现代科学揭示，宽容有利于人的健康长寿。美国密歇根州立大学的研究人员进行的一项研究发现，当人们想要报复他人时，血压会明显上升；而在宽容他人时，血压则显著下降。宽容意味着理解，不斤斤计较。一个管理者在实施管理过程中，如果不具备宽容之心，他就很容易产生独断专行的行为，变得心胸狭隘。现代社会强调以人为本，作为管理者，对他人的某些做法或他人的某些行为可以不赞赏，但要做到接纳，试着学会包容，有着宽容的胸怀才是长远发展的管理之道。当然，我们谈宽容并不是无条件地丧失原则，姑息纵容，无限度的宽容、接纳别人的观点而放弃自己的观点，迷失自我，没有主见，而是要求一名管理者在懂得欣赏和接受他人观点的合理成分中，使自己的想法或决策更趋完善。

作为地方高校大学生可以利用学校的平台、各种社团活动、同学之间日常生活的交往等条件创造机会多接触同龄人，在交往中互相取长补短，提高人际交往能力及社会适应能力，养成良好的性格。对小是小非，没有严重后果的个人冲突，无意的损伤等尽可能地不去计较，要加以忍让与原谅。因为当你与同学斤斤计较、毫不容情时，往往自己也在体会着得不到他人原谅的孤独感受。对影响友谊与集体荣誉，会造成较大损害或故意做出的破坏行为等，绝对不可容忍，更不可原谅。但要采取灵活的方式、诚恳的态度去加以批评、制止。切忌粗鲁简单，不注意场合、分寸，或言辞过激、盛气凌人。这样不利于纠正错误，反而会增加极大的抵抗情绪，起相反作用。大学校园里，霸道、蛮横、自私、无情的坏习惯，最容易被孤立，当然带着这种习惯步入社会，也会让自己吃大亏。

曾经有这样一个小故事，一个孩子不知道回声是怎么回事。有一次，他独自站在山谷里，大声叫道："喂！喂！"附近大山立即反射出他的回声："喂！喂！"他又叫："你是谁？"回声："你是谁？"他又尖声大叫："你是个大笨蛋！"立刻又从山上传来"你是个大笨蛋"的"回答声"。孩子十分愤怒，向大山骂起来，然而，大山仍旧毫不客气地回敬他。孩子怒气冲冲地回到家，他对妈妈说了这件事。妈妈对他说："孩子呀，那是你做得不对。如果你恭恭敬敬地对它说话，它就会和和气气地对待你。"孩子说："那我明天再去那里说些好话。""这就对了"，他的妈妈说，"在生活里，不论男女老幼，你对人好，人便对你好；如果我们自己粗鲁，是绝不会得到人家友善相待的。所以，你一定要记得，只有善待别人，别人才会善待你啊！"这位母亲的聪明伟大之处就是恰到好处地教会了孩子宽容、善待他人。当我们已经具有一颗友善、宽容的心时，自然也就会在日常生活行为中容忍他人，宽容他人。

法国大作家雨果说得好："世界上最宽阔的东西是海洋，比海洋更宽阔的是天空，比天空更宽阔的是人的胸怀。"所以说，宽容是沟通、交往的润滑剂，它会让高校大学生在宽松的人际环境里成长得更快，心理健康发展得更好。可见，宽容之心是地方高校大学生就业软实力中应该具备的最基础的素养。

2. 有利于培养大学生积极向上的良好情绪情感

情绪情感能够使个体针对不同的刺激事件产生自如灵活的适应性反应，并调节或保持个体与环境间的关系。情绪之所以具有灵活性的特征，是因为情绪的机能不仅可以来源于个体全部的先天机能，而且还来源于学习及认知活动。许多种情绪都具有调控群体间的互动功能。同情、友爱、喜欢等能起到构建和保持社会关系的作用。它们可以增强群体内的凝聚力，而且有提高个体的社会适应能力的作用。

大学生保持良好的情绪、情感状态，对他们的身心健康和正确的人生观、价值观的形成至关重要。一个人如若时刻保持积极向上的良好情绪，处于乐观大度的生活态度之中，就会天天有好心情，他的生命也会因此不再沉重，适当的情绪情感态度和行为反应；能使人站得高、看得远，做到冷静而稳妥地处理各种问题。并且，良好的情绪情感能使人对人生、对社会、对世界上的万事万物持正确的认知，能让人采取正确的人生观、世界观，还能使人淡泊名利、不图慕虚荣、不追逐功名利禄，以心灵的恬淡平和来显示自己的志趣和志向，生活以简朴为美、以贪婪为耻，与人相处以谦逊礼让为先、以亲和友爱为好。在面对未来的发展中，就能少些压力，拥有更多动力。在每天的日常生活中，一个人拥有良好情绪是身心健康的表现，一个人言行过分情绪化是心理不成熟的表现。大学生在和别人交往时，一定要懂得调整自己的情绪状态，特别是在求职交谈中能够管理好自己的情绪，可以拥有更多的成功机会。

积极向上的良好情绪首先要保持积极乐观的生活态度，科学、进步的人生观是良好情绪和情感的基础。积极乐观向上的生活态度能使大学生情绪愉快、稳定、充满热情和朝气。尤其是在遇到挫折和失败时，对生活持悲观消极态度的大学生往往会变得消沉、痛苦；而积极乐观向上的大学生却能正视困难，相信自己有能力战胜它，不论是在什么情况下，即使身陷绝境，心中也仍然充满希望。一个人的生活态度，主要是受他的人生观、价值观支配和影响，从社会历史发展中不难看到，凡是具有进步的人生观、价值观的人，必然胸怀宽广，目标远大，有着巨大的热情和忘我的献身精神；而一个没有正确人生观的人，必将目光短浅，一旦受到波折，就会牢骚满腹，心情沉闷。

因此，培养当代大学生自身的良好情绪与情感，树立正确的人生观、价值观，确立远大的理想和目标，把自己的学习同社会的发展、民族的振兴、国家的富强紧紧联系起来是重中之重。充分投入地体验生活也是能带来良好的情绪、情感的一种方式，生活是丰富多彩的，有着各种美好的事物，对生活充满热爱的人就能深深地感受到一切，享受到生活的乐趣。但也有不少人对这一切缺乏深入体会，只看到不顺利和阴暗面，整天牢骚满腹，这是对生命的不珍惜和浪费。大学生应以对自己认真、负责的态度，激发兴趣，倾注热情，投身各项活动，深入体验各种丰富的情绪和情感体验，感受生命。

我们还需要客观理性认知，大学生毕业后在走向就业和追求职业成功的道路上，往往最大的敌人并不是缺少机会或是资历浅薄，而是缺乏对自己情绪的控制。愤怒时不能遏制怒火，使周围的合作者望而却步；消沉时放纵自己的萎靡，把许多稍纵即逝的机会白白浪费。因此，大学生在平时要注意克服恐惧、仇恨、愤怒、嫉妒、抑郁、紧张等不良的心理情绪。如果在自己的生活中常常滋生这些不良情绪，会使人失去理智思考的机会，甚至要为之付出高昂的代价。

3. 有利于提升大学生面对艰苦环境的忍耐力和适应力

忍耐力是忍受疼痛和苦难的能力，是一个人承受疲劳、挫折或艰苦环境的一种力量，是一种精神力量与人的肉体之间的协调。大学生走出校门，尚未经受社会风雨的洗礼，缺少一定的忍耐力属于正常，要想有一个较强知的忍耐力，就必须锻炼自己的意志、强健自己的体魄，有一个不急不躁的性格，还必须能够调整自己的心理承受能力。但是，大学生们在未来寻找工作的过程中随时可能会遭受各种拒绝和失败，在工作中也会经受很多困难、挫折，因此使得一些人很有挫败感，也有的人会丧失信心。一些具有良好忍耐力的大学生，面对困境却会咬紧牙关坚持、抗争和忍耐，心中始终揣着希望，保证在自己的工作中取得成绩。

忍耐力的培养训练是人生的必修课。韩信为什么甘愿受胯下之辱，因为他认为，自己是立志干大事之人，不能因一时冲动，毁了自己的壮志雄心。正如韩信的故事，当时的情景他完全可以一剑杀掉让他受辱的人，但是，他能想到杀人的后果是自己也会因此获罪被杀，得不偿失。正因为韩信忍受了这一胯下之辱，才有了后来辅助刘邦夺取天下、成为一代名将的成就。松下幸之助曾说过："信心加忍耐能化一切不可能为可能，任何事情都离不开这个原则。虽然不见得会完全照着预期的方式进行，但只要咬紧牙关忍耐下去，在坚决的忍耐中,即使原计划不能实现,但环境状况会改变,而出现一条可行的道路,或许是那种坚韧不拔的毅力激起外界的共鸣与援助,虽然与原先预定的大不相同,但终究是曲曲折折地迈向了成功。"这种观点对于大学生走上社会后克服可能遇到的障碍有很大的启发性,也说明了培养当代大学生的忍耐力很有必要。当然,忍耐不是无限制的,不一定任何时候都要去忍。在大是大非面前,我们绝对不能做无原则的退让和忍耐,必须据理力争,针锋相对;而对于一些无关于大是大非的问题,可以选择忍耐。意志的忍耐能产生信心。作为大学生,如果我们能够不管情形如何,能坚持着自己的意志,能懂得忍耐,那么,我们成功的第一个要素已经具备了。因为,在这个世界上,人人都相信百折不回,能坚持、能忍耐的人最终都会走向成功。

忍耐力强的人,往往社会适应能力会更强,即对生活环境的适应、对学习与工作方式的适应、对人际关系的适应、对压力的适应。对地方高校大学生而言,社会的适应能力是自己争取基本生存条件和发展机会的前提,对自身健康成长和就业工作确立,对所要从事的职业要求和自己职业适应性的全面了解,在此基础上形成的职业理想,对相应职业所要求的社会角色在意识与行为两方面接纳与掌握的程度,以及在此基础上形成的正确的自我期待等都与自我忍耐力的强弱有着直接的关系。可见,大学生的适应力是一种综合能力,因为社会是人的组织化实存状态的总和,是人们以物质生产为基础的相互联系的总体。人生活的社会错综复杂,社会现象丰富多彩,社会关系盘根错节,社会问题形形色色。大学生要适应这样复杂的社会,必须学会对社会的适应,必须具备适应社会的能力,提升自我忍耐力。大学生的适应力实际是这些适应社会能力的综合体,它的培养形成是需要一个过程的,不可能一蹴而就。

4. 有利于增进和帮助大学生获取成功的自信心

自信心是一种反映个体对自己是否有能力成功地完成某项活动的信任程度的心理特性,是一种积极、有效地表达自我尊重、自我价值、自我理解的意识特征和心理状态。自信心的个体差异不同程度地影响着学习、竞赛、就业、成就等多方面的个体心理和行为。一个具有健康心理的人才能成为有自信心的人,自信心是大学生就业能力中非常重要的心理素质。

自信心能够让大学生更好地认识自己,清楚自己的长处和不足,既不自己贬低自己,也不盲目自负。当拥有了这些良好素质,大学生在成长的道路上就会避免走两个极端:自卑和自负。自卑是一种自我怜悯的心理反应。一般而言,无论是佼佼者抑或平凡之辈,在他们的内心深处,都有不同程度的自卑感,而适度的自卑在一定程度上是一个人前进的动力。自卑感较强的人,常常通过牺牲自己的权利而向旁人证实自己，从而变得唯唯诺诺，丧失很多机会；因此，大学生应学会正视自卑，敢于面对自我，既要如实地看到自己的短处，也应恰如其分地发现自身的优点，学会扬长避短、自我暗示、自我激励，将消极情绪转化为积极情绪，提高自我效能感，增强自信心。

另外，一名自信的大学生，也应正确认识自负心理。其实，在目标的追求上，一定程度的自负对大学生而言具有一定的促进作用。它可以激发斗志、树立必胜的信心、坚定战胜困难的信念，使他们勇往直前。但是，自负心较重的人往往不认真审视自己，而是把自己罩在一个虚幻膨胀的光环中，变得盛气凌人，使别人避而远之。因此，自负应坚持适度原则，它必须建立在全面认识自我的基础之上，既要承认自己的短处，又不能高估自己，做到恰如其分；在交往过程中，学会与人平等和谐相处，不应排斥、诽谤他人。在与他人平等相处的过程中，还可以通过别人的行为反省自我，这就是心理学家提出的"镜中自我"，即在与他人交往的过程中，他人对自己所表现出来的行为和态度就像一面镜子，个体能通过这面镜子来认识自己。再者，学会接受别人的意见和批评，听从别人的批评和接受别人的观点，改变固执己见、唯我独尊的形象。实际上自负的人心里恰恰隐藏着深深的自卑，这两种心理状态都是由于不能正确认识自己。正确认识自卑与自负，建立积极情绪，从而增强自我效能感。

有位哲人说过："一个人，从充满自信的那刻起，上帝就在伸出无形的手在帮助他。"世界有上帝吗？有，那就是我们每个人的自信心！老子曾说："江海所以能成百谷王者，以其善下之，故能为百谷王。"百川之所以汇集江海，因为它善处下游地位，所以能成为百川之王。这是老子对谦虚作用的写照，谦虚是什么？谦虚是自信的一种表现。自信心是获取成功的首要条件。因为，自信心是一种态度，当我们一事无成时，我们会怀疑自己的能力，甚至被自卑感打倒，于是我们觉得生活痛苦、黯淡无光；当我们建立了自信，思想会变得乐观、豁达，从而我们的生活也随之变得美好。所以说，只要我们有自信心，它就会激发我们的生命力量，这种力量如同火，可以焚烧困难，照亮智慧。大学生在学习、生活中努力做到超越自我、超越同学就可以建立起良好的自信心，且不能失去自信，否则，未来的生活和工作中将无法挑起多方的重担，甚至在前进的路上寸步难行，心中的希望也会黯淡无光。

成功者之所以能实现自己的美好理想，更主要是因为他们对未来充满了自信。自信心对于一个人获取成功具有惊人的力量，它鼓励人敢于向恶劣的条件挑战，去实现令人难以相信的圆满结果，所以，充满自信心的人必定是人生的胜利者。一个人的自信心不是天生就有的，它是有心人在后天的训练和磨砺中获得的。

(三) 提升大学生基本素养的途径

《国家中长期教育改革和发展规划纲要（2010~2020年）》指出，高等教育人才培养总体目标是培养"高级专门人才"，其宏观描述是"信念执着、品德优良、知识丰富、本领过硬的高素质专门人才和拔尖创新人才"。具体而言，大学生应具备基本素养包括：①人文底蕴，主要是指大学生在学习、理解、运用人文领域知识和技能等方面所形成的基本能力、情感态度和价值取向，包括人文积淀、人文情怀和审美情趣等；②科学精神，是大学生在学习和运用科学知识和技能等方面所形成的价值标准、思维方式和行为表现，包括理性思维、批判质疑、勇于探究等；③学会学习，主要指大学生在学习意识形成、学习方法选择、学习进程调控等方面的综合表现，包括乐学善学、勤于反思、信息意识等；④健康生活，主要是学生在认识自我、发展身心、规划人生等方面的综合表现，包括珍爱生命、健全人格、自我管理等；⑤责任担当，主要是指大学生在处理与社会、国家、国际等关系方面所形成的情感态度、价值取向和行为方式，包括社会责任、国家认同、国际理解等；⑥实践创新，是大学生在日常活动、问题解决、适应挑战等方面所形成的实践能力、创新意识和行为表现，主要包括劳动意识、问题解决、技术应用等。

莎士比亚说："人生就是一部作品，谁有生活和实现它的计划，谁就有好的情节和结尾，谁就能写得十分精彩和引人注目。"在充满竞争的时代虽然每个人都有获得成功的机会，但结果如何，完全要看个人努力的方向、方法和努力的程度。通过对大学生就业软实力提升的研究，我们认为影响地方高校大学生基本素养的因素具有多样性，是社会、学校、家庭以及个人理念和主观追求等因素综合影响的结果。大学生自身的主观因素决定其发展方向，具有自身的能动性和选择性，而其他方面的因素则是影响高校大学生个体成长的外在因素，间接影响大学生素质的培养和提升。所以，提高地方高校大学生基本素养可结合这些方面的因素展开探讨，并结合地方高校大学生成长的特点从多方位入手。

就大学生的忍耐力而言，我们可以考虑提升的途径有：①不沉湎于降低自身体质或精神效率的活动。比如抽烟、喝酒会降低身体的抵抗力，作为大学生杜绝这些行为的发生与存在。②培养锻炼的习惯以增强体质。不管什么类型的锻炼，只要能够持之以恒地坚持下去，不仅能够增强体质，更重要的是增加忍耐力，凡是对一件事情能够坚持到底的人，其忍耐力和毅力也会非常好。③学会一个自己能玩，到老也能坚持的爱好项目。不管运动还是书法、绘画等项目，不用别人陪，自己能坚持下去并且能够感觉到美好，其忍耐力一定会持续增加。④强迫自己做一些紧张的脑力劳动来增加精神压力。有时候我们会疲劳至极，但是一定要强迫自己继续努力，通过超负荷锻炼自己的强大，忍耐力会大幅增长。⑤坚定目标方向。坚定人生方向，可以提高自己的受挫忍耐力，能够积极面对困难，忍耐困苦，这样许多问题就会在坚持下得到解决，良性循环，忍耐力会大大增强。

就大学期间的实践活动，培养良好的情绪和情感而言，我们可以考虑提升的途径方式有：①学习和科技活动。通过教师的指引和启发，能够产生浓厚的兴趣和强烈的求知欲。其学习和科技活动越深入，求知欲就越强烈，对科学和真理就越热爱，理智感也就越深厚。②审美活动。自然界的名山大川、朝霞夕晖，社会生活中良好的社会风尚、高尚的思想情操以及优秀的音乐、绘画、文学、戏剧等艺术作品，无不给人以美的感受，唤起对美好生活的热爱和追求。通过审美实践活动，大学生可以振奋精神、心情愉快、乐观积极，充分体验到美的感受。③社会实践活动。大学生的社会实践方式多样，如进行参观、调查、浏览等活动。大学生通过走出校门浏览风景名胜，参观调查厂矿、乡村可以领略到祖国的壮丽河山和灿烂文化，亲眼目睹祖国改革开放取得的巨大成就，激发爱国主义情感，增强民族自豪感和自尊感，对祖国前途充满信心。大学生还可以参加青年志愿者协会，从而培养责任感和义务感。④各种社团活动。如在体育比赛中培养大学生团结、协作、奋进拼搏的精神和集体荣誉感；在关心帮助生病同学的班级活动中培养大学生助人为乐的情感和集体友谊感等。

就大学生自信心的培养而言，我们首要考虑帮助他们建立良好的人际关系。在现代教育理念下，提倡教师要以学生为本，尊重、欣赏学生，构建和谐平等的师生关系。第一，教师学会关爱学生。苏霍姆林斯基说过："学校里学习不是毫无热情地把知识从一个头脑里装到另一个头脑里，而是师生间每时每刻都在进行的心灵接触。"如果教师做到了语言上多安慰、鼓励，生活上多关心，学习上多帮助，用爱的情感去滋润学生的心田，学生的心扉就一定会打开，良好的师生关系也一定能够建立。第二，教师学会尊重学生。苏霍姆林斯基指出："我们越是深入学生的内心世界，体验他们的思想情感，就越会体会到这样一条真理：在影响学生的内心世界时，不应该损伤他们心灵中最敏感的一个角落——人的自尊心。"因此，教师应允许学生在思想感情和行动中表现出一定的独立性，给他们提供更大的活动空间，尊重他们的意愿，善于倾听他们的意见。第三，教师学会欣赏学生。心理学家威廉·杰姆士说过，在人的所有情绪中，最强烈的莫过于渴望被人重视。教师对学生的评价恰当与否是他们情绪的"晴雨表",如果学生的行为得到老师及时而中肯的评价,他们就会感到自己被欣赏,就会感到愉快,从而增强自信心。因此,教师用欣赏的眼光对待不同性格的学生,挖掘每个学生的闪光点及潜能,使学生的智力和个性开往良性的轨道,逐渐培养学生的自信心,形成乐观进取的人生态度。而和谐的师生关系的建立还会促使一种温馨、和睦的班级氛围和校园文化形成,在这种宽松、自由、温暖的环境中,学生不仅能轻松、快乐地学习,还能学会处理人际关系的技巧与艺术,从而利于同学之间关系的妥善处理。

总之,提高地方高校大学生的基本素养我们可以考虑以下几方面:

1. 坚定个人发展信念,充分重视个人基本素质提升

今天的教育,是为未来的社会培养人才,因此,教育自身必须具有前瞻性,能超越时代的发展。"今天的教师"所从事的教育活动不同于其他的社会活动,其显著特点是塑造人、培养人,把一个自然人转化为社会人并实现个体社会化的过程。"师者,人之模范也""德高为师,身正示范"这些都说明教师自身的职业道德修养是一种特殊的教育手段,能直接影响学生的求知观念和态度。在高校的教育教学中,教师通过言传身教在影响学生,一些关于思想品德教育的课程也为学生提供了认识自我,坚定个人成长信念的基本理论依据。在教育教学过程中,教师除了时刻关注自我职业道德修养的提升,更需要站在学生的角度去做好引领。在实施教育教学的过程中,应注意从以下方面做好培养大学生的工作:

(1) 强化大学生个人品德意识,要求他们把做人放在首位。大学生是国家宝贵的人才资源,肩负着人民的重托和历史的责任。学会做人,是每一位大学生不可忽视的重要方面。我国儒家创始人、伟大的教育家孔子始终重视品德教育,认为要达到"齐家""治国""平天下",都必须从以道德修养为主要内容的"修身"做起。这也是对一个人的理想信念的概括,修身作为前提是必不可少的一部分。在当今社会形势下,我们需要坚持马克思列宁主义、毛泽东思想、邓小平理论、"三个代表"重要思想、科学发展观以及习近平新时代中国特色社会主义思想武装大学生的头脑,并且要高度重视大学生品德建设、重视其全面发展,积极开展科技文化活动,营造良好的校园氛围和校园新风尚,打造良好的大学学习环境。更为关键的是,大学生个人要树立远大的理想,要用正确的思想武装自己的头脑,形成正确的世界观、人生观、价值观,能自觉地站在广大人民立场上进行价值判断和选择,自觉地为人民服务。同时,树立集体观念,积极参与各项活动,与老师、同学交流,加强合作意识,以高标准要求自己。

人们平常所说的人格就是指一个人的道德品质及道德行为,它时时处处渗透在人的言行之中,覆盖于人活动的每个方面。用通俗语言表达,就是一个人爱什么、恨什么、追求什么、厌弃什么;在生活与工作中怎样律己、怎样待人、怎样工作、怎样生活;在人生成长过程中面对成功有什么情感、遭受挫折时有什么态度等。针对大学生个体而言,具备良好的品德是实现其自身理想的基础,也为顺利开展各项工作并与外部沟通铺平了道路。所以,一个人拥有了良好道德品质和人格必然要秉承老实做人、踏实做事、扎实工作的原则。

高校的完整思想政治教育资源即马克思主义基本原理、毛泽东思想、邓小平理论和"三个代表"重要思想概论、中国近现代史纲要和思想道德修养与法律基础,这种教育资源是从理性层面对大学生进行正面的灌输,它是大学生道德素质提高的主要力量。除了"思想政治理论课"之外,学校的历史、校风学风、学校制度、教师授课风格、学校的建筑风格和宿舍文化等也是教育资源,我们可以通过整合道德教育资源,积极挖掘道德教育功能,进而使大学生在实际行动中提升自己的道德情操和道德境界。道德的利他性特质能拉近大学生与社会的距离,能使他们获得他人更多的赞赏和认可,为大学生健全人格的形成奠定了重要基础。

教师是大学生的榜样和导师,教师要充分融入学生集体当中,要成为学生集体的一分子,并帮助学生集体形成一种很浓的关爱风气和道德氛围。同时,教师要培养学生之间的关爱、互助的情感;要培养大学生同情、宽容和接纳的道德品质,以增强他们建立主动友好型人际关系的能力。通过体育和文娱活动,有利于教师和学生之间的互动,有利于大学生自我体验和自我反省的升华,从而有利于人际交往能力的健康发展,使大学生在服务与被服务的过程当中拓展视野和心胸,从而在不知不觉中告别不良情绪的困扰,迈向健全人格的幸福彼岸。

帮助大学生养成健康生活方式的关键是教育大学生树立正确的人生观,当大学生树立了全心全意为人民服务的人生目标和明确该人生态度时,他们就能在中西方多元文化激烈碰撞的旋涡中把握人生的前进方向,就能始终做到以人民群众利益为重,从而抛弃不正确的生活方式。根据人本心理学家马斯洛的"需要理论",自我实现需要是最高层次的需要,满足这种需要就是要求自己最大限度地发挥自己的潜能。当大学生把自我实现需要作为自己的最大需要时,就会产生马斯洛所定义的"高峰体验"的状态,为了追求这种"高峰体验"的幸福,大学生必然会抛弃不健康的生活方式,所以,教育者就要有意识地引导大学生发展高层次的需要。当大学生养成了健康的生活方式，他们就会从意义和价值的角度来观察和评判自己的行为，从而放弃狭隘，走向宽广，在不断体验中获得更多的幸福和满足。

总之，培养大学生品德意识，形成健全人格是一个系统的工程。通过对大学生实施广泛的训练，他们就能不断地发展个人的感受、情感、意志、价值观等特性，从而超越狭隘性，实现健全人格的建立。

（2）引导大学生追求进步，形成自觉学习的习惯。学习作为一种获取知识交流情感的方式，已经成为人们日常生活中不可缺少的一项重要内容，尤其是在21世纪这个知识经济时代，自觉学习已是人们不断满足自身需要、充实原有知识结构，获取有价值的信息，并最终取得成功的法宝。"不重学则殆、不好学则退、不善学则衰"，善于学习是进步的基础，大学生只有做到不断学习，具备开拓创新的意识，把学习作为一种工作责任、一种生活态度、一种人生追求，积极主动学习，向书本学、向实践学、向大众学，在学习中带头解放思想、冲破束缚，才会真正做到以学立德、学以增智。树立自觉学习、时刻学习、终身学习意识，通过学习提高发现问题、分析问题、解决问题的能力并将之运用到日常工作中，才能不断提高学习和工作效率，胜任社会发展的需求，才能真正担负起历史赋予的责任和使命。

大学生们走向社会必须有自己明确的发展定位，然后再进行有目的的学习。这一理性的定位，要对自己的能力、人性、性格、社会关系等进行分析发现自己的优势与不足，从而找到完善自我的途径与有效的学习方法，争取在不断的学习中更快进步，只有这样才能让自己有一个聪慧的头脑、有一套系统的思维体系、有良好的品德与品质。

古人云："学习有法，学无定法，贵在得法。"重视学习，善于学习，才能做到优化知识结构，拓宽眼界视野，体现时代性、把握规律性、富于创造性。引导大学生追求进步，形成自觉学习的习惯，我们需要做到：首先，帮助大学生明确方向。正确把握政治学习方向，把马克思主义理论学习好，这是走向未来工作岗位的看家本领。帮助大学生学懂弄通做实习近平新时代中国特色社会主义思想，深刻认识和领会其时代意义、理论意义、实践意义、世界意义，深刻理解其核心要义、精神实质、丰富内涵、实践要求是成就其未来的关键。其次，帮助大学生拓宽视野。结合不同的专业、学校、教师有针对性地指导学生，让学生的专业技能学扎实、学精通，同时又要广泛涉猎政治经济、历史文化、法律社会、科学技术等各方面知识，不仅是中国的文化知识，还要了解世界上不同民族的优秀文化，不断增益其所不能，不断认识新事物、熟悉新领域、开拓新视野、练就新本领。再次，鼓励大学生善于思考。把学习和思考紧密结合起来，深入思考力求把零散的东西变为系统的、孤立的东西变为相互联系的、粗浅的东西变为精深的、感性的东西变为理性的，就需要不断增强政治思维、辩证思维、创新思维，锻炼敏于发现的眼睛、深刻洞察的头脑，练就透过现象看本质的本领。最后，培养大学生重视实践。喜欢读书学习却忽略实践、空有知识而缺乏能力的人在当今社会是不能适应社会的。我们要把实践活动作为增长大学生才干的根本途径，发扬实干苦干精神，做到学、思、用贯通，知、信、行统一，不断提高运用科学理论和丰富知识解决实际问题的能力。

（3）培养强烈的责任心与使命感。在社会生活中，人们在享受权利的同时，还必须承担相应的社会责任，履行相应的义务。责任意识是建立一切优秀品质，培养一切美好行为的首要因素。特别是在企业内，具有责任心的员工，一定能勇于把企业的利益视为自己的责任，把企业的利益放在首位，不断推动事业的发展。

面对竞争激烈的社会现状，每个人只有拥有强烈的责任心和使命感，才能成为优秀的工作者。大学生作为未来社会发展的主力军，自身拥有的责任感是保证他们顺利成长和取得业绩的基础。这种责任感不仅让他们更好地"成长"，同时通过这份责任也让他们有了更多的资本，也让他们的生活更充实，人生价值得以最完满的体现。

大学生的责任心与使命感的建立都是融入生活、学习中的，给大学生搭建一个能够实践的平台，则可以更好地得以锻炼。因为一个人的责任感是其认识过程、行为过程和情感过程的统一，三者统一的基础就是实践。我们可以做到：第一，尝试角色转换。以宿舍为单位，让大学生进行角色模拟，角色有榜样、父母、老师、心理医生、领导、朋友，他们的责任心逐渐增长。第二，高年级带低年级。让学生在承担责任的经历中去感受成功的荣誉、体会自己的价值，体验和学习承担社会责任。第三，参与感恩的实践活动。一般来说，社会责任感是基于对社会、国家的深厚热爱，并在这种强烈的感情支配下，主动承担义务和责任的精神。所以要让大学生培养这种情感，拥有一颗感恩之心。第四，开启自我管理模式。以宿舍为单位，鼓励学生人人参与管理，班里由班长总负责，下设学委、考勤员、宣委、组委、体委、生活委员、计划总结。每个宿舍里又设学委、考勤员、宣委、组委、体委、生活委员、计划总结。在各项活动的管理中让学生学会承担责任、管理自己、管理他人。第五，积极组织参与各种实践活动。让学生走出校园，深入社会，在实践中了解社会、加深对书本知识的理解，从而树立起主人翁的责任感和使命感，树立职业意识，加强职业责任感。

2. 高校要重视大学生基本素质的培养，探讨改进培养模式

学校是专门的教育机构，它拥有一套完备的教育系统，并在实施和运用

特定的教育方针、教育理论、教育方法、教育手段中实现教育目标，使学生将来能够成人、成才。所以，在高校里，除在有关课堂开展大学生素质教育外，还要把素质提升与成才相结合，把思想教育与专业教育相结合来促进大学生素养的提升。"玉不琢，不成器"。由于中国的教育长期在应试教育模式下运作，传统式的教育普遍存在，直接影响大学生成为真正的人才。因此，在社会范围内应有一些组织机构能够将更多职场优秀精英的工作经验进行整理提炼，然后向高校的课堂和教育过程传输，让大学生们认识和接受这些案例的精髓，使他们提前了解社会现状，用成功案例和实战引导大学生们树立正确的价值观、人生观。显然，这样的分享更加生动、具体，有真实感，能够让大学生树立自己心目中的榜样与目标，从而能激发其行动力，做到主动投入热情，去奋斗、去创业、体现自身价值。现实也告诉我们，只有全力以赴地去做一件事，才有争得上游的可能。如果一个人在付出的时候就打折扣，其得到的结果也难以完美。培养大学生真正拥有爱岗、敬业的精神并付诸行动，是当代大学生职业生涯中获得成功最为首要的品质之一。大学生初入职场决不能找寻成功的捷径，而是要脚踏实地、全力以赴的实干精神。

就大学生良好的职业形象树立来讲，它不是一朝一夕形成的，而是在学习中慢慢培养的。言传身教的教师做到具备秀外慧中的良好形象，才能培养出风度翩翩、气质不凡的学生。首先，教师以身示范，在上课时选择简洁大方的发型，不染色彩缤纷的头发；服装穿着既要注重色彩的和谐搭配，又要注意款式的文雅端庄；面部表情要亲切和蔼，手势动作要优雅大方。其次，教会学生如何塑造个人形象。如在仪态教学中，应教会学生练习标准的待客、微笑与正确的目光交流方式；在体姿方面，要训练学生站、坐、走、蹲的正确姿势，以及上下楼梯、进出电梯、上下轿车、引领客人的标准动作。在日常交往礼仪中，要训练学生握手礼、介绍礼、致意礼、名片礼、鼓掌礼等规范的礼仪动作及要领。最后，特别注重培养学生的内在气质，教育学生树立正确的人生观、价值观，爱岗敬业，树立奉献精神，遵守社会公德与职业道德；教会学生"腹有诗书气自华"的道理，给他们介绍古今中外的名著佳篇、名人传记、警世格言等，让学生徜徉在知识的海洋中，升华情操、陶冶气质、内外兼修。

再如，培养学生具备积极良好的沟通能力，需要我们从以下几方面去尝试，首先，训练学生的语言表达能力。在教学中，尽一切可能给学生创造讲话的机会。上课时，可将教师点名变为学生进行自我介绍，教师可以先作自我介绍，给学生做出示范。在示范中，应多用敬语、谦辞等礼貌用语，然后让学生依次彬彬有礼地进行自我介绍。这样，在师生初次相识的第一堂课上，师生之间既加深了彼此间的相互了解，又锻炼了学生的口语表达能力。同时，根据教学内容可适当安排讨论课，讨论结束后还可以推选代表发言。要在第二课堂活动中组织"普通话训练小组""演讲、辩论小组""口才演讲训练小组"等，并在平时训练的基础上举办"诗歌朗诵会""演讲比赛""辩论赛"等形式多样的活动。其次，培养学生的体态表达能力。体态被称为"第二语言"，在很多情况下发挥着辅助甚至替代语言表达的作用。体态分为表情、手势、动作、姿势等，它们的功能各不相同。在表情中，最具表达能力的当属目光与笑容，因此，训练学生保持真诚亲切的目光与自然大方的微笑是至关重要的。而且，恰当的手势、优雅的举止、标准的动作、协调的姿态，也会有效地表达出学生内在的思想与气质。最后，加强语言的生动性与幽默性练习。这需要给学生推荐古今中外名著名篇，以使他们奠定丰富的文学底蕴，积累丰富的语言素材。还要介绍各界名人名嘴，引导学生学习模仿他们的讲话风格。如政治家周恩来总理的机智雄辩、企业家张瑞敏的沉着稳健、主持人崔永元的诙谐幽默等。如果掌握了生动的语言，就会在宣传中旁征博引，引起众望所归的效果；而运用幽默的语言，也会在危机中灵活斡旋，产生柳暗花明的转机。

3. 借助社会环境，让大学生在现实中接受教育

社会本身是一个大学堂，大学生在参加社会实践过程中能够感受到社会的力量，能够及时将理论转化为现实的行动。一个人生活在社会上，总是要和许许多多的人打交道，要向别人展示完美的自我，受人尊重就要提升自己的素质修养，就要不断学习，向书本学习，向他人学习。一个善于学习的人，不仅向书本学，还要善于向自己周围的人学习，多和自己敬佩的人交流。在和别人相处时，看懂他人处理事情的技巧，发现和接受别人的长处和优点。一个人还应懂得向自己学习，就是要做到经常反省自己，审视自己的行为。古人说："吾日三省吾自身"，这就是想自己学习，懂得求诸于己。所以，大学生的成长单靠校园内的教育和引导还远远不够，而应该有针对性地组织他们进行生动的社会实践活动，不断踏入社会大课堂，通过深入社会和实践，使当代大学生认识国情、认清就业形势、了解社会，让他们做到结合自身的实际，树立正确的择业观念，实现个人志愿与社会需要的有效对接。

社会实践活动也是大学生自我教育的手段和形式，有助于对一些问题、矛盾的认识和解决，也是对大学生进行思想意志磨砺的一种有效办法。在学校有过社会实践经验的大学生，在步入职场后大多可以快速适应环境，这大大缩短了大学生角色转换的过渡时间。另外，在实践过程中通过小目标的达成树立了他们的自信心，利于将来更快更准地找到自己在社会中的定位。

优化环境让大学生在实践中提升,我们需做到:一是完善实践教学体系,优化教学内容,根据人才培养方案,将课程内容分成基础课程、专业基础课程、专业课程和实践课程四大模块,对相关专业进行交叉整合,打破学科、体系界限,按照培养能力目标的要求,重新整合课程,挖掘和共享课程资源,在各门课程中渗透素质教育因素,从而满足大学生就业能力和个性化发展需求,切实提高大学生的实践能力。在教学方法上要注重课程结构的合理性、内容的综合性、形式的多样性。教师要以学生的发展作为教学的出发点,充分体现"教师为主导,学生为主体"的原则,充分调动学生的学习积极性、主动性,发挥他们的智慧和潜能。在教学中要采用"项目导向教学法""案例教学法""情景教学法"等,选取实际工作中和生活中的生产项目及典型案例作为教学内容,以直观的形象方式提供给学生,让学生通过充分思考,综合分析和解决问题,从而培养他们强烈的参与意识,活跃思维,开阔视野,最终达到提高分析和解决问题能力的目的,使课堂成为学生发展实践能力和创新能力的天地。二是深化校企合作模式,培养创新型人才,实践教学基地和实验室是培养高水平高素质专业人才的重要场所,是培养大学生掌握科学研究方法和提高实际操作能力的重要保障,所以,要加大校内实践教学基地建设力度,在专业建设过程中,要同时将实验室和实训基地建设放在同等重要的地位,一同考虑,要建立校内仿真实训基地,如模拟酒店、模拟法庭、模拟企业生产车间等,大学生在教师的指导下,通过模拟和角色扮演等方式,直接进入实战演练,把所学的专业理论知识转化为实践能力。校外实训基地是实践教学的主战场,校企合作是建立校外实训基地的最好形式。校企合作是建立在学校与企业互惠互利、资源共享的基础上,学校师生为企业的技术改革献力,为企业的研发助阵,使大学生在对口的企业获得更多的实训机会和实际操作的机会。通过校企合作培养人才模式,解决了企业生产中的难题,提高了大学生实践能力和创新精神,同时,学校也为企业提供了优质、与企业自身特色相符合的大学毕业生,使企业在市场经济条件下具有更强的竞争力。

4. 构建和谐的家庭教育环境,利于身心健康

人创造环境,环境也创造人。家庭教育环境,是指在家庭内形成的一定文化氛围,它直接作用于人的内在情绪和感受,对人起着潜移默化的作用,是家庭生活中人与人之间相互联系时所形成的特定气氛。每个人从出生开始就受到家庭环境的直接影响,这一影响具有多维性、深刻性和稳定性特征。在家庭环境中实现的教育效果,则主要通过家庭内部或外部的自然环境以及人际环境来影响家庭成员,特别是对孩子在思想及行为的教育方式上更为突

出。从现实社会的家庭中也可看出，一个人所生活的家庭环境对他的成长起着非常关键的作用。我们从孟母三迁①的故事也可受到深刻启发，良好的家庭生活环境非常有益于孩子高尚精神品质的形成。

　　家庭是孩子的第一所"学校"，家长是启蒙教师，其言行对子女起到潜移默化的影响，要教育好孩子，构建和谐的家庭教育环境相当关键。第一，营造和谐的家庭教育环境对一个人的成长有决定性作用。和睦、互爱、互助、幸福的家庭中长大的人感到快乐、温暖、有安全感，性格活泼，情绪开朗，能热情关心他人，尊重长辈和敬爱父母。相反，在家庭关系紧张、冷漠、纠纷常起、争吵不断的家庭中，孩子郁郁寡欢，焦急恐惧、缺乏自信心、安全感，往往变得性格暴躁、孤僻、敌对、胆小，对人冷漠，摧残小动物，进而心灵受到创伤，阻碍身心的正常发展。营造和谐的家庭教育氛围，家庭成员之间应相互理解、尊重、关心和信任，子女才能从父母那里获取最温柔、最纯洁无私的母爱和既严格又起着榜样示范作用的父爱，感受到家庭的温暖，感受到父母教育的力量，从而产生稳定感和安全感，子女对父母关爱的体验促使他们身心健康成长。第二，构建和谐的家庭教育环境需要父母的赏识在人的本性中。人都渴望得到他人的赏识，如果此时家长过分地去求全责备，不支持、不信任，甚至蔑视，往往会严重伤害孩子的自尊心，认为自己什么都不行，不是成大才的料。反过来，如果家长以赏识的眼光和态度去对待他们，从积极的方面去肯定他们的成绩和进步，就可以使他们看到自我的价值，从而向更高的目标去努力。家长给孩子的表扬和鼓励要合理而具体，应是真诚的、发自内心的。同时，要注意"赏识孩子不等于溺爱和迁就"。对孩子的赏识与批评要适时适度，对孩子出现的错误和缺点应及时处罚。父母明确指出弥补过失的办法，以宽容的心态给孩子克服缺点的时间，也允许他们有反复。尤其是孩子在学校或社会上受到伤害或委屈的时候，家长们更应弄明白事情的真相或出现的原因，而不是雪上加霜。这样，可以使孩子增加对家长的信任，感受到家庭的宽容，产生深刻的心理体验。第三，构建和谐家庭教育环境能教育孩子懂得感恩。现代教育强调"张扬个性、自主成长"，家长注重孩子智育培养的同时，切不可忽视道德教育。假如一个人只知道"我想怎样""我们要什么"，不知道"我该怎样""要我什么"，以自我为中心，

---

　　① 《三字经》里说："昔孟母，择邻处。"孟子三岁时父亲去世，由母亲一手抚养长大。孟子小时候很贪玩，模仿性很强。他家原来住在坟地附近，他常常玩筑坟墓或学别人哭拜的游戏。母亲认为这样不好，就把家搬到集市附近，孟子又模仿别人做生意和杀猪的游戏。孟母认为这个环境也不好，就把家又搬到学堂旁边。孟子就跟着学生们学习礼节和知识。孟母认为这才是孩子应该学习的，心里很高兴，就不再搬家了。

不懂得尊师敬长，不懂得关爱他人，那么，他就会失去起码的道德准则和历史责任感。如果一个人幼年时没有种下"善"的种子，那么几乎不可能要求他成年后成为一个乐于助人、施恩不图报的人。因此，学会"感恩"，对于现在的一代人来说尤其重要。行为习惯的养成、道德思想的完善都不是与生俱来的，父母可以随时抓住生活中的点滴，对其潜移默化地实施感恩教育。总之，家庭是最基本的环境，对一个人的成长影响极为深刻。构建和睦、幸福、互助、互爱的家庭教育环境对我们的成长有决定性作用，这需要在实践中不断探索、不断完善。

可见，人的基本素质的修养与提升来自家庭、社会的日积月累，从而使一个人的信念、价值观、世界观不断完善。大学生素质发展的个性化要求是在强调全面发展的同时，也要注重人的个性张扬。就业竞争日益激烈，迫切需要当代大学生强化自我竞争意识，并根据社会的需要和个性特点，努力挖掘个人潜力，不断完善自己的个性和发展个人素质。机遇总是垂青于有准备的人，一个人综合素质的高低，将决定他求职择业的层次与自由度。而综合素质的提高，不是一朝一夕就能做到的，也不是靠毕业前的突击武装能解决的，它要求大学生要转变观念，增强竞争意识。

二、地方高校大学生组织管理能力的提升

组织管理能力是管理者按照既定目标任务和决策要求，进行统筹安排，组建一套科学合理的组织机构和团队，把各种资源有效地组合起来，协调一致地保证领导决策顺利实施的能力。一个人的组织管理能力在社会工作中具有重要意义，它直接影响一个人的成长和对社会组织贡献的大小，是一个人立足社会的关键能力。人的活跃性在组织管理中起决定作用，组织管理能力强的人往往都能善于用人，这是一个企业能否发展的决定因素。社会中成功的企业家无不讲究爱才、惜才、选才、用才之道。他们清楚，没有优秀的人才，也就没有优秀的企业。善于用人，就能调动人的积极性，使人尽其能、人尽其才，使个人的长处得到充分的发挥。我国历史上因为善于用人而成就大业的典型事例数不胜数。刘邦能用人，成为汉朝的开国皇帝；项羽则因为不善用人，先后失去了韩信、陈平、范增等，结果自刎乌江。刘邦在总结自己之所以能战胜项羽的原因时说：运筹于帷幄之中、决胜于千里之外，我不如张良；治国安民、供应军需，我不如萧何；统帅百万大军，战必胜、攻必

克，我不如韩信。此三人乃人中豪杰，但我能用之，故我能得天下。人无完人，金无足赤。无论是创业者还是企业的管理者，个人的才能总是有限的，要想在这个复杂的社会活动中获取成功，就必须有刘邦式的善于用人的才能。这也是当今社会高校大学生就业时，企业越来越看重他们的就业软实力的根本所在。

作为一名高校大学生，提升自身的组织管理能力是当今社会形势下学习的主要内容之一。大学生组织管理能力涉及的内容有多方面，我们在研究大学生就业软实力提升中重点筛选了组织协调能力、沟通能力、执行力、语言表达能力和感召力等作为组织管理能力的内容要素，这也是当代大学生在就业软实力提升方面的重要内容。

（一）如何认识大学生的组织管理能力

大学生的组织管理能力是指为了有效地实现目标，灵活地运用各种方法，把各种力量合理地组织和有效地协调起来的一种综合能力，这是他们参加社会工作的基本能力，它也是管理者必备的重要能力之一。组织管理能力是一个人的知识、素质等基础条件的外在综合表现。就高校学生干部相对于普通学生而言，他们在学习管理或日常活动中往往具备谋划、决策、总揽大局的管理能力，能把班级事务的各方面联系起来，从各种联系中把握事物本质，形成整体性的决策，保证整个班级活动有序地进行。日常学习、生活活动的锻炼让学生干部们具备了更强的多谋善断的能力，会出点子、出主意，能够在错综复杂的情况下果敢、正确地决定问题，能用创造性的思维方式看待事物，透过现象看到本质，抓住事物的核心，做出新的判断，能通过多种方案的对比，选择最佳方案，并能当机立断。并且，长时间担任学生干部的学生还具备处理突发事件的能力，遇事处乱不惊、冷静思考、不惊慌失措，在理智的基础上能迅速查明事件的原因，准确地弄清事件的性质，趋势及发展后果，在此基础上提出解决办法，谨慎果断地做出决策，充分发挥出学生干部是辅助教师的得力助手的工作职能。我们需要清楚认知，现代社会是一个庞大的、错综复杂的系统，社会中的绝大多数工作往往需要多个人甚至团体的协作才能完成，所以，从某种角度来讲，每一个人都是组织管理者，承担着一定的组织管理任务。

通过我们从对大学生就业情况的调研结果分析来看，地方高校毕业生中的学生党员和学生干部已成为用人单位的首选对象，这其中原因是用人单位看重这类学生的组织管理能力。毕业后，虽然不可能每个人都走上领导岗位从事具体的管理工作，但每个人在将来的工作中却都会不同程度地运用到组织管理才能，这是现代社会对人才提出的新的要求。高校大学生自我发展中非常需要自我管理，这也是当代大学生为了实现目标以及满足社会对个人素质要求必不可少的，它可充分调动自身的主观能动性，卓有成效地利用和整合自我资源。所以，运用自我管理的科学方法，展开自我认知、自我计划与组织、自我监控、自我开发与自我教育等具有重要意义。随着高等教育改革的不断深入，加强高校大学生自我管理能力的提升，是适应高校学生管理体制改革新形势的需要。建立与之相适应的新型的大学生管理体制，培养和提高大学生的自我管理能力，是适应当前高等教育改革新形势的顺势之举，也是高校学生管理体制改革的必然要求。

（二）组织管理能力对大学生未来发展的影响

从调查结果中，分析地方高校毕业生的工作状况看，尽管高校毕业后的大学生并不是都走上领导岗位从事管理工作，但是每个人在工作过程中却都发挥着自身的组织管理能力，这也是现代社会对人才提出的基本要求。对高校大学生就业状况的考察中，我们注意到，企业、用人单位的首选对象是大学毕业生中的学生党员和学生干部居多。其根本原因就是用人单位看重这类学生在学校期间初步具备的组织管理能力，这种能力主要包括计划、控制、组织、协调、激励等内容。

大学生自身素质是高校培养人才的质量水平的直接反映，大学生组织管理能力不仅是大学生未来成长成才的重要条件，也是大学生全面发展的重要组成部分。近些年来，在高校规模急剧扩大的情况下，教师和辅导员资源相对紧缺，对加强大学生自我管理教育提出了新要求，同时，通过大学生的自我管理培养和提高组织管理能力，也是适应新形势新情况的必然选择。从人才成长的规律来看，组织管理能力是大学生整体素质与综合能力的重要体现，是未来人生发展的重要基础，如何提升组织管理能力已成为当今社会每一个青年大学生面临的重要问题。大学生将来要在激烈的社会竞争中立足、生存，要做好自己的本职工作，与上司、同事和谐相处，在事业上有较大的发展，必须具备一定的组织管理能力。这种能力是在组织中开展规划、组织协调等工作的基础，也是衡量一个人管理能力强弱的标志。因此，高校教育教学中要重视和加强大学生组织管理能力的培养，将对大学生的未来发展发挥重要的作用。

（三）大学生组织管理能力的提升

当今社会一个人的组织管理能力不仅体现在工作、生活中对他人的管理，还体现在对自己的管理。一位优秀的企业家、一个成功的领导人在带领好团队的同时往往都具备非常强的自我管理能力，而一个缺乏组织管理能力的人是难以担当重任的。大学生管理能力的提升，必须从多方面努力，从提高多种能力入手：①增强学习能力是提高组织管理能力的基础，提高学习能力既是在不断学习中自然而然的过程，也是一个有意识的培养过程。根据学习、工作的要求及个人情况，制订出学习内容、目标、进度等，有所选择和规划，做到有的放矢，在有限的、宝贵的时间中，讲究学习方法；科学的方法能达到事半功倍的效果，并且重视从实践中去学，借鉴别人的经验，善于从中总结提高自己的水平。②增强判断能力是提高组织管理能力的前提，当不能正确判断事物的时候，就无法决策，也就根本谈不上管理了。判断能力与个人品质紧密相连，不唯上、不唯书、敢创新、有自信，是判断能力的基本要求。无私、无畏，才能做出准确的判断，参与各种社会实践，可以从中学习和总结许多提高判断能力的方式方法。如借"定势"判断、细心观察法、宏观判断与微观判断相结合的方法。懂得不轻易判断他人，正确判断自己，对待他人不以貌取人，听其言，观其行；对待自己，则要有自知之明，不过于自信，自我欣赏，也不过于悲观，缺乏自信。③增强决策能力是提高组织管理能力的核心，决策者要做出正确的决策，必须不断提高自身的思想品质修养、知识能力修养、性格气质修养、情绪情感修养等。决策时，不仅要按照一般程序来进行，而且要尽可能根据科学高效原则减少一切不合理环节，在决策过程中要注意优化每一个环节，在各种方案中进行优选，根据情况适当选择或综合使用，要在实践中体会各种决策方法的优缺点，对其中一些适合自身的决策方法能够运用自如。④增强协调能力是提高组织管理能力的关键，各种关系的协调不可能有固定的模式，因势利导，针对不同对象在方法上有所不同而有所选择，善于疏通阻塞。面对重大问题先协商后再决策，一般问题先通气后再执行，暂时有分歧的就冷处理，善于等待，疏通关节，用平等的态度对待别人，不强加于人。既然是商量，无论对方和自己的关系如何，都要把对方摆在平等的地位，正视矛盾并善于化解矛盾，团结所有团队成员形成一个相互配合的组织，形成和谐的人际关系。

  高校大学生在校期间应该对自己的组织管理能力进行有意识的系统培养，要学会安排自己的学习、生活和工作时间，独立制定学习工作计划，这是提高自己就业能力必备的一项素质。总的来看，目前地方高校大学生虽在思维方式上主张独立自主，要求张扬个性，但在具体学习生活中表现的组织计划、自我控制、协调与合作等能力方面还有很大差距，需要继续提升自我的组织管理能力。

1. 确立并坚持高校大学生自我管理的新理念

自我管理是社会的个体为了实现既定目标，以期有效地发挥主体能动作用，规划和控制自己的实践活动的过程。它包含着三个要素：一是自立，具有相对独立的角色地位以及相应的自我支配权，这是自我管理的前提条件；二是自识，有比较明确的自我意识和价值目标，这是自我管理的内在依据；三是自律，具有一定的自我控制能力，这是自我管理的调控能力。这些都是自我管理过程中自主性的表现，是自我管理中不可缺少的三要素。因此，大学生活是人生的一个特殊阶段，大学生在自我管理的过程中，必须注意强化自己的自主精神、自律能力、自觉意识和自觉行动。

大学生的自我管理能力是未来做好一切工作的基础素质，当它们走向社会一切成绩的获得都要与自我管理能力相联系。高校坚持"以人为本"的培养原则，就是要针对大学生自身能力的提升大力开展和实施素质教育，不断提高大学生的综合素质和整体能力，自我管理能力就在其中。这种大学生全面发展的新理念，正是大学生自我管理的前提。在竞争日益激烈的现代社会，对人才的全面素质和综合能力要求越来越高。大学生不仅要具备扎实的文化知识基础和较强的专业技能，还要具有较强的快速适应本职工作的能力，与领导、同事的团结协作能力，社会交际沟通能力，获取与运用各种知识的学习接受能力，工作上开拓与创新能力，工作、家庭的全面协调能力等，只有具备参与激烈社会竞争的能力和优势，才会在事业上有较大的发展，并最终走向成功。在自我规划、自我发展、自我成才等要素中，自我管理最为关键。为此，要转变观念，解放思想，敢于让大学生自己管理自己，让其在实践中学会并掌握自我管理的本领。家长、学校、社会都要把大学生作为一个真正的成年人来看待，相信他们完全有能力在实践中学会管理好自己，放开手脚让大学生自我管理，使其在学业、就业、发展方向等方面有更大的自主选择空间。

我们要鼓励、引导大学生学会自我管理与确定目标，规划未来。大学生活在实践中，只有学会自我管理，锻炼自我管理的本领，提高自我管理的水平，才能让自己在有限的四年内，有效地利用时间，学好专业知识，提高综合素质。也只有规划自己的人生，树立人生的灯塔，才会拥有源源不断的动力。大学生正处于人生的黄金时代，自我意识开始觉醒，逐渐走向成熟。同时，他们也处于生理、心理、智能、品德等全面发展的关键时期，这就决定了他们应该把自我发展、自我成长作为自我管理的侧重点。大学生的自我管理比中学生自我管理更具有独立性，因而更有利于提高大学生自我管理的能力和水平。

在生活上，要学会面对独立。从家庭、从中学走进大学是容易的，但从依赖走向独立，却是艰难的。衣服自己洗，时间自己安排，人际关系自己处理，各种矛盾、困难，自己解决、克服。作为独立的角色，必须学会独立地生活。只有经过了这种独立的洗礼，大学生才能正确认识自己独立的人格、意志、兴趣和能力，并以自己的生活实践得到别人的认同。这种独立的生活，是一个人走向成熟的契机。这一切都来源于自己有效的自我管理。学习上，学会有效管理、合理地规划时间，制订学习方案，总结学习经验，才会有所收获。大学里，更多的知识要靠大学生自己去琢磨消化，大学生不再处于教师的严密监督之中，教师仅仅是大学生生活的顾问和参谋；学生可以自主地支配课余的很多时间，提高生活质量的关键在于自己，自己是生活的主人，必须承担过去由他人为自己承担的责任。所以，自主学习习惯的培养，合理规划安排自己的时间，是大学生自我管理的必然趋势。

除了学习和生活，我们还需要关注并指导大学生懂得：①目标管理。我们应该引导大学生清楚地知道自己的目标是什么，怎样达到，何时达到以及如何进行目标效果评价等。②时间管理。我们不反对大学生娱乐，但绝对反对浪费时间。在高校有限的时间内，我们需要引导大学生知道该做什么，不该做什么，免得虚度光阴。③技能管理。技能是生存之本。大学阶段是在一生中增长技能、积蓄能量的重要时期。技能有硬件和软件之分，学习专业知识，考取各类证书等是硬件；人际交往能力、沟通能力、合作能力等是软件。剖析自己何去何从，长处与短处何在，如何适应社会挑战，有意识地逐步提高这些技能。④金钱管理。美国哲学家兼诗人爱默生把金钱看成一项管理工作，是对人的挑战。金钱是双刃剑，可以助一臂之力，也可以消磨意志。大学生树立正确的金钱管理意识，使之来之有道，用之有道，意义深远。

2. 注重提升大学生的自我管理能力

一个人要管理他人应该从管理自己入手，每个人都是自己的管理者。大学生自我管理的能力，就需要高校在坚持正面引导的同时，充分尊重学生的主体地位。传统的大学生管理实行的是由学校或管理者对大学生进行由上而下、由外而内的一种外部管理方式，即他律。这种方式往往是单一的，缺乏管理者与大学生之间的双向互动、沟通和交流。随着社会环境和教育对象的变化，这种管理方式的效果不尽理想。现代管理学要求人的管理尤其是大学生的管理，应该以大学生的自我教育、自我管理为主，即以自律为主，辅之以他律，并使他律与自律有机结合与统一，这样才能使大学生管理工作趋于科学化，促使大学生管理工作落到实处。因此，积极引导大学生在学习、生活与社会实践的过程中不断认知自我、教育自我、提高自我、发展自我。

随着社会的不断进步，当前社会所需要的各类人才既要有扎实的专业知识与较强的实践能力，同时还要具有良好的社会适应性和与外围环境进行有效沟通的合作能力。因此，高校应引导大学生充分发挥积极主动性，搭建学校、教师、辅导员、班主任与学生之间的平台，有意识地把学生融入教学、管理的各项活动中，大力培养他们的自我教育和自我管理能力。

高校有众多的大学生管理组织和学生社团、协会，这些组织都有丰富多彩的活动内容，都能在不同层次满足大学生的个性发展与成长的需要，是大学生锻炼自我管理能力的重要平台。自我管理的核心是自己管理自己，包括群体和个人的管理。在社团的活动中，主要依靠内部的不同组织展开，没有学生社团内的组织，这其中的自我管理就失去了其依靠和载体。高校及院系要努力为实施大学生自我管理创造各种条件，搭建活动平台，形成以班级、学生会、党团组织、社团、学生社区、研究会、网络等纵横交叉、全面覆盖、多位一体的大学生自我管理组织体系，并由此建立起完备的学生自我管理组织体系，为大学生开展自我管理工作奠定坚实的组织基础。

大学生进入高校之后，其学习方式、管理方式与中学时相比，也发生了很大的变化，学习、生活的时间、空间自由度加大，再也没有了中学时代教师与家长的严格督促和管制，主要依靠自己的自主性与自觉性。如果没有较强的自我要求意识、自我约束和自我管理能力，往往不能够尽快适应大学生活，或者放松学业，学习上会遇到挂科、成绩不及格等挫折，或者放纵自己，沉溺于网络游戏、不良社交等泥潭而不能自拔。因此，亟须高校与教育者加强对大学生自我管理的引导和帮助，帮助大学生严格要求自己，养成良好的自我管理行为和习惯。对于大学生来说，则应该自觉地遵守校纪校规，科学合理地安排自己的学习、生活，在自我管理的实践中增长才干。

大学生自我管理意识和能力的培养是一项复杂的系统工程，需要高校教育者、大学生家庭和全社会的协调一致，相互支持，共同配合，更需要高校教育工作者在大学生管理改革中积极探索，大胆实践，努力闯出一条高校大学生管理改革新路。高校要为大学生搭建平台，创设环境，切实提高大学生的自我管理、自我约束、自我服务能力，为大学生将来走上社会，成为社会所需要的优秀人才奠定基础。培养自己的组织管理能力可以从以下方面入手：

第一，提高自我认识，把具体任务完成好。在学校内，一些同学进入学生管理组织，怀着很强的功利心，为获得眼前利益或荣誉，做事漂浮不扎实，这样的表现和心态对自己的组织能力难以真正提高。所以，高校教育应引导大学生提高认识，懂得脚踏实地，把具体事情做好，从中领悟道理，才能不断完善自己。我们要有针对性地帮助他们提高自我认识、增强他们自我管理意识；更要让其了解到现在市场竞争的激烈、人才需求状况，并不是有一张大学文凭就能够在社会上立足；要认识到大学时期是为步入社会打基础，学会做人处事的一个重要成长阶段；同时大学是以自我学习为主，主动地把具体任务完成好，更需要有自我管理的能力。只有做到这些，才能更好地锻炼、培养自己，从而增强自身的社会适应能力。

第二，实行目标管理，学会事前周密计划。"管理学之父"彼得·德鲁克认为："并不是有了工作才有目标，而是相反，有了目标才能确定每个人的工作。"所以说，作为一名高校大学生要想在大学期间有所收获就必须要对自己的学习和生活进行规划，对自己大学阶段要取得什么样的成绩设立一个总的目标。不打无准备之仗，任何事情只有提前计划好，才能有效实施，这就是要学会把总目标分解，进行具体化。如四年大学的总目标分解成每一学年的目标，每一学年的目标分解成每一学期的目标，每一学期的目标分解成每一个月的目标，每一个月的目标分解成每一个星期的目标，每一个星期的目标分解成每一天的目标等。最后，根据自己所细分的目标，自下而上地实施并采取相应的约束措施。但是，现在高校里一些大学生们做事仅凭热情，往往缺乏认真计划，因此遇到问题便慌乱不堪，在紧急情况到来时便不能处理。在任何的集体性活动中，计划性在组织管理活动中非常重要，直接影响活动的成败。

第三，客观了解同学，学会管理中的授权。我们都知道，诸葛亮辉煌而又悲壮的一生，他让我们了解并认识到，如果诸葛亮将众多琐碎之事合理授权于他人而只专心致力于军机大事、治国之方，"运筹帷幄，决胜千里"又岂能劳累而亡，导致刘备白帝托孤成空。在当今科技竞争社会需要团队合作的时代，如果管理者事无巨细都事必躬亲，即使有三头六臂，也会应接不暇，难免事与愿违。因此，一个管理者必须学会正确授权，才能让自己的管理工作更有成效。同言而语，授权是管理的艺术，在学校内一些做学生干部的同学也要学会做管理懂得授权才可以使自己从纷繁复杂的事情中解脱出来，以便在工作中思考更长远的发展规划和组织建设问题。不懂得授权的人，会陷入事必躬亲，同时使团队里的其他成员因为没有实际职权，不能发挥作用从而失去对工作的热情。

我们帮助大学生学会授权，以提升其自身的组织管理能力。选好能授权的同学，将权力授给能够胜任工作的人。如可选大公无私乐于奉献的同学做学生干部，有的人尽管能力强，但是一旦多做工作就会讨价还价，只顾个人利益和短期利益；这种学生往往不能赢得大家的信赖，只有乐于奉献的同学才能得到大家的认可。不徇私舞弊的同学往往办事认真负责，善始善终，敢于坚持原则、坚持真理，对错误言行和时弊敢于直言不讳。大胆授权给他们，得到的将是可靠的支持和帮助。善于团结协作的同学在实际工作中协调组织能力强，善于理顺人际关系，凝聚力、向心力强。实际工作中的成果往往需要组织中的成员齐心协力、团结协作来取得，这些善于同舟共济、情感沟通的人也是很好的准授权者。善于独立思考问题的同学，往往能发现并处理萌芽状态的问题、复杂棘手的问题，能提供有价值的独特见解，授权给他们，往往能解决难题。勇于创新的开拓者都属于实干家、活动家，工作中敢于大胆设想、标新立异、另辟蹊径。如果授权给这种人，往往会开拓新的工作局面。只有学会授权，我们才可以创建一支高绩效的大学生自我管理团队，及时有效地完成学校、系部、班级的各项任务。

第四，懂得管理过程的监督与信息反馈。一个人、一个组织的发展都离不开监督、约束，一旦离开会出现不健康、不稳定的发展。犹如大学生在家里有父母监督，在学校有老师监督，监督机制的存在才形成一个相对稳定的系统，也可以说是一种信息反馈。即我们每个人做的事、说的话，必须要有人来评价，不管是正面评价还是负面评价，都是一种正向的激励，这种反馈机制不仅可以让我们认清自己是一个怎么样的人，也可以让我们更清楚地看清这个世界的真相，所以我们有了微博等即时信息的评论反馈，也有了淘宝、美团对于一家店的反馈，也有了公众号、朋友圈里评论的反馈，当然你想收到相应的反馈，必须要有相应的输入，只有你的输入量达到一定程度或者质量达到一定程度才能有相应高质量输出，所以这个世界还是相对公平的。在学生管理工作中的监督不是监工，这里的监督是用心去了解工作，检查任务是否落到实处。在学生时期做到身先士卒尤为重要，这无形中就成了大家的榜样。而反馈是主动回报信息，主动沟通信息，以便提前做好预案，做到有备无患。

第五，提升学生自信，善于激励和表扬他人。每个大学生都有自己很自信的一面，一个人只有对自己充满自信，才会对取得成功充满渴望，才能去拼搏、奋斗。如果老师和同学过多的批评和责备会让他们失去自信。作为管理者，首先自己要有信心，要多给他人关心和爱护，多一些表扬，少一些批评和责备。平时多谈心，多了解他人的心理，倾听其心声。如果学生的做法能得到老师、同学及时而中肯的评价，他就会感到自己被赏识、重视，就会愉快、积极，增强自信心。因此，在组织内要坚持做到管理赏罚分明，按章办事，树立自己权威。在平时对于有进步的同学要善于鼓励和褒奖，这样既可以给他人增强自信，又能增强集体向心力。我们要不吝惜自己的表扬，无论是在教学活动中还是在平时的生活中。成功的教育是爱的教育，爱能激发学习的热情，能给学生以勇气和信心。但是，对待工作中有错误的同学要善于指出，不能搞一团和气，否则整个组织就会如一盘散沙。

三、地方高校大学生团队合作能力的提升

"一个和尚挑水喝，两个和尚抬水喝，三个和尚没水喝"的典故提示我们，貌似简单的工作要是处理不好人员之间的配合也难以实现目标，它需要的是管理者对团队成员的组织协调。团队合作精神在高校教育中的重要性随着科学技术迅猛发展，各种知识、技术不断更新，呈现出多种文化、信息、学科、知识的相互交叉。在很多情况下，单靠个人的能力很难应对各种错综复杂的问题，因而，社会对人才的需求呈现多样化。将各种人才会集起来，利用集体智慧，发挥团队优势，是克服各种困难的最佳方法。因此，"是否具有团队合作精神"已成为用人单位招聘高校毕业生的重要测试指标。团队协作意识成为当代大学生应该具备的最重要的职业素质之一。随着社会的发展，"80后""90后"已成为我国现代社会的生力军，"00后"成为今天大学阶段的主导，这些年轻人的共性是他们大多是独生子女，目前，绝大多数用人单位对大学毕业生的专业知识水平和业务能力表示满意，但普遍认为如今的大学生缺乏与人合作的团队精神，他们必然要面对将来社会工作中有效协作的挑战，因为现实社会中的一切合作关系都需要有效沟通与严谨配合。

笔者在调查研究中发现，在集体协同工作的环境中团队协作意识是一个团队成败的重点，团队合作精神必然成为当代大学生素质的重要内容。尽管长期以来，高校一直重视对大学生进行团队合作精神的培养，但成效甚微。部分学生只注重个人能力的发挥，忽略团队合作的重要性，这对大学生今后的发展产生了阻碍。由此可见，培养大学生团队合作精神，使学生能更快更好地适应社会，不仅关系到学校教育是否实现"以学生为本"，还关系到每个大学生的综合素质提高和未来职业发展。作为具体个人来说要想成为一名出色的职业者，需要具备更多、更完备的职业素养，并在不断地学习与实践中完善自我。特别是通过团队精神的打造和培养，使大学生拥有团队合作精神，更利于在集体环境中成长，把个人的兴趣和成就与集体相结合，使个体利益与集体利益的统一。

(一) 团队合作的时代意义

大雁是自然界中精诚合作的典范，大雁在遥远的迁徙路途中依靠一种合作的能力成功到达目的地，使得自己的家族得以延续。它们飞行时的队伍都呈"人"字形或"一"字形，这些在飞行时的雁阵还会定期变换领导者，因为为首的雁在前面开路，能帮助它两边的雁形成局部的真空。有科学家分析发现，大雁在迁徙中以这种形式飞行，要比单独飞行节约大量体力，能多出12%的距离，这使得大雁迁徙到达目的地具有了更多的安全保证。

据美国哈佛大学心理学教授乔治·赫华斯博士研究，一个人事业的成败在于人品的优劣，他把"与同事真诚合作"列为成功的九大要素之一，而把"言行孤僻，不善与人合作"列为失败的九大要素之首。可见，越是竞争激烈的社会，团队合作精神愈加重要。中共上海市科技教育工作委员会、市教委印发《关于进一步加强上海高校大学生心理健康教育的若干意见（试行）》的通知中就明确指出要进一步加强大学生的团队协作精神。随着我国改革开放的不断深入和人们道德水准的提高，弘扬人的个性、提倡团结合作团队精神将成为社会主义社会精神的主流。当代大学生作为祖国的建设者和接班人，更需要进行团队精神的培养和塑造。随着知识经济时代的到来，各种知识、技术不断推陈出新，社会需求越来越多样化，使人们在工作学习中所面临的情况和环境极其复杂。这导致单靠个人能力已很难完全处理各种错综复杂的问题，必须由人们的合作来完成。

华为老总任正非在华为市场部的一次讲话中提到："针对办事处的组织建设我们提出'狼狈组织计划'，狼有敏锐的嗅觉，团队合作的精神，以及不屈不挠的坚持。而狈非常聪明，因为个子小，前腿短，在进攻时不能独立作战，因而它是抱紧狼的后部，一起跳跃。就像舵一样的操控狼的进攻方向。狈很聪明，很有策划能力，以及很细心，它就是市场的后方平台，帮助做标书、网规、行政服务……"并且他强调，"狼与狈是对立统一的案例，单提'狼文化'，也许会曲解了狼狈的合作精神。而且不要一提这种合作精神，就理解为加班加点，拼大力，出苦命。那样太笨，不聪明，怎么可以与狼狈相比"。任正非这里的"狼狈组织"恰到好处地阐释了团队合作中取长补短、无懈可击的团结精神，这也恰恰是在"80后""90后""00后"独生子女环境中长大的大学生们所需要学习和提升的就业能力。

高科技时代发展到今天，虽然到处充满竞争，同时也是处处需要合作与交流的新时代。如今，"00后"大学生成为各高校在校大学生的主体，生活环境和社会的其他各种因素的影响，呈现出鲜明的时代特征。一方面，他们思维活跃、追求个性,有强烈的进取心、独立意识和竞争意识,但是另一方面,他们的团队合作精神却相对欠缺。当前,在高校内加强大学生的团队合作精神教育,既是社会发展的需要,也是个体发展的需要。

1. 团队合作可激发出团体极大的发展潜力

在集体中人们不仅得到多种需要的满足,同时还逐步认识到个人与集体的关系,而集体协作的成果往往能超过成员个人业绩的总和,就是拥有"1+1>2"的效果。俗话讲的"同心山成玉,协力土变金"就是人们齐心协力工作的美好结果。在教育青年一代认识团队存在的意义时,老一代经常用中国工农红军长征胜利的故事阐明团队协作的意义,强调是精诚团结才创造了二万五千里长征胜利的奇迹,也打造出中国工农红军这一无比优秀的团队。所以成功需要克难攻坚的精神,更需要团结协作的合力。一个团体,如果组织涣散,人心浮动,人人自行其是,甚至搞"窝里斗",必将失去生机与活力,干事创业的成功也就无从谈起。实践证明,在一个人心涣散、缺乏凝聚力的组织里,单个人再有雄心壮志,再有聪明才智,其作用也无法发挥,只能遭遇压制或被抛弃。

大学生就业实践经验也告诉我们,当今社会,任何想依靠个人单独为客户提供服务或独自完成某一项任务的想法都是不可思议的。只有大家共同参与,形成一支高效团队,才能保证整个运作过程浑然一体。团队成员的各种技能、经验不是个人可比拟的。在团队合作中,每个人都可以获得力量和经验支持并从队友那里学到更多对自己有用的东西。在团队中,针对同一个问题,大家可以充分发挥思维的多元化,从不同角度来分析,来寻求更合理、更根本的解决方案。可见,一个优秀的团队往往会聚了各方面的精英,这种形式更有利于集思广益的实施,特别是,当一名队员缺席时,其他人可以随时顶替,一切生产经营活动照常运转。困难和挫折对于组织成员来说是不可避免的,但是,团队合作的向心力,让大家能够得到其他成员的鼎力相助,齐头并进,一举成功。

2. 团队合作更利于实现整体目标

世界经济全球化的大背景下,分工协作使人们的联系更为紧密,重要事项的完成都是沟通合作的产物,都凝聚着团队精神。在中国融入世界经济的今天,广大企业需要更广泛地参与到世界分工中去,与全球优秀的跨国公司竞争,这就需要具备团队合作精神的复合型人才的加入。团队精神的重要性,在于个人、团体力量的体现,每个人都要将自己融入集体,才能充分发挥个人的作用,团队精神的核心就是协同合作。在大自然中,狼也是极具团队合作能力的动物,它们能带给和启发人类认识团队合作的意义,比如,当头狼确定攻击目标后，便会群狼协作，群起而攻之。在具体行动中，头狼在发出号令之前，群狼各就其位，一旦攻击开始，它们就互为呼应，默契配合，有序而不乱，直达目的。独狼并不强大，但当狼以集体力量出现在攻击目标之前，却表现出强大的攻击力。狼群成功捕猎过程受众多因素影响，其严密有序的集体组织和高效的团队协作是最重要的因素。

观察地方高校大学生各种社团活动中的团队合作我们也可以总结，团队合作的大局观告诉我们，在做事情的时候，个人利益要听从集体利益，眼前利益要服从长远利益；如果只考虑个人眼前的利益，而不顾长远发展，最终只会失败。也就是说，我们既从当前的实际出发，又考虑长远的生存与发展，团结协作，才能最终解决问题，才能更好地实现团队目标。同时，团队的发展离不开每个人的努力，在完成团队任务目标的同时，要重视个人的成长与发展。团队工作中只有每一个个体都不断提高自己的技能，尽可能在投入一定的情况下，提高产出的比例，1+1>2的协同效应才会真正地体现出来，并且能更好地实现整体目标。

（二）团队合作对地方高校大学生成长的作用

团队精神能推动团队运作和发展，队员之间互相帮助、互相关心的交互行为，能展现出大学生关心团队的主人翁责任感，并且能自觉地维护团队的集体荣誉，自觉地以团队的整体声誉为重点来约束自己的行为，从而使团队精神成为班级、系部、学校自由而全面发展的动力。团队精神能更好地培养团队成员之间的亲和力，一个具有优秀团队精神的团队，能使每个队员显示出高涨的士气，有利于激发同学们活动的主动性，由此而形成集体意识，共同的价值观；高涨的士气、团结友爱的团队氛围，才会让大家自愿地将自己的聪明才智贡献给团队，同时也会使自己得到更全面的发展。

在高校的校园内，团队精神日益成为一个重要的集体文化因素，大学生团队精神是时代发展的需要，培养大学生的团队精神已成为当代教育者们所达成的共识。在现代社会，个人的力量显得非常渺小，单靠个人能力来解决重大问题的可能性已微乎其微，更多的成果是靠"集体大脑"，而创新人才将以一种团队的形式体现出来。也就是说，时代要求个体在具备必要的自身能力之外还必须具备与他人合作的协作能力。为此，培养受社会欢迎的具有良好团队精神的高校毕业生，必将是高校教育的职责和神圣使命。

大学生们在校园生活、学习活动中，要求全班成员之间分工合理，班干部要做到将每个成员放在适合的位置上，使他能够最大限度地发挥自己的才能。通过完善的制度、学校配套的管理措施，使所有学生成员形成一个有机的整体，为实现班集体的学习目标而奋斗。培养当代大学生团队精神的意义具体体现在以下方面：

1. 培养团队合作精神是弘扬集体主义精神的现实需要

在我国，从古至今都把集体主义精神作为社会的主旋律，强调人们社会活动中的合作精神，追求实现人心齐、泰山移的团队效应，它是纠正享乐主义、个人主义的重要法宝，只有在集体中，个人才能获得全面发展其才能的手段，也可以说，只有在集体中才能有个体的自由。所以，任何个人只有在集体中，才能获得全面发展，只有在集体中才真正有个人发挥才能的天空。大学生作为祖国未来和时代精英，应该自觉树立集体主义观念。作为培养人才的高校应该树立新的培养观念，不断创新教育方法，把集体主义教育融入教育过程。

团队合作精神尊重个人的兴趣和利益，要求大学生必须具备集体荣誉感，必须将个人利益与团队利益紧密联系。由此可见，团队合作精神与集体主义精神核心理念是相通的，团队合作精神是集体主义精神的基础，集体主义精神是团队合作精神的升华。以培养大学生的团队合作精神为出发点，可以增强集体主义教育的可操作性和易接受性，使其更加生动化、具体化，有利于实现集体主义教育的效果。从动态发展的观点看，大学生拥有团队精神将是未来事业成功的关键。

（1）团队精神是大学生在未来社会活动中战胜困难的基本精神之一。大学时期是一个人自主学习的重要环节，在许多课程学习或社会实践中，难免会遇到困难，发扬团队协作精神，实行协同攻关就可以克服个体不能战胜的困难。所以，在高校的学习过程中，教师有效采用小组学习或者团队学习是培养大学生团队精神的重要方式。

（2）团队精神有利于我国独生子女大学生健康成长。目前，在校大学生的年龄以"95后""00后"为主导，特别是来自城市的大学生多为独生子女。培养良好的团队协作、树立正确的团队精神对我们这些独生子女大学生有着重要的意义。通过团队合作与团队精神的塑造，有利于他们有效融入集体大家庭中，感受到合作的优越性，以便走向社会做到善于与人合作。所以，在大学生群体中注重培养他们的团队精神，是一项既必要又紧迫的艰巨任务。

（3）培养大学生的团队精神不仅可以塑造大学生的心灵，而且也推动了高校长效有序的发展。培养高校大学生团队精神是时代发展的需要。加强素质教育，培养大学生的团队精神已成为当代教育者的共识。社会也把"是否具有团队精神"作为人员是否录用的重要指标。在现代社会，个人的力量是渺小的，靠个人能力来解决重大问题难以做到，人们获得未来的成功要靠

"集体大脑"、靠协同作战,而创新人才也会将以某种团队的形式体现出来。显然,在当下时代要求个体在具备必要的自身能力之外还必须具备与他人的协作能力。为此,培养受社会欢迎的具有良好团队精神的高校毕业生,必将是高校教育的职责和神圣使命。在大学的教育过程中,团队精神正日益成为重要的班集体文化因素,它要求全班同学分工协作,在集体活动中将每个同学都放在适当的位置上,使其能够最大限度地发挥自己的才能。再加上完善的制度、配套的管理措施,使所有大学生形成一个协调的有机整体,为实现班集体的学习发展目标而健康成长。

2. 培养地方高校大学生的团队精神,有利于塑造其人格

团队精神要求团队成员必须精诚团结,相互协作,在团队内部开展良性竞争。而且,团队精神建设对成员个性化的要求及认同自己的社会角色要求,符合素质教育健全人格、塑造大学生良好个性的目标。通过培养高校大学生的团队精神,有助于提高与人共事时奉献、进取、团结合作的人际交往能力和优良作风,养成民主意识,从而提高心理素质。在长期的活动中培养高校大学生的团队精神,能创造一种增加满意度的氛围,使他们创造性地工作和学习,谋求通过与人合作来共同创新和发展。

当代大学生只有参与到集体活动中,通过与他人协作才能实现个人价值,最终促成集体利益最大化。团队精神要求人们通过实现团队利益来实现个人利益,并在此基础上将个人利益与团队利益、个人价值的实现与团队价值的实现紧紧地联系在一起,这就使得团队成员必须具有整体利益观念和随时随地维护团体利益的自觉性,必须要有集体荣誉感,必须要有较高的职业道德修养和团队协作精神。当今世界科技飞速发展,社会分工更加明确,而个体的力量是有限的,不可能成为全能手,因此,大学生必须学会取长补短,实现优势互补。随着中国工业化进程的不断加速,社会分工的职业化必然提高全民的综合素质,通过团结协作来完成,而现实是中国城乡发展的不均衡,提高全体国民的综合素质工作异常艰巨,必须紧紧抓住培养高校大学生的团队精神这个切入点来逐步完成。

3. 培养团队合作精神是促进高校大学生成才的重要措施

在大学生中长期开展团队活动,能够营造出增加满意度的氛围,促进大学生创造性地学习和工作,使团队合作精神得以培育,大学生的健康心理得以塑造,这些在大量的校园团队活动实践结果中得以证明。在团队合作中,每个人都要进行角色定位,每个人都是不可替代的,在此基础上强调协同合作、优势互补,这符合大学生个性发展的规律。在团队合作中,成员之间相互尊重、相互沟通,经历一番磨合之后,最终团队目标的实现使成员获得更

大的成就感和自信心。当团队生活遇到困难或团队目标难以实现时，成员之间相互安慰、相互分担，强烈的归属感、安全感使他们能尽快走出失败的阴影，重新奋斗起航。

从对用人单位的调查结果分析来看，各高校表现出的良好团队合作精神更有利于大学生就业质量的提高，这为他们走向成功迈出了第一步。曾任微软全球副总裁的李开复先生在"给中国学生的第七封信——21世纪最需要的7种人才"中，把"沟通合作者"看作第五种人才。在当前世界经济依旧低迷、中国企业发展日显困难的背景下，用人单位都迫切需要具备奉献敬业精神和沟通合作能力的人才。在招聘面试过程中，经常会采取"头脑风暴""无领导小组讨论"等面试形式，目的在于考察和发现大学生的沟通能力、团队精神、创新能力等综合素质。因此，在学校期间能有针对性地加强大学生团队合作精神培养是提高就业率和就业质量的重要途径。

（三）地方高校大学生团队精神的现状分析

团队精神是构成当代大学生素质的重要内容，它能够使大家齐心协力，拧成一股绳，朝着一个目标努力，团队中每一个队员自觉地向团队中最优秀的队友看齐，通过队员之间正常的竞争实现激励功能的目的。这种激励不是单纯停留在物质的基础上，而是得到团队的认可，获得团队中其他队员的认可，通过这种对群体意识的培养，大学生在长期的实践中形成的习惯、信仰、动机、兴趣等文化心理，沟通其思想，会使大家产生共同的使命感、归属感和认同感，逐渐强化团队精神，产生一种强大的凝聚力。然而，当代大学生在诸多方面都明显地表现出团队精神的不足甚至缺失，主要表现在凝聚力不强、情感淡漠、不善合作以及参与集体活动意识差等问题。结合当今社会企业对高校毕业生就业软实力的需求评价以及本书研究调查结果的分析都能看到，我国地方高校大学生团队精神的现状并不乐观，这也是迫切要求高校教育中加强团队精神培养的根本所在。

1. 大学生在团队活动中的主要问题

从我们对地方高校大学生就业软实力状况的研究看，大学生受应试教育培养模式影响，从小到大接受的教育引导更多的是如何在集体中更好地凸显个人，教育过程中忽略了对大学生团队精神的培养，从而导致了现代高校的大学生在团队中表现出来的是不积极、不主动、意识薄弱、集体精神不强等。部分大学生会在浮躁的情绪作用下，常常出现张扬个性有余，却协同合作意识缺乏，参与集体活动的积极性不高；对外不愿主动与他人沟通和交往；宿舍和班集体凝聚力不强等。

在深入对地方高校大学生团队精神问题的调查中发现,尽管团队精神的重要性已被大多数大学生认同,这为我们在地方高校内强化团队建设提供了坚实的思想基础。但是,也有相当一部分的大学生对团队精神的重要性尚认识不足,他们在评价自我的团队精神时表现出了不自信,甚至报以无所谓的态度。这从另一方面表明,在大学生群体中打造团队和培养团队精神的重要性和紧迫性。我们认为,地方高校大学生团队精神的培养应该贯穿整个大学教育阶段,要把大学生团队精神的培养与走向社会相对接,做到大学向社会的平稳过渡。

在调查不同大学生群体时,我们还发现团队精神在地方高校的不同大学生群体中有不同的表现,如不同性别、不同年级、不同专业、不同身份和家庭背景等的大学生,其对团队精神的认识和表现也存在一定差异性,这一点提醒我们,对地方高校大学生进行团队精神教育时一定要注意针对性,只有做到这一点,才会有更好的教育效果。

2. 大学生缺乏"团队精神"的原因

团队精神和团队意识直接决定着团队的整体战斗力。加强团队意识的培养和增强团队精神的凝聚是提高团队战斗力的重要前提。然而,当代独生子女大学生从小接受的教育中更多体现的是个人主义、自我意识的强化,而个人主义直接影响团队成员工作的主动性和积极性。所以,加强团队意识的培养,正确引导个人主义发挥,二者的相融合才是提高效率的重要方法。我们应该明白,只有整个团队的业绩提高了,自己才能更好地发挥潜能,所谓"大河流水小河满"说的就是这个道理。我们要充分认识到自己离不开团队,团队离不开自己,这样才能形成团队强大的凝聚力和战斗力,并且能最大限度地调动团队成员的创造性思维,也只有大家正确地发扬个人主义,提高成员的独立作战能力和竞争意识,才能把团队意识和个人主义的对立统一把握好,个人主义才会真正做到服从于团队利益,团队精神的优势才能发挥到极致。

团队精神是高校大学生素质的重要内容,但是当代大学生在诸多活动和行为中都明显地表现出团队精神的缺失,具体表现在凝聚力不强、交往淡漠、缺乏合作意识等。从现实调查看,造成这些问题的主要原因与大学生成长的环境关系密切,主要是家庭环境、学习环境及社会氛围等方面的因素。要做好大学生团队精神的培育必须在人文精神的引领下,只有深入了解其产生的原因,才能更好地加强对大学生团队精神的培养。通过归纳总结,造成地方高校大学生团队精神缺失的主要因素有以下几点:

(1) 传统文化及其社会不良现象的影响。目前我国正处于新旧两种经济体制的更迭、社会转型时期，人们之间的各种利害关系、生活方式、思想观念都发生了急剧变化。尽管说，中国传统文化历史悠久，源远流长。但是，一些不良传统文化的负面影响一时还难以消除，如打麻将等赌博文化对部分大学生的消极影响还很严重。宣扬暴力和崇尚武力的精神在中国古代文学作品中也不是个例，比如，四大名著中除《红楼梦》外基本都以暴力为主要内容的书，老一辈人有这样一句俗话：老不看"三国"，少不看"水浒"。其实正是在提醒世人不要被里面的暴力冲昏头脑。在当代，随着信息产业化的发展，原本只能用文字来描述的暴力场景都可以通过彩色图片和荧屏展现出来，更为直观化，也就更容易被人们所效仿。一部彰显黑帮暴力的《古惑仔》风靡中国，使哥们义气"返祖"，不知蛊惑了多少青少年。大学生对社会的体验和心理准备还不够充分，理想和现实的偏差往往使他们失落、焦虑、学业压力、就业压力以及社会问题造成的不公平竞争现象使他们对人际关系心存芥蒂。不少大学生将周围的同学和身边的同伴单纯视为潜在的或者现实的竞争对手，这种认知心态必然会阻碍其与他人的正常交往。

（2）市场经济及其竞争观念的影响。社会主义市场经济不仅是商品经济、法制经济，更是一种新的道德经济，它与精神文明建设互相影响、互相促进。竞争与合作已成为现代人际关系中存在的普遍现象，人们注重科技与经济的关系，更加注重整个社会人的整体素质的提升，在日常的工作、学习和生活中都充满了竞争，但是，我们不能忽视"经济至上""科学至上"这些不健康思想的影响。要警惕追求纯粹的功利社会，造成经济和人性之间的不平等，导致人情冷漠，道德沦丧和社会离异，使人变成"单面人"，变成"经济动物"，将"人与人之间的和谐美好关系"变成"人与机器之间冷冰冰的关系"，对社会的负面影响不宜忽视。大学生在学习成长过程中也会如此。如他们为强化素质能力培养，要参与竞选学生干部、课外科技文化项目申报、各种比赛等活动，也要强调和倚重竞争。为适应未来就业，选择理想的职业也存在着激烈的竞争。所有这些，在提升大学生竞争力的同时也会淡化合作意识。

（3）应试教育及其功利思想的影响。在应试教育的大环境下，"是否有利于孩子取得好成绩（分数）、能否上一个好学校"成为家长教育孩子，为孩子安排学习活动的唯一判断标准和价值取向。学校教育的功利性倾向也非常明显，老师是否有能力、能不能晋升职称，以所教班级成绩好坏为标准来衡量。特别是中小学教育，学生的考试分数是评价教师的"客观"依据，社会和教育行政部门也是用这个法宝来评价学校和校长。因此，学校的中心任务是抓好分数，提高升学率；老师和家长的引导往往更多的是强调要求学生

"一心只读圣贤书"，若干素质教育的目标被大大弱化，团队精神的培养也相应地淡出了，学生从小接受的教育中，对团队精神的了解和学习很少，部分学生对团队精神培养的重要性认识不够，有的甚至是错误的。上了大学之后，由于专业教育定位的偏差，高校和学生一直比较看重专业知识和技能，而忽视了合作精神的培养训练。随着大学生就业难问题的日益突出，更是加剧了这种倾向性，大学生在功利主义的就业导向下，直接就忽视了团结合作的意义内涵。

（4）家庭教育及其独生子女成长环境的影响。不少家庭教育的理念和方法不尽科学，尤其是独生子女家庭，父母把全部的希望寄托于这一个孩子身上，无形中对独生子女的期望就会提高，甚至出现家庭教育的不理性行为，父母可以包容子女的任何缺点，甚至对他们寄予的"厚望"已经超出了其自身的能力。随着科技时代社会竞争日趋激烈，这种激烈的竞争不单单存在于成年人之间，也对独生子女的教育影响起到很大的作用。高考和就业的压力使家长深知失败的代价，于是，千方百计向子女灌输竞争理念，研究和传授给子女的主要是竞争的策略、方法和技巧，更重视对子女竞争意识的培养和引导。此外，现在的大学生绝大部分是独生子女，父母家人尽其所能满足孩子的各种愿望和要求，甚至把自己未完成的愿望也会强加到孩子身上，希望通过他们的努力替自己完成心愿，为了让孩子赢在起跑线上，不管孩子喜欢与否，家长在自己的认知与意愿下给孩子报各种兴趣班，如书法、画画、写作、钢琴等，希望孩子学得更多，会得更多，将来得到的更多，教育投入显著增加；同时独生子女也因此失去了多个兄弟姐妹间的纷争、合作和谦让的机会，由于其缺少了这一层人与人相处的磨合和历练，同甘共苦和共容共赢的意识也便淡化了。

（四）大学生团队合作精神打造

在科学技术迅猛发展的时代，互联网被广泛应用，全球经济一体化的进程不断加快，世界成为地球村，合作交流、共赢成为这个时代的一个主要特征。显然，团结合作精神将越来越被各种社会组织关注，成为现代社会组织对人才的一项基本考量和素质要求。"一根筷子容易弯，十根筷子折不断"的道理是团队精神重要性的直观表现，也是团队精神重要之所在。团队合作精神在高校教育中的重要性凸显，呈现出多种学科、信息、文化、知识的相互交叉。用人单位招聘高校毕业生的重要测试指标即"是否具有团队合作精神"；目前，绝大多数用人单位对高校毕业生的专业知识水平和业务能力表示认可，但普遍认为如今的大学生缺乏与人合作的团队精神。

尽管长期以来，高校一直重视对大学生进行团队合作精神的培养，但成效甚微；还有相当一部分大学生更注重个人能力的发挥，而忽略团队合作的重要性，这必然会对大学生今后的就业发展产生阻碍。由此可见，培养大学生团队合作精神，使大学生能更快更好地适应社会，不仅关系到高校教育是否实现"以生为本"，还关系到每个大学生的综合素质提高和未来职业发展。对于当代大学生而言，团队精神在其自身成长和未来发展中，成为不可缺少的重要因素。市场经济的负面因素及传统教育理念等因素的影响，致使目前我国高校学生团队合作精神相对淡薄，所以说，高校重视培养大学生团队精神是当前形势下一项需要深入探讨和实践的课题。

1. 引导大学生正确对待竞争与合作，推动团队合作学习

竞争与合作都是实现目标的重要手段，两者之间辩证统一，既相互制约又相互促进。20世纪90年代中期美国学者提出了"竞合论"，即在竞争中合作，在合作中竞争。新龟兔赛跑的故事也在于倡导新的合作理念，让参与者都能感受到更大的成功。大学的社团组织较多，大多是学生基于共同兴趣爱好而组建起来的，其成员对群体的情感倾向性较高，形成了共同发展和提高的平台。在大学里需要学生管理部门能正确引导学生的社团活动，不断强化团队意识，开展有益的竞争性活动。

学习是大学生的天职，高校应在"竞合论"的指导下大力提倡合作学习。合作学习是指学生为了完成共同的任务，有明确的责任分工的互助性学习。合作学习鼓励学生为集体的利益和个人的利益而一起努力，在完成共同任务的过程中实现自己的价值。互助互学的过程不仅是知识技能的交流和探讨，更是性格的磨合、思想的沟通。因此，合作学习不仅促进了学风改善和学业进步，而且提高了大学生的交往能力，促进了团队合作精神的养成。

高校可通过讲座、研讨会、竞赛专题等形式，从思想灌输上帮助大学生深刻理解团队合作精神的内涵，引导大学生在合作的基础上开展有序的竞争，用合作的方式消除竞争所带来的负面影响，正确对待竞争与合作，推动合作学习。让大学生深刻理解和感受团队合作的意义和团队精神的内涵，在整个过程中引导学生在合作的基础上开展有序的竞争，用合作的方式消除竞争所带来的负面影响。各高校也可以多组织一些同时体现竞争和合作的活动，比如运动会设置齐心协力跑等项目。另外，高校可以组织一些辩论赛、联谊活动、课外素质考察等活动，增加大学生的团队合作意识。同时，发挥班级社团载体作用，多在班级组织集体活动，比如春游、秋游，还有积极推动大学生加入社团等，参与各类活动，真正实现"生活即教育"，以班级和社团的蓬勃发展及其活动的有效开展培养大学生的团队合作精神。

2. 创新教育培养模式，丰富团队实践

大学生的基础知识和基本技能决定着学生能否顺利进入求职市场，而团队合作精神则是学生能否顺利就业和顺利发展的关键，一个人的团队精神必须在群体中进行培养和提升，也就是在校大学生的重要功课。完善培养方案，增加团队合作精神的专门课程，展开实际训练是关键的一环。

目前，在很多公司和社会的培训机构中，都十分重视团队合作精神的专门课程开发并在组织内实施推广，且在企业和社会组织中已产生了初步效果。在大学里也有必要设置类似课程，规定必修学分，从大学生第一天入学就在头脑中植入团队意识，并坚持团队合作观念的灌输，更强调在实战中践行团队合作。所以，在大学的课堂教学中可以邀请企业家、社会工作者、工程师等成功人士为大学生开设讲座，通过现身说法为大学生树立团队合作的榜样。经过课堂灌输和实战训练，大学生可以系统地认识团队合作的内涵及外延，从而更好地付诸行动。

改革传统的教学方法，发挥教学环节的育人功能，是进行团队建设的有效手段。因此，教师应该改变单一的讲授式教学法，做到有的放矢地布置需要小组完成的"大作业"和实验项目，让学生通过自己的团队协作去发现问题、分析问题、解决问题，从而锻炼包括人际交往、组织协调在内的团队合作能力。高校常规的思政教育课、相关的专业课都可以多采用启发式、专题讨论式、调查研究式以及开放式的教学模式，注重学生的参与，体现出"学生为主体、教师为引导"的教学新方式，让学生自选主题分组搜集资料，全体成员参与汇报成果并接受师生答辩，让团队合作精神融入普通课程中，让学生广泛参与团队合作的实践，充分发挥了教学活动的主渠道作用。

开展校园科技文化节，实现资源共享与协同创新以丰富团队实践。任何一所高校的科技文化节都是学校培养大学生科技创新实践能力和创业能力的一个平台，我们可以结合每次开办活动的主题有针对性地组织活动，如大学生课外科技竞赛和专业小发明竞赛的作品展览以及各学院、各学生社团组织的特色活动，营造校园科技创新的良好文化氛围。学校还可以为学生专门设立"学生科技创新优秀团队"项目，将已经成功的团队进行宣传和介绍，打造大学生交流合作平台，最大限度地实现资源共享，协同创新。

3. 发挥班级社团载体作用，促进渗透教育

人们行为的表现与形成主要存在于其过去的学习历史中，每位大学生在校期间的学习、生活、工作经历将对其心理和行为产生重要的影响。学校内的班级、宿舍、社团等群体构成了大学生活动的基本平台，因此，高校应该充分发挥班级、宿舍、社团等组织的作用，通过丰富多彩的科技文化、文艺

体育、社会实践等活动,把团队合作精神渗透到大学生在校期间的各个方面,真正实现大学生活与教育的统一。

班级是大学生成长的基本单位,一个团结进取的班级能够使大学生真切地感受到团队的优势与合作的力量。辅导员和班主任要深入分析班级存在的问题和学生的需要、愿望及能力,与班委一起发动全体同学进行讨论,提出符合实际的鼓舞人心的班级奋斗目标,围绕奋斗目标安排好各项工作,经常督促检查目标的落实情况,强化目标的引导和激励作用。宿舍是大学生生活相对集中、成员相对固定的场所,在团队合作精神培养中具备独特的优势和特点。学校有关管理部门应以"宿舍文化"建设为主线,开展一系列以学生宿舍团队为主体的活动,让大学生在求同存异、共同进退的过程中增进同学情谊、提高沟通水平,从而形成团队合作精神。

社团是大学生自己的组织,能促进他们自我学习、自我成长、自我管理,它是大学生展示才华的重要载体,更是团队合作精神培养的重要阵地,社团拥有自己的规章制度和共同目标。在社团目标实现过程中,可以培养大学生的奉献精神、大局意识。因此,高校应该加强对社团建设的分类指导,教师在社团中不要包办代替学生的活动,教师的职责只是策划、指导和服务。教师的主要作用是点燃、点播、点评。点燃学生的学习兴趣和学习热情,在大学生自主学习的过程中进行恰当点播,对学习过程和结果进行点评。符合大学生成长发展需求的社团才会蓬勃发展,其活动的实用性、有效性的开展才能真正培养大学生的团队合作精神。

4. 强化大学生团队与高校内其他组织的横向联系

在校园内充分利用资源,鼓励学生组织之间的联系和学习,利用开展不同类型团队活动,如开展合作性实践教育、组织团队外出协作调研、为商家促销、承办学院和学校的文体活动等,增加彼此的接触,这是增强团队的凝聚力的好机会。这种横向联系扩大了学生活动空间范围,增加了活动内容和工作量,必然要求参与者要处理更多、更复杂的问题。经过合作的开展和各种磨合,学生们会掌握住妥善处理学校和社会的复杂关系,实现增进班与班、系与系、组织与组织之间的横向沟通和学习,有利于激发大学生的自主性和创造性,并持续进行新的探索和学习。

任何人才的培养和成长都与环境密切相关,团队成员的健康成长应有和谐的团队环境,里面充斥着优秀团队精神。这需要打造一个充分理解、相互信任的团队,做到把个人的前途与团队的命运联系在一起。团队精神是高效团队的灵魂,团队精神是个人在实现自身理想的过程中,和团队成员共同认可的一种集体意识,自愿主动与组织成员积极协作,使奉献精神和协作精神得到有机的统一。所有成员自觉的工作心理状态和士气，是团队成员共同价值观和理想信念的体现，是凝聚团队、推动团队发展的精神力量。我们根据提升地方高校大学生就业软实力内容的研究，重点筛选了团队精神、人际关系、奉献精神、热情主动、遵循规范几个要素。在此，我们重点探讨大学生团队精神的提升与打造。

团队精神的基础是尊重个人的兴趣和成就。核心是协同合作，最高境界是全体成员的向心力、凝聚力，反映的是个体利益和整体利益的统一，并进而保证组织的高效率运转。团队精神的形成并不要求团队成员牺牲自我，相反，挥洒个性、发挥特长更利于成员共同完成任务，这种明确的协作意愿和协作方式则可产生真正的内在动力。

四、地方高校大学生持续发展能力的提升

大学生的可持续发展是大学生作为个体在大学阶段及其以后的职业生涯中连续不断地发展和完善，其追求的目标是大学生个体素质的不断完善、和谐和臻美。大学生可持续发展能力简而言之为大学生保持自身具有可持续发展态势的能力，是指大学生持续不断地获取运用和创新知识的能力、完善其个性的能力，也就是说大学生个体有意识地自觉地按照人与自然、人与社会的发展规律，与时俱进，不断地调整自身的行为方式，提升自身生存发展质量与层次，从而达到人与自然、个体与社会的持续和谐发展的目的，以真正实现人的全面发展。我国高校毕业生可持续发展的表现是既能适应社会的需求，又能满足个人发展的需要，在身心有序、协调、均衡的发展中，拥有能保持个体全面、长久的发展能力，保证其在适应社会环境变化的同时，也不断为社会有所贡献。大学生的持续发展力具有永恒性、持续性和创新性等特征。

（一）大学生持续发展力

在大学生可持续发展能力培养方面有一系列工作要做，应该有条不紊地开展。在开展具体工作前特别要理清大学生可持续发展能力的内涵，设计构建大学生可持续发展能力培养方案，建立大学生可持续发展能力培养过程管理体系，明确理论教学、实践教学及综合素质教育的管理主体，建立健全大学生可持续发展能力效果考核体系和激励机制。

在我们对地方高校就业软实力的研究中，经过具体的指标筛选，最终把可持续发展能力提炼概括为：反思能力、学习能力、规划能力、忍耐力和创业精神几个方面。

1. 反思能力

自我反思能力是自我管理与提升的前提，反思是人们进行反思活动时所必须具备的心理特征和条件。在学习中，反思即思考过去的事情，从中总结经验、教训，它是人们学习中的一个重要环节。约翰·杜威（John Dewey）[①]认为："反思活动是一种得以产生思维活动的怀疑、犹豫、困惑、心灵困难的状态，是一种为解决这种怀疑、消除这种困惑进行的探索、搜集和探究的行为。"所以，通过反思才能使自己的思维能力得到提高，没有反思，学生的理解能力就会停留在原来的水平。反思能力的培养与当代大学生综合素质的提升有着紧密的联系，如何提高地方高校大学生反思能力对大学生发展有着重大的意义。对此，需要高校校园与我们共同创造良好的反思氛围，同时在教师不断创新的教学模式中提高自身科学文化素养，不断实践，以此来培养高校大学生的反思能力。

大学生正处于能力培养与人格完善的关键时期，反思对他们思想、行为的成熟以及综合素质的提升有着紧密的联系。正确培养大学生的反思能力，使其把反思当成一种习惯，对大学生的成长有着不可或缺的重要作用。对此，我们应营造良好的社会反思氛围，深化高等教育改革、掀起教学反思热潮，回归学生自我，树立反思从我做起的信条，以此来培养地方高校大学生的反思能力。

2. 学习能力

宋代大儒朱熹认为："无一事而不学，无一时而不学，无一处而不学，成功之路也。"他在《观书有感》一诗中写有"问渠那得清如许，为有源头活水来"。以源头活水比喻学习，人要不断汲取新知识，才能有日新月异的进步。21世纪的人才已经变成了一个国际化的概念，要成为一个真正的人才必须拥有最前沿的知识。大学生首先应把握在校时间，充分利用学校的资源，学好自己的专业。

学习是一个人进步的根本，一个人的学习能力是指自我求知、做事、发展的能力，是表现在具体活动中的观察力、记忆力、抽象概括能力、注意力、

[①] 约翰·杜威（John Dewey，1859年10月至1952年6月），近代美国教育思想家、实用主义哲学家，实用主义的集大成者。1919年，杜威曾先后到北京、南京、杭州、上海、广州等地讲学。

理解能力等，它支持一个人在竞争环境中得以持续发展。爱迪乐 IDIIL① 经过十多年的教学研究，还逐步形成了评价学生基本学习能力的六大指标：学习专注力、学习成就感、自信心、思维灵活度、独立性和反思力。

教育家斯金纳（B. F. Skinner）曾说："如果我们将学过的东西忘得一干二净时，最后剩下来的东西就是教育的本质了。"所谓"剩下来的东西"，其实就是自学的能力，也就是举一反三或无师自通的能力。在大学期间，学习专业知识固然重要，但更重要的还是要学习思考的方法，培养举一反三的能力，只有这样，大学毕业生才能适应瞬息万变的未来世界。自学能力必须在大学期间开始培养。许多同学总是抱怨老师教得不好，懂得不多，学校的课程安排也不合理。大学生不应该只会跟在老师的身后亦步亦趋，而应当主动走在老师的前面。最好的学习方法是在老师讲课之前就把课本中的相关问题琢磨清楚，然后在课堂上对照老师的讲解弥补自己在理解和认识上的不足之处。

从发展的观点看，大学生的学习能力就是学会如何学习，掌握有关技巧，培养各种学习的方法和能力。这不仅影响和制约大学生的学业成长，而且直接决定大学生将来在社会的立足和参与社会的竞争能力。有的学者强调"学习力是最可贵的生命力、最活跃的创造力、最本质的竞争力"。② 当今科技进步，社会发展，面对所谓的"知识爆炸"，一定得摆脱传统的学习窠臼，培养各种学习的方法和能力。在学校学到的知识是很有限的，而且相当一部分内容随科技和社会的发展而逐渐淘汰，因而掌握获取知识的途径和方法，培养学习的能力，就成为大学阶段的最重要部分。

3. 忍耐力

这里所讲的忍耐力是针对社会活动中的人而言的，是一个人在艰难环境中忍受疼痛和苦难的意志和能力，忍耐力的大小通常与我们所说的逆境商数③联系在一起。在竞争日益激烈的时代，忍耐和坚持是事业成功的奠基石。一个人面对严酷的环境能够吃苦耐劳，能够在恶劣的环境下求生存，才能战

---

① IDIIL 是由来自美国 MIT（麻省理工学院）、Harvard（哈佛大学）、Princeton（普林斯顿大学）的专家学者在美国麻省波士顿共同创办的教育研究院，其宗旨是成为全球教育改革事业的主流贡献者，创造了一套发现式教学法。并用 5 个相关英语单词的首字母表达，即 I—Individualized learning 个别化进程；D—Discovery-based learning 发现式学习；I—Interactive guidance 交互式指导；I—Incremental development 渐进式成长；L—Learner-centered instruction 学习者为主体的教学。

② 黄德兴：《提高大学生学习政治经济学积极性的一种活动形式》，《国外社会科学文摘》，1980 年第 5 期。

③ AQ（adversity quotient），中文为"逆境商数"，它主要是指当一个人面对逆境带来的挫折所表现出的承受能力与反逆境的能力。

胜竞争对手。

放到人类社会文明进步的背景中，忍耐力体现人的一种意志，它是人的一种品质，反映出来的是人的修养水平。一个有修养的人，必定具备忍耐的意志和品质，懂得"忍得一时之气，免得百日之忧"和"退一步海阔天空"的真正意义。

特别是我们在具体的工作中，经常会遇到阻力和困难，时间久了甚至会感到工作的单调和乏味，这就需要拥有强大忍耐力克服工作中的障碍。这一点恰恰是高校大学生刚走上社会的初期所要面对和解决的。当前培养高校大学生的忍耐力要注意两点：

第一，性格习惯的养成。冲动是一种习惯，是一种非理性无约束的情绪释放，而忍耐就是一种理性的抑或无奈的面对能造成强烈情绪波动的行为结果。所以强调良好心理习惯的培养。万事莫急，慢工出细活，适当放缓一下自己的生活节奏，三思而后行。办事情讲究的是"稳"而不是"快"，只有在稳的基础上才能追求快，真正做到让别人对你"士别三日当刮目相看"。

第二，避开问题的锋芒。忍耐也可以说是一种厚积薄发，想好自己所处环境的目的，奔着这个目的，尽量减少路上的阻碍，效率就会提升很多。由于市场竞争的激烈，职场人变得心态不稳、心情浮躁，职业盲目、徘徊成了普遍现象。其实要想在职业发展上有所成功，等待升职加薪的机会，耐心是个很重要的问题，也就是在职场上拼搏需要有很强的忍耐力。否则，很难登上更高的平台，如果心态浮躁，没有忍耐力，则使自己离成功更远。

4. 规划能力

大学生的自身发展是高校教育过程中最受关注的问题之一，随着高等教育大众化进程的推进，我国高等教育规模得到空前发展，但高等教育质量并没与规模同步发展，且备受各界争议。高等教育质量最终表现为学生发展质量，因此，要提高高等教育质量，高校的一切活动必须以学生发展为中心。大学生个人发展规划是基于大学生人数激增，在大学资源有限的情况下，充分发挥学生的主体地位，调动其主动性，树立自我负责的意识，充分认识自我发展需求和社会环境的基础上积极参与制定学业、职业和个人发展的规划，其意义在于一方面可促进个人发展，使学生成为主动学习者，对自己的成长和人生负责，培养学习、发展的内部动机，主动寻求并充分利用指导和建议；另一方面通过个人发展规划的制定认识自身优缺点并扬长避短，结合自身发展需要和社会需要做出有效的职业选择从而为职业准备和未来发展奠定基础。在20世纪后期，英国高等教育进入大众化阶段，在伴随高等教育规模的扩张中，其高等教育质量也出现了新挑战，为进一步提升社会对高等教育质量和职责的高要求以及提升毕业生职业技能和培养学生自我管理和终身学习的能力，英国于1997年发表了《迪林报告》(Dearing Report)①。该报告建议高等教育机构应为所有学生提供参与个人发展规划的机会，并积极鼓励高校探索并实施大学生个人发展规划。此后，英国高校相继试行和实施大学生个人发展规划如牛津大学、曼彻斯特大学等，积累了成功的案例经验。与英国相比，我国高等教育已进入大众化阶段，学生人数激增，大学毕业生就业难已成为高等教育领域以及社会各界普遍关注的热点话题。

大学生制定个人发展规划，有利于自我定位、认识自我、了解自我，明确自己的方向，明确自己的人生目标。大学时期是青年人最容易迷失方向的时期，在学校学习期间，要不断激励大学生开展自我规划并积极付诸实践。大学生必须有自我规划能力，掌控自己的实践资源，养成好的习惯，更不要沉迷于网络娱乐之中。进入大学以后，最好做好大学的学习发展规划，这往往是很多大学生忽略掉的一件事情。要做好这一工作，保证大学生在大学期间有一个可行的规划并提升自身规划能力，应该开展以下工作：

第一，树立自我发展规划意识，充实地度过大学时光。各高校在转变思想观念和提高思想认识的前提下，必须树立全程全面的大学生职业生涯规划教育意识，从大学生一入校就引导进行职业发展规划教育。高校有关部门和人员应在一年级时就让大学生认识到职业生涯规划的重要性，要让学生加深对本专业的认识，形成初步的职业生涯规划；二年级要使学生了解本专业的职业选择范围，帮助学生正确进行自我认知，进一步思考和修正自身的职业规划；三、四年级主要对大学生进行就业心理、就业技能等方面的专题辅导和训练，引导他们对选定的专业进行实际的尝试，并能及时做出职业目标修正和完善。笔者在研究调查中发现，地方各高校在不同程度地关注和开设了大学生职业生涯规划课程，并以记录总学分的形式来刺激、提升教师和大学生的学习关注程度。但是，该课程开设的意义与它在大学生认知中的地位还是相差较大的距离，相当一部分大学生认为，这是公选课不是自己的专业课，应付学分就可以，无须更多的付出，当然，大学生的认知想法与高校的认知引导关系密切。这也是大学生就业软实力难以达到质的提升的根本所在。所以说，只有高校的教育教学管理认知提升和改革，才能真正从根源上解决问题。

第二，加快职业生涯规划教育课程体系建设，不断强化社会实践教学。

---

① 英国职业教育发展史上的一个重要文件建议将普通国家职业资格与学术水平两条路径进行整合，规定交流、数字应用、信息技术三项为主要核心能力；团队合作、问题解决和学习的自我管理为广泛关键能力。

职业生涯规划教育课程体系是对大学生进行职业生涯规划教育的保证，而相关的课程建设是这一体系的核心。各高校完全可以针对自己学校的专业，编写具有不同专业特点的就业指导教材，设置符合自己学校专业要求的职业生涯规划理论与实践的校本课程。课程的设置要具有前瞻性和实用性，缩小学校教育与社会需求之间的差距。结合有关课程设计相应的实践课程或专题项目，通过不断强化学生社会实践保证对职业认识的完整。在强化实践的过程中，可以思考与地方有关部门和企业合作，设计实践项目，扩大实践空间。也可依托政府政策支持、校友资源优势，采取"请进来，走出去"的方式加强与各类单位的交流合作，建立学校与社会机构的合作项目、校企合作项目等平台，为在校大学生提供更多的见习实践机会、职业生涯规划机会和就业机会。

第三，加强师资队伍建设，培养业务强、素质高的职业指导教师。专业化的职业生涯规划师资队伍是大学生职业生涯规划教育的有力保障，但是由于对职业生涯规划的错误认知，目前，我国大多地方高校职业生涯规划的教育主体仅仅是就业指导部门或学生工作队伍，没有专业的职业生涯规划教师队伍，更没有专门的职业生涯规划的科学研究部门与科研队伍。另外，我国高校的职业指导师多以兼职为主，他们无论是在精力上还是在专业知识能力上，都难以完全胜任职业指导工作。笔者在研究调查中发现，某高校共有专职辅导员28人，从事辅导员工作3年以上的仅有4人，工作经验相对不足，并且都是入职后才进入职业指导工作领域，更是严重缺乏职业指导工作经验，学生管理工作的繁重让他们在实际工作中力不从心，没有成就感，这样更容易造成职业指导师队伍的不稳定。因此，要加强就业指导教师的专业技能培训，使他们掌握职业规划的相关知识和技能，增加他们的知识含量，不断向专业化的方向发展是高校教育教学改革发展势在必行的任务。同时，也可以从社会上、企业中引进专业人士充实到职业指导教师队伍中，切实提高职业指导教师整体的能力与水平。

第四，加强职业生涯规划教育的制度化建设。职业生涯规划的制度化是高校大学生职业生涯规划教育工作顺利实施的有力后盾。在职业生涯规划教育方面，国外有许多成熟的经验和做法，如美国曾两次专门以政府法案①的

---

① 两个方案分别是20世纪70年代的《生计教育法案》和20世纪90年代的《学校——就业法案》。"生计教育"是20世纪70年代初联邦教育总署署长马伦提出的一种新的教育观念，旨在解决学校教育与社会生活脱节的问题，引导青少年从"升学主义"转向个人的生计与未来发展。1994年，美国教育部和劳动部共同发起了全国范围的教育改革运动——"从学校到就业"，其目的是使所有的高中学生都能确定一条走向职业道路的计划，能顺利实现从学校到工作的过渡。

形式改革职业生涯教育，推进学生就业；20世纪80年代以后，英国政府陆续颁布一系列文件，要求普通中学开展职业教育和职业指导，强调职业教育和职业指导应成为学校课程的一部分；澳大利亚制定了"职业发展纲要"，对职业成熟程度、职业指导的内容、考试及评估等方面都做出了具体的规定。西方国家的做法可以成为我国高校大学生职业生涯规划教育实践的借鉴。

大学生学业规划是一个完整的系统，也是一个渐进的过程。系统内外存在诸多影响因素，并在环境的变化中发生变化。因此，在大学生的职业规划制定和实施过程中，要遵循整体性、系统性、协调性原则，使大学生职业化过程有序、协调地进行。为确保地方高校大学生能做出有效的自我规划，应注意坚持几点原则：①把大学生职业化看作一个连续的过程。这就要从大学生的入学开始到实现就业，根据职业化发展规律，设置职业化阶段性目标和任务，逐步推进。②协调好影响职业化发展的主体因素与客体因素。在大学生个人职业化发展过程中，个人具有的专业能力和特长是基础，个人的职业意识和对社会的认知水平是关键。因此，大学生主导的职业发展规划的设计、规划和实施中，要及时协调内外影响因素的关系，在充分交流三方信息的基础上，促进大学生职业化顺利发展。③大学生要有社会角色意识。大学生进行职业规划应进入角色，把自己放到现实的社会中思考未来，在指导老师的帮助下使自己的行为符合社会对该角色的要求，这就是角色意识和定位。大学生要了解社会赋予自己角色的责任、权利、义务的内涵，提高自身履责的能力，通过实践努力做到胜任角色。在学习期间，大学生更多的是通过对社会角色的扮演模拟，渐渐认识、学习和内化社会角色的规范。通过不断学习和体验，大学生们会不断将社会要求转化为社会角色的心理内容，实现从大学生社会角色向职业人角色成功转变的关键一步。

5. 创业精神

联合国教科文组织世界高等教育大会的《21世纪的高等教育：展望与行动的世界宣言》[①]中指出："为方便毕业生就业，高等教育应主要培养创业技能与主动精神；毕业生将越来越不再仅仅是求职者，而首先将成为工作岗位创造者。"在这次大会发表的《高等教育改革和发展的优先行动框架》中也强调指出："高等学校必须将创业技能和创业精神作为高等教育的基本目标。"1999年6月《中共中央 国务院关于深化教育改革，全面推进素质教育的决定》中也强调了加强创业教育这一思想，即"高等教育要重视培养大

---

① 联合国教科文组织于1998年10月5日至9日在巴黎总部举行主题为"21世纪的高等教育：展望与行动"的世界高等教育大会，通过了《21世纪的高等教育：展望和行动世界宣言》（World Declaration on Higher Education for the Twenty-First Century: Vision and Action）。

学生的创新能力、实践能力和创业精神，普遍提高大学生的人文素养和科学素养"。

2018年，高校毕业生就业创业研讨会暨2018年度全国高校创新创业典型经验高校经验交流会上，教育部副部长林蕙青强调：我们要提高站位，全面学习把握习近平总书记重要讲话的科学内涵和精神实质，学深悟透全国教育大会精神，深刻认识高校毕业生就业创业工作的重大意义。做好高校毕业生就业创业工作，关键在落实。各地各高校要努力把握新形势新要求，聚焦重点领域关键环节，推动高校毕业生就业创业各项工作落到实处，见到实效。要服务国家需求，着力促进毕业生多渠道就业；要强化服务保障，着力提高就业指导服务水平；要打造德、智、体、美、劳"五育平台"，促进创新创业工作再上新台阶。

大学作为最高教育机构，肩负着培养高层次人才的使命和任务。大学生在校学习期间，接触到了部分先进技术，在此基础上，可以最大限度地发挥出自身专业优势，为创业制定明确的目标。因此，大学生应当是创业的先锋和骨干力量，这首当其冲的是当代大学生应具备创业的精神。创业精神作为一种积极的精神状态与思想观念，对大学生个人的进步与社会的发展都起到了非常积极的推动作用。高校大学生的创业精神对其未来发展具有重要的意义：①实施创新驱动战略时代的需要。我国正处在"双创"时代的历史新阶段，随着经济全球化的进一步推进和现代化发展的快速升级，创业作为经济发展的原动力，也是打造核心竞争力的关键。通过创业可以扩大就业，加速技术创新和科研成果转化，进而创造更多的社会财富，推动社会经济发展，实现发展经济与扩大就业的良性互动。②是培养创新型人才培养的需要。创新是创业精神的核心内容之一，"管理学之父"彼得·德鲁克认为："创业就是要标新立异，打破已有的秩序，按照新的要求重新组织。"在我国全面深化改革的过程中，创新和创业精神是实现正常、稳定和持续发展的力量源泉。创业精神的核心，归根结底是由创业活动的开拓性所决定的。由于创业是一种创造性的活动，它本身就是对现实的超越，就是一种创新。因此，创业就意味着创新，创新就意味着突破，创业精神的培养过程就是培育创新型的人才的过程。③促进大学生挖掘自身潜力。创业精神的培养利于促进大学生发挥出更大的社会作用，使具有创业精神的大学生具有较强的环境适应能力，在人与环境的互动过程中，能够以前瞻性的思维与眼光做出预测与判断，并及时调整自己的人生目标和行动方案，以保持与变化着的环境的协调统一，而不是消极被动地等待和忍耐。

创业精神是在实践过程中凝练出来的，即某个人或者某个群体通过有组织的努力,以创新的和独特的方式追求机会、创造价值和谋求增长。创业精神是存在于创业者的主观世界的精神特质,它具有超越一般人的特征与表现,更多地体现为创业者理性上所获得的对创业的认识和创业意志,成为人们从事创业的心理基础和前提。其主要内容包括以下几个方面:①创新精神。创新精神是历史发展的原动力,体现在个体身上它是综合运用已掌握的各种信息资源,运用特定的技能和方法,能进行发明创造、改革、革新的意志、信心、勇气和智慧。所以,有人认为创业精神代表一种突破资源限制的追求,创业精神隐含的是一种创新行为。②进取精神。创业是一个漫长的过程,要在过程中有所成就,缺少了进取精神是很难做到的。进取精神使人具有积极向上的一种良好心态,它带给人积极向上的乐观情绪,鼓励人向工作与生活中的诸多困难挑战,最终走向成功。③冒险精神。创业不是简单的获得,也不是碰运气,它是对机遇的创造与把握,任何机遇所伴随的都不可能是一帆风顺的,而是要面对诸多风险。在充满竞争和不确定因素的市场经济条件下,冒险精神尤为重要。冒险精神重在"敢"字,但是它不是铤而走险和无知的盲干,而是在"敢"的背后依赖个人智慧和对环境的把握。同时,伴随的风险尤为突出,因此新时期的创业者必须具备冒险精神,敢于迎难而上,敢于承担风险。④团队精神。团队精神对创业者来说是至关重要的,它是个人获得成功的保障。个人的力量是有限的,而团队则可以将个人的力量放大,善于组织和管理团队成员,尊重和接纳团队成员的感受与建议,有助于将团队的力量发挥到极致。团队精神包含了人与人之间交流与合作的艺术,即是对创业的助推器,也是对个人素养提升的催化剂,值得所有创业者耐心掌握和探索。

在我国"两创"新背景下,人们创业热潮的不断高涨,对于创业有了更深刻的认识。作为高校大学生来讲,具有创业精神更具有时代意义。在就业形势严峻的今天,能让众多大学生为创业做好积极准备,其中最为重要的是精神准备。地方高校在培养大学生对未来适应的过程中,要努力做到让他们学会适应未来的创业环境,适应创业环境首先应具备创业精神,我们可以从以下几个方面入手:

第一,培养坚定的创业信念。要创业就要有创业成功的自信心,只有对结果的执着追求,才可能有创业成功。在学校培养的过程中,要让学生深深懂得创业的责任,拥有强烈的使命感,立志为国家做贡献。同时,也要让学生认识到创业并不是一蹴而就的事情,有可能遇到挫折,甚至失败,所以说,拥有逆境中创业永不言败的创业精神更是难能可贵的。

第二,培养积极的创业心态。积极的创业心态具体体现在:拥有巨大的创业热情；积极排除内心障碍；面对困难、创造条件变不可能为可能。大学生拥有积极的创业心态更能充分发挥创业潜能，在学习的过程中也要注重挖掘和培育他们的潜能，进而帮助他们实现创业成功。

第三，培养顽强的创业意志。创业意志指个体能百折不挠地把创业行动坚持到底以达到目的的心理品质，是人们在长期磨砺中形成的优良品质。把创业意志移植到大学生身上应包括：创业目的明确；遇事决断果敢；面对困难具有恒心和毅力。

第四，培养鲜明的创业个性。那些成功的创业者，一般都表现出独特的个性特征，都有其冒险精神。在我们社会的"两创"新时期，创业的价值就在于在创新中获得独特的东西，敢于走别人没有走过的路，行为具有超越性。

总之，在"互联网+"时代，大学生创新创业离不开创新思维、吃苦忍耐和科学的思想。大学生在实施创业的过程中还要充分认识到，不论时代发生多大变化，不论创意多么美好，不论技术多少先进，"白天当老板，晚上睡地板"的创业精神不会过时，"走遍千山万水、吃尽千辛万苦、说遍千言万语、想尽千方百计"的"四千"精神不会过时，"锄禾日当午，汗滴禾下土"的"泥腿子"精神不会过时，"衣带渐宽终不悔，为伊消得人憔悴"的甘于奉献精神不会过时。①

（二）提升地方高校大学生持续发展能力的途径

大学生的持续发展是指他们进入社会后能够不断进步和取得成绩，是对他们未来的关注。这一问题的解决必须从学校内抓起，让大学生对未来具有清醒的认识，对发展环境既有强大的适应力又有在不利环境中化险为夷的能力，这就要求培养的高校大学生具有可持续发展的能力。持续发展能力不是一个单一要素的体现和强大，它是大学生所拥有的一系列素质要素的综合体现，是各种要素协同发挥作用的结果。从我们的调查结果中发现，一般人认为大学毕业生的基本技能和基本素质是其进入社会求职的首要"资本"。绝大部分用人单位认为，一个优秀的应届大学毕业生在个人专业技能以外，应该具有忠诚、敬业、勤奋、坚韧、正气、好学、执着、有理想、有追求、自律、自强、团队精神和全局观念等基本品质要素。越来越多的企业领导同意这样的观点：能力可以在工作中不断锻炼，品质却需要较长时间来塑造。所以，大学生应严格要求自己，加强人格品质修养，在具有良好的人格素质基础上，打造过硬的操作性技能，提高对社会工作的适应性和处理问题的能力，

---

① 余勤：《争当有梦想的"农林创客"》，《浙江日报》，2016年1月1日，第1版。

这些品质与能力自然包含在大学生的持续发展能力之中。为保证大学生拥有持续发展能力，应注意做好相关的培养工作。

1. 塑造大学生核心竞争力

1990年，管理学家普拉哈拉德（Prahalad）和哈默尔（Hamel）首次提出了核心竞争力（core competence）这一概念，这是对企业竞争优势本源研究的又一个里程碑。从前瞻视角来看，未来的市场竞争将是核心竞争力的竞争，增强企业核心竞争力是所有企业顺利与国际接轨的必然选择。当今社会是一个竞争非常激烈的社会。竞争无处不在，竞争不可避免，人活在世上，不可避免地要面对竞争，怎样在竞争中取胜？怎样不被淘汰？方法只有一个——打造出个人核心竞争力。个人核心竞争力，是指不易被竞争对手效仿的、具有竞争优势的、独特的知识和技能。大学生的个人核心竞争力是个人以其拥有的知识和技能为基础，在不断学习、不断创新中，通过整合各项可供利用的资源并发挥资源要素的效用而使自我获得持续竞争优势的能力。由此看来，大学生核心竞争力一词不是一个简单的概念，它应是一个多重因素影响下，有目的地逐渐培养形成的个人能力。大学生是社会宝贵的人才资源，是全面建设小康社会的主力军，其核心竞争力则是其创造性地为社会做出贡献的基础。面对严峻的就业形势，大学生若想在竞争中胜出并能拥有自己的事业，这就要求大学生必须认清和适应就业新形势，强化职业意识，提升专业技能，培养自身的核心竞争力。

（1）大学生个人核心竞争力的构成。大学生的核心竞争力是其综合素质的集中体现，也是超越一般人而拥有的特殊能力，是以个人专长为核心的知识、能力、素质等各方面的综合体，这里所讲的综合素质是大学生自身的人文精神、科学素养与创新能力的统一。大学生核心竞争力也可概括描述为五"力"，即思维力、意志力、凝聚力、适应力和创造力。思维力是智力的核心内容，是大学生最重要的智力资本，是学习能力、预测能力、发现能力、分析能力的基础；意志力是行为指向的维持力，推动学生持之以恒、锲而不舍、迎难而上、不断进取；凝聚力是重要的人格魅力，它使大学生形成对自己的克制力，对合作者的亲和力，对组织的领导力和维系力；适应力是一种重要的行为能力，它使大学生具有超前的预测性，能借助一切可以利用的资源，用最优化的方式和最小的成本实现效益最大化；创造力是价值实现的直接驱动力和应用能力，是把知识、技能变为现实生产力的最核心的能力。

（2）大学生个人核心竞争力的特点。这一特点体现在大学生的综合行为中，不是单一的表现。第一，实践性。大学生个人核心竞争力作为个体独特的竞争能力必须在实践中方可体现出来，在实践中发现其实用价值，在具体工作中能利于提高个人和组织工作效能。因此，大学生个人核心竞争力的意义要体现在为社会创造财富、为企业创造价值上，这就是大学生核心竞争力的社会实践性。第二，专长性。这一点可以说是大学生个人核心竞争力最主要的特征，它是与其他个体的横向比较中体现出来的，是一种明显的优势。大学生在大学的学习期间都有自己的专业，但这只能说明他有了某些竞争力，而很难说是其核心竞争力。在人才济济的今天，如果不把专业变成业务和技术上的特长，也很难说是自己的竞争力。所以，每位大学生要把所学的专业转变为个人核心竞争力的一部分，只有通过不断的学习、创新，在实践中提升核心竞争力。第三，稳定性。一个人拥有的坚强意志品格、专心致志的科学精神、诚信明礼的生活态度等优点，是形成个人核心竞争力最关键的条件。这些因素的形成是个人在长期的学习和工作经历中积淀而形成的，它在很大程度上与个人的心理状态、性格特征和行为习惯有很大的关联度。如果说专长性比较容易被其他人学习和效仿，那么，健康的人格特性及良好的品格特征是其他人在短时期内很难模仿的，这就保证了拥有核心竞争力的大学生在一个时期内的竞争优势。第四，独特性。核心竞争力与特定的个人相伴，其他个体因无相同的条件与环境，难以模仿和复制，也无法购买和交易。同时，在竞争中更能体现出自身的核心专长，发挥独特的优势及不可替代的作用和地位。核心能力越突出，这种优势就越明显、越持久，竞争力越强，效益就越大。

（3）如何培育与提升个人核心竞争力。大学生个人核心竞争力的形成不是一朝一夕的事情，而是在丰富的实践中慢慢打造出来的，它是对有心人的回报。作为具有学习能力的大学生，要争取打造个人核心竞争力，必须注意做到：第一，确立阶段目标，挖掘前进动力。确立目标是指在不同的学习和发展阶段确立不同职业生涯的目标。确立目标首先是要与自己的兴趣与能力相结合，自己不喜欢的不要想，自己通过努力无法达到的不要想。一旦目标确定，就要排除各种干扰，坚持自己的信念。不要常立志，要立长志，始终清晰自己既定的目标，坚定不移地朝着目标奋进。而任何目标的实现都离不开前进的动力，这一动力是充满积极向上的主动力，是直奔目标的一种积极做事情的愿望，而核心竞争力也正是在实现目标的同时得到了提升。如果一个人没有做事的动力，仅是硬着头皮去做，往往很难实现所追求的目标，也不存在核心竞争力的提升。第二，依靠持续学习，获得动力源泉。在知识爆炸时代，一个人仅依靠在学校所学的专业知识只能形成一时的竞争力，或者说只是获得了获取一块职业的敲门砖，这远不是竞争力，更谈不上是核心竞争力。因此，为了确保自己拥有持续发展的能力和不断打造竞争力，大学生走向社会仍需要努力学习,这时的学习具有更强的针对性和高效性。在未来为了比别人更有效地提升自己,尽快打造出个人的竞争优势,至少应做到以下几点:根据不同阶段的目标有针对性地学习,培育个人核心竞争力;学会根据自己的阶段目标,提炼和捕捉到外在的一切有价值的信息,通过消化吸收内化为个人的智慧;积极实践,将自己掌握的知识形成完整的知识体系,最终转化为个人专长,形成个人核心竞争力。第三,不断强化综合素质,做到知行合一。坚定的信念,必胜的信心,充沛的精力,准确的判断,果敢的胆识和魄力,坚韧不拔的毅力,诚信明礼的道德规范及良好的人际关系,这都是成就事业的基本素质保证。个人综合素质的培养是人生学习和实践的过程,因此,特别强调高校大学生要做到知行合一。自古我国圣贤注重"知行合一",如"知之非艰、行之惟艰"①之说,这是在几千年前我国圣贤的重要议题,是对人生"知"与"行"关系的探讨。这些古代哲学家们认为,不仅要"知",尤其应当"行",只有把"知"和"行"统一起来,才能称得上"善"。南宋时期朱熹认为,知先行后、知轻行重、知行互发。到明代的王阳明,他在经历了人生的磨砺和感悟后,第一次明确提出并论证了"知行合一"②的观点,这对今人具有重要的哲学指导意义,坚持这一原则就会实现人生的不断完善。现在的大学生普遍存在浮躁情绪,表现出很强的功利心,往往有远大的目标而又懒于行动,一旦遇到障碍又会产生消极颓丧的心态,甚至一蹶不振,这些都是负面消极的因素。第四,培养鲜明个性,树立品牌效应。所谓个性,是指个人比较稳定的心理特征的总和,包括气质、性格、智力、意志、情感、兴趣等方面。一般来说,充满正能量积极的个性会促进人参与创造过程,而个性特点平淡一般的人其创造的活力与欲望就比较匮乏。优良的个性培养应注意结合个人专长的培养来发展,使自己的专长达到更高水平。由于核心竞争力具有独特性,因而具有鲜明个性及专长的人在其工作单位中常具有不可替代的作用和地位,其在某一项工作中的业绩也不会轻易被其他人的业绩所替代。长期下来,只要开展某些重要工作,就会有人想到他是最佳的人选,从而在实践中逐渐树立起个人的品牌效应。

总之,我们探讨核心竞争力并非一般意义上的竞争力。对于当代大学生而言,若竞争力的形成需要十倍努力的话,其核心竞争力的形成则要付出百倍、千倍的努力。大学生在人生的历程中只有打造出个人核心竞争力的特点,

---

① 资料来源:《尚书·说命》。
② 知是指科学知识,行是指人的实践,知与行的合一,既不是以知来吞并行,认为知便是行,也不是以行来吞并知,认为行便是知。这是明朝思想家王守仁提出来的。"致良知,知行合一"这是阳明文化的核心。

在学习与实践中不断地培育与提升核心竞争力,才能在事业的发展中立于不败之地。

2. 引导和培养大学生积极参与创业

在当今中国的教育体制和就业背景下,大学生创业一方面可以增强大学生自己的动手操作能力、组织协调能力、心理承受能力、团队合作精神和社会适应能力等;另一方面也是解决大学生自己就业问题的一种现实的选择。这一做法在西方发达国家已非常普遍,且有了成熟的经验。因此,我们在鼓励引导大学生参与创业的过程中,可在借鉴成功经验的基础上科学引导大学生创业。

(1) 引导大学生剖析自我、认识自我。大学生有一股干事创业的热情,但不能忽视他们心理尚未完全成熟、生活阅历浅、对自己的专业缺乏全面认识和实践等弱点。所以,大学生应该通过一些职业兴趣测试、能力测试,从兴趣、特长、性格、价值观、品德、能力等方面深入分析自我,全面认识自己的优势与不足,以确定职业目标和努力方向。

(2) 深入调研、分析,了解就业市场特点。对于当前的就业状况,大学生不能简单地人云亦云,要有自己的真切认识,可以通过多种渠道收集各种就业信息。一般可通过招聘网、企业网、报纸、学校的就业指导中心、招聘会等渠道积极了解社会需求、用人单位状况、职位要求等,以确定自己是否具备相应的就业能力和知识,并应进行专业的职场分析,以了解市场需求,有针对性地提高各种就业技能。

(3) 广泛征询意见,确立创业目标。任何人的创业都要建立在自身实际基础上,做到根据自己的实际条件设计自己的创业目标。大学生应从自身实际和社会需要出发,确立职业发展方向,明确创业需要具备的素质。创业不是一时心血来潮后的行动,而是一次追求成功的尝试。为降低创业风险,保证创业成功,还要学会调查研究,通过广泛征询他人意见为创业成功增加一层可靠保障。大学生们可结合父母、同学、朋友、教师的分析,权衡自己各个方面的能力进行一次全面合理的创业评估,找出自己的优势和劣势,再确立创业的目标。

(4) 培养大学生创业素质,促进创业的成功。一个人具备了真正的创业者素质才更容易获取成功,但并不是所有的创业者都具备创业的素质。大学生要获得创业的基本素质,必须经历必要的培养过程,也需要高校、家庭和社会构建有利于大学生培养创业能力的环境。大学生创业素质的培养要特别注意以下几点:第一,培养创造性思维。它是创造力的源泉,是成功创业的思想基础。创业人才在思维特点上表现为不被陈规旧俗所束缚,能较快地适应外界环境条件变化，并能摆脱思维定式，充分发挥个人的创造性。第二，培养良好的心理素质。通过开展各种有意义的活动强化大学生的自信、敢于冒险、坚韧不拔等精神，这些潜质在创业过程中将会发挥重要作用，特别是在面对创业过程的挫折时，更需要创业者拥有良好的心理素质。第三，创业者应具有团队精神。创业不是一个人在战斗，学会凝聚整个团队的力量，可以为企业创造更多的价值。一个创业者能否拥有让自身思想、能力、认识水平不断提高和善于学习借鉴的团队，才是创业成功与否的关键所在。

（5）培养大学生有利于创业的综合能力，更好地适应千变万化的市场。大学生在校期间的学习不可能完全满足其今后工作和自身发展的需要，坚持终身学习更符合时代要求。高校所开展的创业教育一方面是要培养大学生的创业意识、创业思维和创业观念，另一方面还要对大学生创业所需要的各种创业技能进行培训，使大学生真正获得一定的创业能力。在知识不断贯通的时代，综合知识、技能的获得更为重要，这些综合能力的培养应该融入专业课程的学习过程中，包括交流、表达、解释、阐述、辩论、计算、信息利用、反思、评价、综合等能力。因此，在大学的教育培养过程中，应不断帮助学生发掘自身潜力，在学校的各种实践活动中提升综合能力，为顺利创业提供有力保证。

3. 扩大知识领域，完善知识结构

拥有丰富的知识是一个人实现持续发展的基础，是创新的智慧源泉。大学生要培养和提升的能力很多，主要包括学习能力、实际操作能力、问题探究能力、组织管理能力、社交能力、创造能力等，这些能力方面所需要的知识相互影响和启发，构成了动态的知识结构，是将来在事业上获取成功所必备的。正像爱因斯坦所强调的，重视并培养大学生具备会思考、探索问题的本领是高等教育必须关注的，世上的所有问题是人们用大脑的思维能力和智慧来解决的，而不是照搬书本。总之，凡是将来从事的工作所需要的知识与能力，我们必须高度重视和培养。知识结构是指知识体系在求职者头脑中的内在联系，不同的知识结构预示着能否胜任相应的工作。大学生走向社会后必须保持旺盛的学习劲头，从多渠道获得知识，在生动的实践中去验证理论知识，并坚持不断完善自己的知识结构。以下两个方面更为重要：

（1）构建合理的专业知识结构。大学生在校学习期间就要注意拓宽知识面，牢固掌握相关专业知识，并进一步了解专业前沿的动态问题，特别是要掌握与现代企业紧密相连的生产技术、管理和营销等方面的知识。在不断丰富自己知识的基础上，既要有扎实的基础知识、专业知识，又要有广博的综合知识、社会知识，从而建立起一个以自己专业为中心、结合趋于完善的知识体系。大学生还应适应知识发展的要求，接受和汲取新知识，使自己的知识结构不断更新，培养自己的自学能力。

（2）加速丰富社会知识。大学生的学习过程更多的是一种机械性学习，很少参加到社会实践中，这一学习模式导致他们多方面的缺陷。如知识面窄、社会知识欠缺等。这些反映在他们的行为上，表现在对社会问题关心不够、理解不到位、缺少解决问题的有效对策等。目前，大学生应根据自己的理论知识结构确定自己的择业目标，并根据职业目标充实、完善自己的社会知识结构，认真做好就业前的知识准备，增强适应社会的能力。同时，通过参加社会实践丰富社会知识和提升解决实际问题的能力。

4. 提高学习能力

随着科学技术的发展，职业发展呈现出智能化、综合化等特点，根据职业发展特点，从业者的知识结构应该更加宽泛、合理。大学生走上社会要保证跟上时代发展，在校学习期间不仅要掌握本专业知识技能，而且要对相近或相关知识技能进行学习，有了宽厚的基础知识和必要技能的掌握，才能适应社会快速发展而对人才要求的不断变化。

大学生的学习能力必须在不断的培养中才能形成，这一能力是多种智力因素的结合和多种心理机制共同作用的综合性能力，它是衡量一个人能否可持续发展的重要标志。大学生拥有较强的学习能力，才能在知识经济、社会职业加速更新的时代，游刃有余地选择岗位、持续就业。培养大学生学习能力是一个系统的过程，这不仅对学生自身提出了更高的要求，而且对教师能力水平和教学管理都提出了新的挑战，这要求从学生观念转变、教师能力提升、教学管理改革的结合上入手，将这三方面的要求紧密结合起来，最终实现提升大学生学习能力的目的。在具体操作过程中，提升大学生学习能力的过程可细化为：

第一，引导学生在大学期间学会学习，而不只把上大学仅作为完成学科知识的积累。在当代以及未来社会的发展中，对人才的评判标准已经从传统的知识积累程度转变为主动学习的能力。这就要求学生在学习过程中不要被动地接受，要学会探究问题和解决问题的思路，这样才能提升自身的学习能力。大学生要将学会学习作为学习的目标和动力，不仅能够确认自身在学习中的主体地位，而且能够形成自主思考、自主学习的能力，大学教师则不再是知识的灌输者，而是学习的引导者。在课堂上，学生将会更具积极性和主动性，敢于提出质疑，从而逐渐养成自主学习的习惯。

第二，教师要对教学内容和教学方式进行革新。首先，教师的教学内容不能仅仅局限于教材，要注意结合时代背景和市场经济发展新形势，放眼我国社会的政治、经济、文化大环境，实现教学的内容与时代发展同步。在教学内容特色的设计上，对学生要具引导性和吸引力，最大限度地提升大学生的学习积极性和主动性。其次，教师的教学时间将不再局限于课堂，这就要求教师要转变传统灌输式的教学方式，认识到自身在学生学习过程中的引导作用，将学生的课前和课后时间充分利用起来，注重培养学生自主学习和思考的能力。最后，教师要转变教学方式，传统教学方式主要用来引导学生对理论基础知识的积累，可以将其他多种教学方式与传统教学方式结合起来，使学生能够将所学的理论知识应用到实践过程中去，提升学生的实践应用能力和社会适应能力。

第三，高校要注重提升教师的实践能力。现在高校教师大多数是从毕业院校到任教学校，尽管拥有高的学历，但是更多的是缺乏将理论知识应用到实践的能力，缺少与行业、企业的沟通交流，不能较全面了解和掌握行业企业的发展动态和用人需求，结果导致他们的教学过程单调，教学内容理论化。所以，在这样的教师队伍和教学过程影响下，培养的学生难以与社会需求有效对接，从而影响大学教育服务社会经济发展职能的发挥。

高校必须打破传统教育培养模式，针对市场需求实施教学改革，把教师队伍打造成具有实践能力的新型队伍。因此，应该鼓励并支持教师走向社会，将自身的知识和研究成果推广到社会中去，通过实践提升自身的应用实践能力，同时也能加强高校与社会企业与单位的联系，为大学生的实践和实习提供更多的机会。在把学生引入社会时间的过程中，也使他们认识到自我学习能力的重要性，进而提升自身的综合素质和社会适应能力，为学生以后进入社会奠定基础。高校还可以将具有一定特长的教师派遣到相关单位进行挂职，这样不仅可以锻炼实践能力，而且还可以将实践过程的所见所闻反馈到课堂，利用教学过程把积累到的经验传授给学生。

5. 提升大学生的人际交往能力

一个大学生将来要立足社会，要取得成功仅有出色的专业技能和深厚的知识储备还不足以开创成功的事业，缺乏有效的人际交往能力就很难有良好的发展前景。大学生的人际交往与沟通能力是大学生就业能力中一个很关键的问题，这一能力直接影响到他们的就业成功率和未来职业发展。在大学阶段的学习生活中，由于主观和客观的原因，有一定比例的大学生在平常学习生活中常会出现人际交往和沟通不畅的情况，并直接影响到身心健康和学习进步。为实现大学生未来独立做事和社会交往过程中的成功，要特别注重提升大学生的人际交往能力。

（1）提高个人魅力。社会交往中，个体的知识水平与涵养直接影响着交往的效果，良好的个人形象应从点滴开始，从善如流，"勿以善小而不为，勿以恶小而为之"。优化个人的社交形象。有的学生在人际交往中存在社交恐惧、胆怯、羞怯、自卑、冷漠、孤独、封闭、猜疑、嫉妒等不良心理，都不易建立良好的人际关系。加强自我训练，以积极的态度进行交往。提高自身的人际魅力。良好的社交形象会给对方留下深刻的印象，随着交往的深入，学识更占主导地位。这就要求大学生不断地丰富自己的内心世界，从仪表到谈吐，从形象到学识，多方位地提高自己。

（2）要把握人际交往中的度。大学生人际交往中必须把握好"适度"的原则，一是交往的广度要适当。既不能过广，过于分散精力，也不能过窄，形成排他性。二是交往的深度要适当。对交往对象有的浅交，有的深交。三是交往的频率要适当。即便是好朋友也要保持一定的距离，双方才有新鲜感、愉悦感。四是在人际交往中要把握分寸尺度。说话要有分寸，莫提非分要求，力求自己的言谈举止文明规范，合情合理。

（3）学会理解与宽容。在交往中，大学生应学会理解与宽容，能够设身处地替他人着想，理解他人，会善待和宽容他人。宽容是一种精神，是一种境界，宽容还意味着你不会再为他人的错误惩罚自己，对人对己都可成为一种无须投资即可获得的"精神补品"。适度的宽容，折射出一个人处事的经验，待人的艺术和良好的涵养，可谓是人际交往中的一种哲学。学会宽容，不仅有利于身心健康，且对赢得友谊，乃至事业的成功都是必要的。宽容他人就等于是在宽容自己，苛求他人也就等于是在苛求自己。人与人心灵沟通在人际交往中十分重要。生活中常常由于种种原因而导致不能很好地理解别人。但当你站在别人的位置，换位思考问题时，就会理解别人的所言所行，心理上的距离自然就缩短了。在与人相处时，应当严于律己，宽以待人，接受对方的差异。交往中，对别人要有宽容之心，苛刻待人或者得理不让人，最终将会成为孤家寡人。

（4）客观评价自我和接纳自我。大学生在交往中能否和他人建立良好的人际关系，关键在于是否具有良好的、积极的心理状态。这种心理状态的形成和保持，一方面源于能否客观地评价自我；另一方面源于接纳自我，表现为一个人能客观地认识和对待自己的优势与弱势，既不自傲、自负，也不自卑、羞怯或敌视他人；要学会原谅自己，包括自己的失误和过失，注重自我修养，不断完善自己。这是改善人际关系的重要途径。由于大学生性格、家庭、生活环境不同，个性之间存在明显差异，因此在交往中要遵循真诚互助的原则。这样有利于大学生互帮互助，求同存异。

（5）锻炼提高人际交往能力技巧。第一，善于结交。在人际交往中，结交的过程一般要经历彼此注意、初步接触和亲密接触三个阶段。善于结交是指能够巧妙地引起对方注意，并主动制造机会，自然地与对方进行初步接触，进而保持进一步接触的过程。第二，善于表达。常言道：听君一席话，胜读十年书。谈话是沟通信息，获得间接经验的好形式，也是表达感情，增进友谊的重要手段，善于表达，要求表达的内容要清楚明确，表达的方式要恰当、幽默和风趣，使对方感到轻松愉快。自我表露真正可以深入下去的交谈必然是双向的。因而自我表露是另一项应该掌握的技能，即自信地袒露关于自己的信息——怎样想、有什么感受、对他人的自发信息如何反应等。然而，许多人却不能顺畅地表达自己的思想感情，从而给交往制造了障碍。自我表露需要把握好时机，否则就可能犯滔滔不绝、只顾自己之大忌。第三，善于倾听。倾听的目的一方面是给对方创造表达的机会，另一方面是自己能更好地了解对方，以便进一步与其交往和沟通。学会提高倾听的艺术，首先要静听他人的谈话，不要贸然打断对方的话题，也不要时时插话，影响他人的谈话思路，或弄不清谈话的实质就断然下结论；其次要鼓励对方讲下去，可以用简单的赞同、复述、评论接话等方法引导他人讲下去。第四，善于处理各类矛盾。良好的人际关系，是大学生们保持个性健康和具有安全感、归属感、幸福感的必然要求。每个人生命的主宰其实就是自己，关键是你要有所改变，要有强烈成功的愿望，针对自己人际交往中存在的问题，结合自己的个性特点，以积极的态度和行为对待人际交往，相信就一定会找到合适的方法培养自己的人际交往能力，逐渐学会交往，建立和谐的人际关系。

第八章 构建地方高校大学生就业软实力提升的保障体系

在我国全面构建和谐社会过程中，只有每个人自身素质的提高，才能有全社会真正的和谐。国家宝贵的人才资源来源于高校毕业生，它更是青年人才的重要来源。高校毕业生的就业工作涉及千家万户，关系人民群众的根本利益，关系到国民经济发展和社会稳定，关系到培养人才的合理使用。特别是在社会转型的过程中，广大大学生面对就业、创业的严峻形势，作为高校建立和完善高校毕业生就业工作机制，加强毕业生就业指导和服务体系的建设是高校教育改革发展的一项重要内容，是办好人民满意教育的必然要求，更要注重培养当代大学生的身心素质，培养他们善于思考的能力，养成潜心学习的良好习惯，以便能更好地提升自己的就业能力，方可在未来一展风采。

在我国高等教育经过快速发展和大规模的膨胀后，大学生就业难已成为社会关注和破解的热点问题呈现在我们的面前。从近几年各大院校的大学生专场招聘会上的情况来看，一方面是大量的莘莘学子火爆的求职场面，另一方面却是一些企业单位在众多的大学生应聘者面前难以找到理想人才的无奈。在大多数行业可供选择的高校毕业生供过于求的今天，其实就业市场的激烈竞争更在于大学生就业软实力上的较量。因此，分析制约地方高校大学生就业软实力发展的因素，找到提升大学生就业软实力的主要对策，对于促进地方高校大学生顺利就业更好地服务社会具有重要的意义。高校大学生的就业指导是一项系统工程，大学生就业软实力的形成受多方面因素的综合影响，要做到有效提升地方高校大学生的就业软实力，需要从多方面入手，做好对大学生培养的综合性、开拓性工作。比如，可以整合全员力量，从大学生入学开始，进行全程的职业生涯规划和就业指导教育，发挥好第一课堂和第二课堂的作用，建立以就业指导中心为主体力量，相关党政职能部门各司其职，学生工作干部队伍、专业教师队伍、党团组织紧密配合，校友、用人单位、人力资源公司共同作用的工作体系。

笔者在调查研究中经过具体的探讨分析，认为应在不同层面、全方位展开有效工作，在转变广大教育工作者和地方高校大学生对就业软实力认识的基础上，树立正确的就业软实力观念，形成"社会—家庭—学校—个体"多位一体的地方高校大学生就业软实力培养与提升保障体系，并构建科学有效的提升途径是社会形势对人才需求发展的必然。

一、树立正确的培养理念，积极引导大学生提升自身就业软实力

理念是一个人思想层面的内容，它的作用在于改变和引领人的行为，有什么样的理念，就会决定一个人走什么样的路、走到哪里和怎么走。在近代历史上，中国和日本曾处在同样的历史变革关头，日本扎实地通过明治维新改变国人的精神、思想理念，很快实现了从落后愚昧到经济的腾飞，而中国没能把握住思想理念的变革，在发展的关键时刻被世界甩到了后面。归咎原因，是我们只想改变本国的器物和技术层面的落后，没有在思想理念的改变上下功夫，结果现代化的进程推迟了百年，失去了经济社会发展的大好时机。显而易见，在人类历史上真正能够成为遗产的永远是精神、思想、文化和理念，它是一种不灭的资源，而物质的使用价值迟早要退出历史舞台。

《国家中长期教育改革和发展规划纲要（2010-2020年）》中已经明确指出"我国教育还不完全适应国家经济社会发展和人民群众接受良好教育的要求。教育观念相对落后，内容方法比较陈旧，中小学生课业负担过重，素质教育推进困难；学生适应社会和就业创业能力不强，创新型、实用型、复合型人才紧缺；教育体制机制不完善，学校办学活力不足；教育结构和布局不尽合理，城乡、区域教育发展不平衡，贫困地区、民族地区教育发展滞后；教育投入不足，教育优先发展的战略地位尚未得到完全落实"。教育理念是人们在教育实践过程中形成的对教育发展的指向性的理性认识，是对教育的价值判断和基本看法。正确的教育理念是学校管理和发展的基本前提和保证。教育理念千条万条关键就在于如何理解教育的出发点和最终归属。以人为本，不仅主张人是发展的根本目的，回答了为什么发展、发展"为了谁"的问题；而且主张人是发展的根本动力，回答了怎样发展、发展"依靠谁"的问题。人是发展的根本目的，也是发展的根本动力，一切为了人，一切依靠人，二者的统一构成以人为本的完整内容。只讲根本目的，不讲根本动力，或者只讲根本动力，不讲根本目的，都是片面的。"以人为本"的教育理念，其出发点是人，而最终的归属依然是人，只不过前者是生物意义上的人，后者

第八章　构建地方高校大学生就业软实力提升的保障体系

是社会学意义上的人。生物学上的人关注的是人的基本生理和心理，而社会学上的人则关注的是人在其生活背景下的更具心理特征的人。

从教育理念的发展看，当代任何国家共同的追求都在教育理念上达成了基本共识，就是要求学生具备"学会生存、学会关心、学会学习、学会创新、学会合作、学会负责"等基本的素质。在今天复杂的社会环境中，每个人要做好工作首要的就是树立正确的思想理念。一个人的思想理念决定其发展方向，影响其在工作中的思路和行为。所以，当代高校大学生只有具备正确的理念，努力做到自身软实力和硬实力的同时提升才会在社会工作中做得更加优秀。显然，在我国高校教育中坚持德育为先仍然是第一理念，是提升大学生就业软实力的人格基础。

我国在人才培养和有关理念确立上，在不同时代有不同的描述方式。毛泽东时代强调，要培养"德、智、体"全面发展的人才。邓小平在引领改革开放过程中要求，我们要面向未来、面向世界、面向现代化培养"有理想、有道德、有文化、有纪律"的四有新人。《国家中长期教育改革和发展规划纲要（2010-2020年）》中指出："更新人才培养观念。深化教育体制改革，关键是更新教育观念，核心是改革人才培养体制，目的是提高人才培养水平。树立全面发展观念，努力造就德智体美全面发展的高素质人才。树立人人成才观念，面向全体学生，促进学生成长成才。树立多样化人才观念，尊重个人选择，鼓励个性发展，不拘一格培养人才。树立终身学习观念，为持续发展奠定基础。"人民网报道，教育部高等教育司原司长张大良在2019年大学校长论坛中明确提出，"立德树人是高校的立身之本，人才培养质量是高等教育的生命线。推进高等教育现代化，重在理念、要在行动、贵在创新，我们要以习近平新时代中国特色社会主义思想为指导，贯彻党的教育方针，落实党的十九大和十九届四中全会精神，紧密结合高等教育的实际，着力推进高等教育治理体系和治理能力现代化，为落实立德树人根本任务提供全面制度保障。要构建更高水平的人才培养体系，建设好以课程和教材为重点的教学体系，建设好有利于学生成长、成人、成才、成功的管理体系和学业成绩评价体系。要进一步加强教育教学质量保障体系建设，强化教学质量日常管理、内控和动态监测，关注用人单位对毕业生的综合评价，促进人才培养质量全面提升。还要进一步健全考试招生制度体系，进一步完善毕业生就业创业指导制度体系，等等"。[①]

从以上观点来看，我国的发展在时代背景有所侧重的情况下对人才的需

---

① 人民网，2019年12月16日（作者张大良系中国高等教育学会副会长、教育部高等教育司原司长）。

求是不变的，在对人才培养理念的根本上也是一致的。我们不仅要在大学教育中强调树立正确的理念，在全社会范围内也应以提升国民素质为核心，打造学习型社会，构建体系完备的终身教育，形成终身学习的社会氛围，促进全体社会成员学有所教、学有所成、学有所用，在提升个人软实力的同时把学习延伸到社会。

具体到培养和提升地方高校大学生的就业软实力上，结合我们前期的调查研究结果，我们认为应注重并树立以下培养理念：

（一）树立围绕社会需求培养人才的理念

教育部高等教育司原司长张大良曾在"2019年大学校长论坛"中谈到，仅就高校人才培养来说，我们要坚持党的全面领导，坚持社会主义办学方向，加强马克思主义理论教育，践行社会主义核心价值观，把高等教育的体制机制和制度优势转化成高校的治理效能，着力谋划和推进高校建设配套制度，在人才素质标准、人才培养模式、教学质量管控、教育管理运行等方面加强实践探索。坚持德育为先、德学兼修，进一步健全思想政治工作体系，把思想政治工作融入人才培养全过程和各教学环节、融入学生科研实践和社会实践、融入学生课余生活，引导高校学生增强中国特色社会主义道路自信、理论自信、制度自信、文化自信，立志为中国特色社会主义事业奋斗终生。

随着我国经济社会的发展和全面深化改革的推进，职场对人才的要求也日益发生着变化，从重学历到重能力、重职业道德和价值观，人才规格内涵日益丰富。表现在对个体要求上，"职业忠诚、责任感、专业进取与创新、团队协作和职业规范"等职业道德、态度及其作为其内核的价值观，已成为现代企业、用人单位选人、用人的重要标准。对当前大学生来说，在选择职业时，这些必然成为求职竞争、入职发展和晋职成功的重要因素。具体到企业看，现代企业人才需求的特点表现为：①企业需求的应用型人才远远大于基础学科人才。据调查结果显示，企业对人才需求量较大的专业为：计算机、企业管理、机械、财会统计、市场研究与情报策划等。②不同类型企业对人才专业需求也不同。生产类型企业需求较多的是机械专业、计算机专业、化工专业；服务类企业需求较多的是计算机、房地产、财会统计和国际贸易专业，企业管理专业和计算机专业。③不同类型企业对学历层次要求不同。调查中将需求量较大的专业人才可基本归纳为技术型、经济管理型、辅助型三类。④企业注重"敬业精神""工作经验""文化程度"。我们从社会调查中还发现，企业普遍反映当前所需的理想人才更应有"有敬业精神""有实际工作经验"和"受教育程度适宜"。⑤企业普遍关注人才的综合技能。企业比较关注人才的"营销意识""知识面""人际关系能力""管理能力"等。从这里来看，高校教育需要培养大学生专业知识技能（硬实力）过硬的情况下，更应该关注研究影响其一生长远发展的就业软实力的开发与培养。

早在毛泽东时代，坚持"教育必须同生产劳动相结合"的教育观，这是在那个时代教育理念的要求，其核心是强调教育应面对社会生产的需求，满足社会生产的需求，在当今的社会发展中，这种理念仍有借鉴意义。习近平总书记在党的十九大报告中指出，青年兴则国家兴，青年强则国家强。青年一代有理想、有本领、有担当，国家就有前途，民族就有希望。中华民族伟大复兴的中国梦终将在一代代青年的接力奋斗中变为现实"。弘扬"工匠精神"，建设一支知识型、技能型、创新型青年技能人才队伍，成为建设制造强国的重要使命。在我国面向现代化、面向世界、面向未来新要求的今天，我们在全面实施素质教育中，更应注重推动教育事业在新的历史起点上科学发展。高等教育培养的人才能否有效，关键是看与社会需求的对接效果。在市场对社会经济资源配置作用越来越强大的形势下，培养学生就要充分了解市场需求，坚持市场经济规则，这样就会使得大学生的能力得到有效提升，就业前景更加广阔。

（二）树立竞争性人才培养理念

在今天这个经济、科技、教育、信息高速发展的时代里充满了竞争与挑战。世界各国经济、科技和综合国力的竞争，实质上是人才质量、人才素质的竞争。市场经济机制的不断发展和完善，使得市场经济规律有了更大的作用空间，竞争规律正充斥着社会的众多领域。无论组织还是个体要想在复杂多变的环境中把握机会，必须具备坚实的竞争力，拥有核心竞争力的人才是组织获得更多机会的关键。面对当前的严峻挑战，高校大学生作为我国高素质人才的重要部分，其竞争意识的培养和提升显得尤其重要。在研究调查中发现，拥有核心竞争力的人才起码应具备以下主要特点：①竞争精神。这是竞争性人才最基础的素质之一，无论是求职就业，还是参与商场经营，竞争都是十分激烈的，只有具备必胜的竞争精神，才有可能在竞争中脱颖而出。②自信。竞争性人才拥有强大的自信心，确保自己做事的坚定信念，这也必然能在大众面前表示出强大的震慑力，利于压倒竞争者。③丰富的想象力。想象力能支撑一个人获得更大的竞争空间，利于竞争创新，利于找到解决问题的新办法。④倔强不屈的精神。拥有这一精神会使一个人做事执着、坚强，它是一种坚定信心要获得成功的力量，不论条件如何艰巨，都要争取在竞争中获胜。⑤知人善任。是管理能力的重要体现，自身拥有一技之长，懂得专业技能，知识面广，同时，在组织内还有较强的组织、动员才能，必能引导团队朝向既定目标前进。

竞争是动力，它可作为推动大学生进步的有力手段，良好的竞争意识，可以让大学生最大限度地发挥主观能动性，催人奋进，不甘落后，提高学习效率和学习成绩，避免惰性产生。在我国高等教育领域内，一场内容丰富多彩的竞争正在展开并日益激烈，这是我国社会转型中的必然，也是市场经济优胜劣汰的大势所趋。但是，在我国目前的高校教育中，大学生普遍存在竞争意识淡薄的问题，为了在激烈的竞争中不遭失败，高校应高度重视大学生的培养，在具体的培养过程中，要以学生为主体，并充分发挥学生的主观能动性，培养出既具有普遍能力又有特色的合格大学生。在这个充满竞争的社会时代，在校大学生作为高校教育的重要部分必须培养自己的竞争意识，学会适应竞争和挑战，才能克服自身的弱势，成为社会的佼佼者。如何加强和培养大学生拥有良好的竞争意识，以适应当代社会的需要，就显得越来越重要。这就要求高校教育在培养和促进学生成长中，尊重教育规律和学生成长发展规律，构筑能打造个性化特征和优势的教育体系，使每个学生在教育环境中充分发挥特长和天性，尽情吸收智慧营养，确保健康成长，这样的高校才能最终培养造就出高素质的劳动者、专门人才和拔尖创新人才。这也是时代赋予高校教育者的历史使命。

（三）树立全面发展的人才培养理念

在高校的教育培养中，要时刻树立全面发展的人才培养理念，首要的是坚持立德树人。当前，要把社会主义核心价值体系融入地方高校大学生培养教育的全过程，引导他们形成正确的世界观、人生观、价值观，才能为有效提升大学生就业软实力打好思想基础。在地方高校大学生就业软实力提升问题上，必须实现由观念形态向实践过程的转化，全方位突破传统培养理念，在新形势下对大学生个体素质再审视，形成客观、科学的学生素质评价观。在市场经济条件下，在全社会范围内提升人的道德力，有三个力量源泉。一是市场经济内在的理性力量。这种理性、秩序和规范是实现合理、有效地配置有限资源的保障。二是中国传统文化中积淀的道德力量。道者，天理也；德者，人心也。这是中华民族对道德质朴而深刻的理解。顺天理、顺民意、重人和、重仁爱、守信誉、遵法制、节俭务实、知恩图报等，这些流淌在中华民族血脉中的道德基因和道德力量是当今人们道德力量的重要来源。三是社会主义先进文化中蕴含的道德力量。社会主义核心价值观、荣辱观体现了社会主义道德的根本导向和要求，是社会主义先进文化的道德内核。

作为高校的管理者、一线教师在教育引导过程中，应理性、客观地看全面发展的人才培养理念，德、智、体、美的教育缺一不可。智育让大学生学会知识的运用，培养探索的精神，使学生拥有智慧，能够独立思考，创造生活，改造世界；德育能健全大学生的性格品质，这是社会精神文明建设的重要组成部分，是一代人健康成长的需要；美育培养大学生健康的审美观，发展大学生鉴赏美和创造美的能力，陶冶真善美的情操；体育使大学生强身健体，精神饱满，意志坚强。教育者只有深刻认识到并在教育中落实，才能培养出完整、全面的人。符合教育理应是一种超越，一个期望和奋斗目标，而非现实本身的理念，将教育的作用最大化地扩展。但全面发展并不等于平均发展、统一规格，不等于大学生学习成绩门门优秀，更不等于教师一厢情愿地单方面去塑造学生。大学生是主体性的人，人的智力结构通常有很大差异，个人的性格喜好也会各有特色。我们要把"塑造"改变为"帮助"，让大学生在发展的过程中有自主的思维，在生活学习中有其自主的选择和发展方向才是正确的。

（四）树立可持续发展的人才培养理念

随着我国高等教育大众化程度的提高，大学生群体出现的多样化趋势也更加明显，学生学习兴趣、能力、需求的差异性日显突出。社会各行各业对人才的规格、层次的需求是多样化的，同一种人才培养模式培养出来的人才不能满足社会多样化的需求。每个大学生的情况不同、条件各异，"因材施教"才能满足不同学生的成才需求。高等教育大众化增加了大学生受教育的机会，而高等教育的多样化才能为人才培养多样化提供保障。适应不同学生群体的成才需要，是保证教育质量的关键，是培养创新人才的突破口。面对广大的青年要求他们树立可持续发展的理念，关键是树立终身学习的观念，为未来持续发展奠定思想基础。终身学习是个人发展的良好品行，也是未来社会每个成员的基本要求，这种贯穿于人一生的持续学习，是一种超越国界、意识形态、社会形态和种族等范畴的学习理念。终身学习是人类社会发展的客观要求，当代大学生应深谙教育并非终止于校园，它应伴随人的一生。知识经济时代的重要特征在于创新，经济社会的可持续发展都依赖于人们持续不断地扩充知识，了解、掌握创新的知识客观上需要人们不停地学习，坚持"活到老、学到老"。客观上，现代社会由于物质生活的改善和休闲时间的增加，人们渴望掌握更多的知识和技能，以实现人生价值的最大化，这为实现社会上的持续学习提供了良好氛围。

构建现代国民教育体系和终身教育体系，建设学习型社会，全面推进素质教育，增强国民的就业能力、创新能力、创业能力，努力把人口压力转变为人力资源优势，是当代中国加快现代化发展进程赋予的历史使命。当前高等教育更应主动适应时代的发展需要，大力推进教育创新。基于对教育本质的重新理解，基于时代发展的新需求，我国高等教育改革势在必行。全面推行素质教育，从大学生的全面发展和终身学习出发，培养创新意识和实践能力，增强社会责任感，强化人口、资源、环境、社会相互协调的可持续发展观念，是时代赋予高等教育的使命。高等教育的实践者们，理应树立牢固的可持续发展的教育新理念，并努力、及时地付诸教育、教学、实践活动中。

总之，在高校实施教育的过程中，应贯彻全面发展的理念，把德育、智育、体育、美育教育相统一。具体做到，坚持文化知识学习与思想品德修养的统一、理论学习与社会实践的统一、全面发展与个性发展的统一；加强体育锻炼，牢固树立健康第一的思想，确保大学生拥有健康的体魄，促进其身心健康、体魄强健、意志坚强；加强美育教育，培养学生良好的审美情趣和人文素养；加强劳动教育，强化劳动观念，培养学生热爱劳动、热爱劳动人民的情感。只有做到促进德育、智育、体育、美育有机融合，才能真正提高大学生综合素质。

二、创新大学生专业培养模式，融就业软实力培养于日常教学中

在高校培养学生的过程中，教育教学方法比课程设置更重要，教师要鼓励学生参加讨论、独立思考，敢于质疑教授和权威，这是培养学生创新思维的有效手段。必须注意处理好通识教育与专业教育的关系，由于现阶段素质教育的概念是针对以往我国高校片面地重视专业教育的弊端而提出的，在推行素质教育的过程中，往往又可能走向另一个极端。通识教育与专业教育的矛盾是高校中普遍存在的一对矛盾，两者不可偏废。大学教育的本质正是通过专业素质的培养来实现大学生综合素质的提高，没有了专业的素养，素质教育也就无从谈起。必须寓通识教育于专业教育之中，两者不可偏废。要处理好人文素质和科学素质的关系，长期以来我国大学存在重理工、轻人文的倾向，提出素质教育就不可避免地不断强调人文素质对于学生综合素质提高的重要性。在创新人才的培育过程中，不仅要强调人文素质的重要性，也要强调科学素质对于大学生综合素质提高的重要意义，使大学生的人文素质和

科学素质得到全面协调发展。为此,我们必须做到"深化高等教育改革,根据产业结构调整和就业市场需求,及时调整学科专业结构、人才培养模式,加大职业教育投入,做到人才培养与社会需求相衔接。完善就业服务体系,强化公共就业服务功能,为高校毕业生提供更多、更好的免费就业信息和各类就业服务,为毕业生就业创造更大的空间"。[①]

学校要提倡个性教育,要扩大高校办学自主权,真正赋予高校更灵活多样的自主权,鼓励和引导高校改革教育教学模式。在学校教育培养过程中,充分发挥大学生目光敏锐、思维活跃、自主意识强的优点,鼓励青年创新。在具体培养环节上,通过在资源配置和制度政策上的倾斜,鼓励个性化和多样化,强化大学生就业软实力要素的培育与提升。

高校教育改革中,科技创新与人才培养的结合成为大学教育教学改革关注的重点问题;在科研—教学—学习的过程中进行知识的创新、传授、传播和传承,使师生在学术共同体进行互动式学术探究。以大学生发展为中心,加强科研同教学的结合,把优质科研资源转化为育人资源和优势,把科研设施转化为教学创新平台,把科研成果转化为教学内容,把学生参与科研作为一种有效的教学形式,通过制度安排使大学生成为教师科研的伙伴,进行有效的自主性、创新性学习,师生在共同探索、整合、应用、传播知识的过程中相互学习、共同提高,真正实现研究性教学、探索式学习。营造鼓励探索、自主创新的学习氛围,为大学生开展科学研究搭建平台,支持学生早进课题、早进实验室、早进科研团队参与各种科研活动,支持校内教师和科研机构研究人员将最新科研成果引入人才培养,开设更多研究性课程,提供研究性学习条件,着力培养大学生的创新思维和创新能力。

高校在提高人才培养质量、大学生综合素质和适应能力的改革探索途径是重视和加强教育与产业的合作。创新办学模式,把产教融合、协同育人理念贯穿人才培养全过程,实现资源共享、平台共建,促进跨学院、跨学科的交叉融合、互动发展;会聚各类社会资源、拓展育人空间,与政府、行业产业和用户实现多元主体的跨界整合、协同创新,面向产业需求深化教学内容与课程体系改革,以学科前沿、产业和技术最新发展成果更新教学内容。对接需求,加强产学研协同育人,扩大校企合作科研的溢出效应,从理论、实践、应用三个维度,打造校企联合培养人才的平台,联合开发课程、编写教材,共建专业、实习实训基地和产业学院,把企业员工培训内容和技术咨询成果有机嵌入专业教学计划,提高特色专业、优势专业的集中度,打造一批

---

① 资料来源:《人民日报》,2014年5月9日,第5版。

行业产业急需、优势突出、特色鲜明的应用型专业。要构建校内实践教学基地与校外实习实训基地相联动的实践教学平台，建成一批共享型、区域化的产学研合作、协同育人实践平台，促进校企间合作育人、合作发展。加强"双师型"教师队伍建设，聘请行业企业的技术与管理专家到高校兼职任教，并作为青年教师的实践实习导师，同时促进企业主动为青年教师提供挂职实习锻炼岗位，增强教师实施产教融合培养人才的实践能力。

《国家中长期教育改革和发展规划纲要（2010-2020年）》第十一章指出，在关于"人才培养体制改革"中提到创新人才培养模式。大学生的"就业软实力"是一个人应该具备的最基本常识和最基本素质，学校在日常的教学、管理活动中应该加强这方面的教育引导，大学生也要适应社会对人才的需求，在建设自身硬实力的同时，努力提升自我就业竞争的软实力。要使培养出的大学生更适应社会及市场需求，高校必须根据用人单位和市场的需求调整、改进教育培养模式，应尽快从传统的教育培养方式转变到注重对大学生就业软实力培养的轨道上来。

（一）教育培养模式的借鉴

国外发达国家的优秀高校历经百年发展形成了较为系统的人才培养模式。许多发达国家的优秀普通高校人才培养模式以培养大学生"终身教育，终身学习"为目标，"宽进严出"地培养创新型科技人才。如美国实行"回归工程"的终身学习培养模式，其倡导各高校建设开放型、科研型、个别化的人才培养模式，高校鼓励大学生开阔眼界，走出校园，多做开放性研究课题；在本科阶段，高校就为大学生配备科研需要的仪器设备以及专业教师的指导，培养大学生的科研兴趣。

孔子提出"学而不思则罔，思而不学则殆"，孟子提出"尽信书，则不如无书"，他们的思想都体现了中国式的批判性思维教育理念。但是，这种批判性思维教育只是个别或某些教育家的教学模式，并未得到普及。直到20世纪初，批判性思维被广泛应用到文学、历史、经济等诸多学科领域，欧美发达国家的知名大学纷纷开设批判性思维课程，并将批判性思维作为大学教育的目标加以推广，大学生批判性思维的培养被提升到前所未有的高度。然而，我国大学生普遍经历了高考洗礼，他们在标准答案的驯化下其思维模式受到一定影响，甚至变得固化，欠缺的恰恰就是批判性思维的锻炼与培养。根据本书研究调查结果分析证明，近些年来，我国大学毕业生在创业，乃至在商业判断、经营方式、合作伙伴对接等方面急需批判性思维，这种急需必须在教育培养过程中得到培养和训练才能更好地展现。

当前，西方一些发达国家存在多种不同特色的培养模式，在我国一些学者也进行了不断探索并在不同层次高校中尝试新的培养模式。香港城市大学有一种"三创、三新、三动、三力"（3333）培养模式值得借鉴，它要求在学生培养中把具体内容融入其中。创造、创新、再创业（即"三创"）三个阶段对应具体的结果和期待：新想法、新产品和新企业（即"三新"），以及相应的教学内容：动脑思考、动手参与和动脚走向社会（即"三动"），不同阶段对应的是三种不同的能力，即想象能力、动手能力、领导能力（"三力"）[①]。这种做法和模式最重要的特点是，大学生就业软实力得到了有效的培养和提升。人才培养模式围绕培养高素质人才进行教学改革，我国高等学校人才培养模式改革正方兴未艾，不断得到创新和实践。

（二）改进我国高校人才培养模式的思考

《中华人民共和国高等教育法》第三十一条规定："高等学校应当以培养人才为中心，开展教学、科学研究和社会服务。"可见，高校的基本职能和发展的根本动力就是要坚持正确的人才培养，提升人才培养质量应该是任何一所高校发展的关键和核心环节，地方高校的学校改革发展应该把培养社会需要的人才放在中心地位。高科技发展的今天，社会人才需求的变化，也使我国的高等教育从培养天之骄子的精英人才转型为广泛服务大众的普通人才，社会对大学生的需求也从"卖"方市场逐渐转变为"买"方市场。那么，高校人才培养模式改革关键包括三个关键环节：培养目标的确定、与目标相适应的课程改革以及教学模式改革。

第一，确定培养目标。在过去，高校倾向于把学生培养成从事某种固定职业的人，主要关注传授给学生在以后从事这种职业所需要的知识和技能。从目前情况上看，就业过程中"专业不对口"已经成为常态，大学生毕业后应能从事不同的职业，高校要培养学生不断学习的意识和能力，以适应职业转换的需要。党的十九大报告指出"加快一流大学和一流学科建设，实现高等教育内涵式发展"，高等教育体系进一步健全，在人才培养模式及结构等方面更加注重反映区域经济发展的需求及特色；多种形式的高等继续教育深入发展，特别是建立了国家、地方两级开放大学；民办高等教育的办学规模和效益也有了显著提升。国家和地方在师资队伍、人才培养和科研服务等方面加大了支持和扶持力度，各高校完善了创新型、应用型、复合型高素质人才的培养模式，推动创新创业教育融入人才培养全过程。启动"新工科"建

---

① 资料来源：《光明日报》，2014年7月29日，第15版。

设，完善高等职业教育校企合作、工学结合机制，提升学生工匠精神、职业道德和技能水平。面向经济社会主战场，优化学科专业结构。立德树人是高等教育的价值目标和根本任务，是高校的立身之本。把思想政治工作贯穿教育教学全过程，实现全程育人、全方位育人，培养能够适应和引领国家发展、担当民族复兴大任的时代新人。

笔者通过调查研究和分析一些招聘单位、就业指导机构对大学毕业生的建议发现，现代社会的企业、招聘单位对大学生的以下品质有更高的期望：处理问题的灵活性；具有创新意识，具有创造性；对终身学习感兴趣并为此做准备；具备良好的社会交往技能；能与团队一起工作，拥有团队精神；有责任心，敢于担当；掌握多种涉及不同学科的一般技能；掌握构成专业技巧的基础知识，比如在网络应用技术方面。因此，我国高校应根据社会对人才品质的要求确定培养目标，在具体培养过程中设计出具有应用特色的教学内容与培养模式。

第二，根据培养目标设置课程。以往，人们把"课程设置"仅仅理解为学科课程的开设，这是不够全面的。课程设置主要规定课程类型和课程门类的设立，及其在各年级的安排顺序和学时分配，并简要规定各类各科课程的学习目标、学习内容和学习要求。主要包括合理的课程结构和课程内容，合理的课程结构指各门课程之间的结构合理，包括开设的课程合理，课程开设的先后顺序合理，各课程之间衔接有序、能使学生通过课程的学习与训练，获得某一专业所具备的知识与能力。合理的课程内容指课程的内容安排符合知识论的规律，课程的内容能够反映学科的主要知识，主要的方法论及时代发展的要求与前沿。关键一点是课程设置必须符合培养目标的要求，它是高校培养目标在课程计划中的集中表现。

确定了培养目标，下一个步骤是寻找实现培养目标的途径。设置课程是学校实现培养目标的基本途径，为此，要将培养目标尽可能地具体化，以便能落实到具体课程内容上。在课程设置上，要做到全面理解课程的内涵。课程不仅包括为实现培养目标而规定的教学科目及其目的、内容、范围、分量和进程，而且包括为实现培养目标和促进大学生发展而营造的高校环境等全部内容。应从重知识灌输转向重学习能力、实践能力、团队精神的培养转变，为大学生搭建起全面发展的"立交桥"，增强高校毕业生的就业竞争力和工作适应力，让大学生能够在学好专业课程的同时全面发展，为他们搭建系统全面的知识结构和能力结构，着眼于大学生品德和能力的全面发展。

为了实现培养目标，需要对课程进行全面规划，包括通过课堂教学完成的学科课程和通过各种课外活动完成的其他课程。课程类型的选择要符合培养目标，比如培养学生的社会意识、交往技能、领导才能，最有效的课程形式可能不是学科课程，而是在课堂之外完成的各种活动课程。

课程编制包括课程体系结构整体编制（课程设置）和具体课程的编制（课程标准）。前者主要解决设置哪些课程和如何设置这些课程的问题（课程计划），后者主要解决课程标准问题（每门课程的大纲）。两个方面都要以培养目标为依据，课程目标要与培养目标相一致。

第三，教学模式的改革。教学模式是一定的教学理论或教学思想的反映，是一定理论指导下的教学行为规范。不同的教育观往往提出不同的教学模式。任何教学模式都指向和完成一定的教学目标，在教学模式的结构中教学目标处于核心地位，并对构成教学模式的其他因素起着制约作用，它决定着教学模式的操作程序和师生在教学活动中的组合关系，也是教学评价的标准和尺度。正是由于教学模式与教学目标的这种极强的内在统一性决定了不同教学模式的个性。不同教学模式是为完成一定的教学目标服务的。可见，教学模式的改革必须在教学过程中进行，以大学生的就业软实力培养为基础，加强人文社会科学教育，努力提高大学生的就业竞争能力。适应国家和社会发展需要，遵循教育规律和人才成长规律，深化教育教学改革，创新教育教学方法，探索多种培养方式，形成各类人才辈出、拔尖创新人才不断涌现的局面。

在人才培养模式改革过程中，要实现新的培养目标，必须要有与新的培养目标相适应的新课程和新教学方法，教学方法改革是人才培养模式改革的关键环节之一。在广大教育工作者的持续探索和实践中，新的课堂教学模式不断出现，并产生了良好的效果。这些新教学模式形成是在科学的教育思想、教学理论指导下，在当代特殊的教学环境下形成的稳定结构形式，是尝试教学改革活动的一套方法论体系。从大学生就业软实力提升的视角看教育培养模式改革，应注意以下类型的借鉴和运用：

一是行为修正模式。主要依据行为主义学习理论，强调客观环境刺激对学习者行为结果的影响。如伯尔赫斯·弗雷德里克·斯金纳（Burrhus Frederic Skinner）的操作性条件作用和强化理论的观察模仿学习和行为矫正理论等。这些理论与教学方法适用于当今大学生的知识技能训练。

二是社会互动模式。主要依据社会互动理论，强调教师与学生、学生与学生的相互影响和社会联系。如阿尔伯特·班杜拉（Albert Bandura）的社会学习理论、利维·维谷斯基（Lev Vygotsky）的文化历史发展理论等。其强调在教学方法中的合作学习、群体讨论、角色扮演、社会调查等形式思维学习，特别适用于培养大学生就业软实力中的人际交往能力。

三是人格发展的个人模式。主要依据个别化教学的理论与人本主义的教学思想，强调个人在教学中的主观能动性，坚持个别化教学。其教学方法有非指导性教学、启发式教学、求同存异讨论教学等。适用于个性培养、求异思维、培养独立学习和解决问题的能力。

四是信息加工模式。这种模式主要依据认知主义的信息加工理论，它把教学工作看作是一种创造性的信息加工过程，在教学方法上有概念获得的探究方法、范例教学、有意义接受学习、发现学习、调查方法等。这些更利于大学生提高逻辑思维能力，在未来工作中具有灵活性。

五是建构主义模式。这一模式遵循建构主义的学习理论，着重强调学习者用自己的方式在借助他人帮助下，形成对涉及事物的理解。在教学方法的实践中，可实施情境教学法、探索发现法、小组研究法、小组合作学习法等。这特别有利于培养大学生尊重事实，树立科学研究精神。

从以上可知，不论什么样的课程教学模式改革的实施，其基本途径包括传统的理论教学，也包括组织丰富多彩的课外实践活动和研究探索性活动，教师要善于营造良好的学习氛围，但教学始终是课程实施的主渠道。自20世纪70年代末以来，我们一直强调教学工作是学校的中心工作，教学质量是决定人才培养质量最重要的因素之一，教学是学校最重要的工作，提高教学质量是各级各类学校的永恒话题。但是，我们必须清晰地认识到，地方高校提高教学质量的提升必须在一定条件的完善下，才能真正实现高等教育改革在本校的落实，它需要从编制好课程、提高教师素质、改革教学方法、改善教学条件、加强教学管理、建设良好教风、改善学生学风等方面入手，并且，每个环节都能做到更好、更科学，环环相扣，教学模式改革才会有理想的结果。

（三）培养模式改革中对教与学的新要求

《国家中长期教育改革和发展规划纲要（2010-2020年）》中强调：充分调动学生学习积极性和主动性，激励学生刻苦学习，增强诚信意识，养成良好学风。这也是对我们高校教育教学改革的基本统领。

1. 坚持做到把大学生能力培养放到核心位置

在地方高校培养模式改革中，我们应该关注学生知识结构的优化，丰富社会实践，强化社会适应能力的提升和培养。大学生的能力关键体现在学习能力、实践能力和创新能力上，在提升能力的同时还要教育学生学会动手动脑，学会生存生活，学会做人做事，促进学生主动适应社会，积极开创美好未来。这一培养目标是综合的，能真正实现这一任务也是极其困难的，这就要做好系统培养。

既然强调把大学生的能力培养放在核心位置，我们需要思考如何以教师的教为中心转到以大学生的学为中心上来，教学改革中切实做到亲近学生、研究学生、服务学生，让大学生和老师有亲近感。作为大学教师，在教书的过程中也要做到大胆尝试、大胆创新，产生可推广、可复制的经验及做法才是最棒的。大学以人才培养为中心，教学、科研、社会服务、文化传承都是提高人才培养质量的不同途径，如何完善人才培养体系仍然是值得我们深刻思考的问题。立德树人在我们教育系统成为口号，但是如何在地方高校、专业、学科中落实，需要我们去做更多。

2. 组织实施系统培养的开放式教学

开放式教学的载体多数是有一定的项目任务，整个教学过程是将知识寓于项目任务中，把关注学生的发展作为首要目标，通过创造一个自主学习的快乐环境，给大学生提供充分发挥、发展的空间，让其综合素质在积极主动的探索过程中得到全面发展。开放式教学不仅是一种教学方法、教学模式，它更是一种教学理念，教学的核心是以学生为主体，以促进学生的全面发展为根本。为培养具有开放意识的人才，我们必须打破囿于学校和教室的教学空间概念，把课堂向社会延伸、向市场延伸、向网络空间延伸。通过培养学生多方面的兴趣，引导和鼓励学生根据自己的兴趣参与到课外活动中，真正形成开放的教学模式。这会为学生提供综合应用知识、创造性解决问题的学习机会，让学生更多地自主探究、合作交流、动手操作和创新思考，更利于培养具有全球视野、集众人之长的高素质创新人才。

开放式教学成功与否的关键是我们如何理解教学中的开放。作为高校教师的我们一定要理性认识，开放不是放任，它的实质是，站在教学的角度勇于打破僵化的教学制度而进行的教学改革，以大学生为主体建立起开放的动态教学体系。遵循一定的流程是开放式教学过程中常见的，流程环节包含有创设一定的问题情境、激发大学生的探究欲望、引导他们参与、初步感知问题、探究解决问题的方法、解决问题、总结归纳。其中，创设问题情境是开放式教学过程中的关键环节。所创设的问题应与教学大纲要求相吻合，与课程知识及技能目标相一致，能促使大学生就业软实力的逐日提升。

3. 建立发展性评价制度

开放式教学的培养模式必须要有相适应的评价机制来完善，建立发展性评价制度能更好地评价大学生的能力发展。地方高校运用发展性评价制度是以大学生为评价主体、以促进大学生的发展为目的的教育评价。发展的连续性是发展性评价的关键，重视对大学生过去学习状况的考察，以促进大学生未来的发展；注重他们的个体价值，提倡高校教师与大学生共同协商来确定评价目标，对大学生多方面能力的评价才会更客观；重视学习的过程，及时反馈，以促进发展为目标，重视形成性评价的作用。把评价看作发现大学生发展可能性的手段，着眼于发现和发展大学生的潜能，客观反映和鉴别大学生在学习和发展中遇到的困难和问题，并帮助他们改进。对于大学生的考核内容，要突破以往单一学科的知识性考核，要转向能力为核心的考核形式，使学科之间相互渗透与融合，并将基本知识、个体素质与综合能力测试结合起来，突出对大学生创新精神的考察。

发展性评价体系采取多元性，以便更好地提高评价的发展性功能和效率。我们在评价操作过程中可以强调，让大学生参与评价过程，了解评价的手段与结果，让他们能清楚及时地认识自我，把大学生被动接受评价刺激改变为主动参与评价，通过交流互动，让师生的关系更为融洽，评价结果也更为客观。要求大学生学以致用，把学习的内容用以解决生活、生产中的种种难题，同时为了加深对知识的了解，大学生也要对现实进行调查。学习过程也是大学生之间相互学习与合作的过程，因此也需要他们间的相互评价，这样可使评价的过程化更为突出，评价的目的也更为全面。

4. 实施教与学的创新

地方高校在对大学生的教育培养过程中，教与学的形式及其结合是实现理想效果的关键。在这方面要做好以下几点：

第一，注重学思结合、学创结合。孔子曰"学而不思则罔，思而不学则殆"，《国家中长期教育改革和发展规划纲要（2010—2020年）》中明确提出"注重学思结合、知行统一"，这都是在强调教学中倡导启发式、讨论式、探究式、参与式教学能更好地帮助学生学习。在市场经济氛围中，更需要具有思想的竞争性人才。这类人才的培养只有突破传统教学培养模式才能实现，只有在启发式、探究式、讨论式、参与式教学模式下才能培养出来。通过教与学的改革，激发学生在学习过程中的好奇心，培养学生的兴趣爱好，让学生在独立思考、自由探索的良好环境中健康成长。

让大学生真正做到学思结合，高校教师首先要改变教学观念，把课堂和学习的主动权交给学生，充分设计好课堂提问，调动其思考问题的积极性，鼓励大学生自主学习的习惯，不迷信课本和教师，敢于进行质疑；课堂上可以通过小组合作学习等方式，让学生体验探究问题的乐趣。每门学科有独立的知识结构和体系，也有不同于其他学科思考问题的方法。比如说，解决具体问题时，理工科侧重逻辑思维和推理，文史科侧重形象思维和想象联想，但是二者也有重叠交叉。同时，具有共性的发散思维、聚合思维能很好地培养创新精神。教师根据学科特点，适时指导学生思维的方法，让学生养成思考问题的习惯，慢慢走向创新的道路。大学生学习书本知识的目的是为了应用，是为了解决在学习和生活中遇到的问题。在运用知识解决问题的过程中，必然要对所遇到的问题进行一番分析、归纳和综合，因此运用知识解决问题的过程，实际上是学思结合的过程。高校开展以研究性学习为主体的综合实践活动，目的就是让大学生把所学知识运用到解决问题的实践中去，培养他们收集和处理信息的能力，以及独立思考问题、分析问题和解决问题的能力。

在笔者调查研究中发现，山东科技大学对大学生科技创新活动非常重视，为了促进大学生科技创新活动蓬勃发展，以"挑战杯"等高水平学术科技活动为检验平台，把大学生专利研究和大学生科研立项为实践平台，结合"一院一赛"等校内学术科技活动培育大学生创新精神和创新能力的提升。学校要求大学生在本科期间实现"七个一"，即参加一次高水平学术报告、参加一次创意沙龙活动、参加一个科技兴趣小组或科技社团、参与一次科研立项、参与一项专利申请与研究、参加一次科技竞赛、发表一篇论文的要求。为进一步通过科技创新和专利发明培养学生的创新精神和创新能力，从2013年开始，山东科技大学就把"必须参加科技创新活动"作为保送研究生的必要条件，还制定了教师指导大学生科技创新活动的奖励政策、工作量补贴政策和在职称评定上的优先政策。① 如果地方高校都能像山东科技大学一样，多注重大学生的实践、创新能力的培养，在校园活动中，能坚持不断推动类似活动的开展，坚持做到学创结合，那么，大学生们的自觉行动就会渐渐固化为自我就业软实力的提升。

第二，注重培养过程中的知行统一。在我国历史上，明朝思想家王守仁首次提出"知行合一"，"知"即人的道德意识和思想意念，"行"即人的道德践履和实际行动。我们这里谈培养过程中的知行统一，其培养要求的实质，就是坚持教育教学与生产劳动、社会实践相结合。社会实践活动可以积累大学生的工作经验，全面锻炼其动脑、动手的能力，可以使大学生直接感受社会对人才的需求和对技能的要求，从而自觉调整期望值来符合社会需求。高校学生社团活动及社会实践活动能有效提高大学生素质能力。同时，企业对创新人才求之若渴，创新能力成为当今社会用人单位最重要、最看中的能力。把所学知识运用到实践中去，需要创新的能力。河南省的黄淮学院是一所典型的地方院校，通过学校与驻马店市经济社会发展"同频共振"，学校49个本科专业中80%以上是应用技术型专业。在培养模式上突出培养大学生的职业能力，大学生的毕业论文多数为设计制作作品，学校为学生搭建了实习实

---

① 刘培进、苏超：《地方本科院校怎样转型》，《人民日报》，2014年5月15日，第18版。

训、协同创新、社会服务、创新创意创业教育4个平台，呈现出了学校"进口旺""出口畅"，2013年招生第一志愿报考者达103%，就业率高于河南省二本院校平均数近8个百分点。① 所以，地方高校通过培养大学生实践能力，使大学生在实践活动中学习与积累知识，在提升专业技能的同时，扩大大学生的社会接触面，更好地锻炼了他们的心智，从而就能很好地提高大学生的就业软实力。

第三，注重分类培养，因材施教。关注学生不同特点和个性差异，发展每一个学生的优势潜能。为达到具体目标，可重点推行和尝试大学生培养中的"分类培养、分层次教育、本科生导师制培养"（这点属于教育培养中的具体问题，在此不做进一步探讨）。笔者在调查中发现，河南省的黄河科技学院作为地方的民办高校针对社会对人才的需求自我办学定位很准确，学校坚持"面向全体、人人成才、因材施教、分类培养"的改革思路，尊重学生差异化发展，根据把创新创业教育融入人才培养全过程的思路，从学生就业、创业、升学三个职业发展方向实施课程分类培养，为学生的个性化培养和未来发展提供更多选择与发展空间。针对就业的学生而言，学院着重加强学生的实践能力，在课程设置上与企业共同开发以"实务、案例、问题、标准、流程"为主的实践性课程，开发特色课程119门，强化大学生实战能力培养。在专业学习中，积极推进项目驱动下的"学中做，做中学"的教学模式，推行"课程设计、真实训、创新设计、毕业设计"前后贯通的改革思路，建立了"内容综合化、形式多样化、过程全程化"的多元型课程考试新模式，有效提升了大学生的综合素质和创新能力。

第四，全方位评价学生。通过前期的调查研究总结发现，对大学生进行科学的评价是促进大学生健康成长、提升就业指数的关键。高校在统领全局的管理中，一位专职教师、一位学生工作管理的辅导员能及时做到对培养工作的总结，不仅能提升教师自身的素养，还能提高高校管理的科学性，符合时代要求，它更是对大学生进一步发展的鼓励和鞭策。为此，针对地方高校大学生自身特点和提升就业软实力的要求，设计一套科学的评价体系，对大学生进行全方位评价，鼓励特色成长和独立创新精神，做到把大学生的隐性优势转化为可评价的因素，增强大学生自我发展的自信心，提升就业软实力，是一项意义重大的事情。

（1）尝试对大学生实施形成性评价和终结性评价相结合。在这一评价中重视过程，兼顾结果。实践教学重在培养大学生的实际动手能力，即利用所

---

① 董洪亮：《地方本科院校怎样转型》，《人民日报》，2014年5月15日，第18版。

学理论分析实际问题并解决问题的能力，结果固然重要，但是，大学生在分析解决问题过程中的表现更重要，这就体现了大学生的综合专业创新能力和专业水平，所以对大学生实践过程评价（即形成性评价）尤为重要，可帮助他们提高学习兴趣，并且能培养其学习的主动性和合作精神。终结性评价则是对大学生整个实习期间是否已经达到相应目标要求的评价。形成性评价是终结性评价的重要基础，终结性评价是形成性评价的延续。形成性评价要求教师重视学生平时学习情况的记载和收集。教师在整个实习过程中采用多样性、开放式的方法，全方位地记录学生实习的点滴，收集反映学生学习过程和结果的资料，通过随堂提问、课堂测试、考勤记录等多种方式评价学生的学习状况，注重评价过程对学生综合创新能力的培养和激励，加强学生学习过程的管理。着重评价学生分析问题、解决问题的过程。加大形成性评价的力度，坚持全过程、综合性评价原则，可使学生看到自己学习的进步，增强学习信心，产生成就感。

由于形成性评价是一种过程评价，涉及很多方面，为此将教学任务结合该学科特点的需要划分为3~5个模块，并把每个教学模块的教学过程再具体分为实习态度、实习过程和单元任务模块考核三个方面并给予打分，同时，每个一级指标再细分成几个二级指标，这样可全面反映并展示出大学生的实习过程，让我们直观地看到大学生实习期间的成功之处与问题所在。为使学生实践期间的表现都能在最后的成绩中有所体现，要求学生认真对待每个任务模块，我们还可以尝试将平时形成性成绩的比例提高到较大比重，可在50%以上，总结报告成绩占比重少些，以体现出对过程的重视。我们也可以考虑让学生成为教学评价的参与者，建立鼓励性评价机制，扩大评价范围，增强和提高学生的自信心和学习积极性。同时，教师可以从评价结果中指出学生的弱点与不足并建议如何改正缺点和发扬优点。帮助学生分析存在的问题，判断学生学习上的难点，找到教学成败的原因，以便及时修正、调整教学计划或对教学内容进行必要的补充。

当然，仅靠形成性评价不可能反映学生最终掌握知识和技能的情况，只有将形成性评价和终结性评价有机地结合起来才能反映学生的最终成绩。

（2）实行学生学习成绩多元化评价主体。评价主体的多元化，我们可以采用学生、教师、学习小组共同参与评价的方式，采取学生自评、小组互评、教师评定相结合的办法。通过自评给予大学生自主权，促进其自主学习的积极性，这是对大学生的尊重和理解，也可以避免教师的误解；有利于形成自我发展的内在动力，提高自我认识、自我激励、自我调整、自我教育的能力，也是培养、提升大学生学习能力的手段。小组互评可以带动大学生参与互动，交流协作。实效性地创设小组交流的时空，使大学生有取长补短、学习他人的机会，这也是一种良好的自我评价能力的培养与潜移默化的过程。最后由老师确认，这样评价较公平、公正、全面。

我们需要客观认识，教师评价和同学（小组）互评都是外在性的"他评"，如果"他评"不能被受评者理解和接受，即使该评价非常正确、非常实用也毫无意义。只有"他评"真正地能引起受评者的自我认同并引发其自我反思时，"他评"的实质作用才算是发挥出来，才能转化成为大学生内在的自我评价。大学生只有做到客观理性的自我评价，确保正确的自我评价贯穿于自我学习的始终，就业软实力的提升才能落到实处。我们可以做到以下几点，来更好地确保大学生能正确地自我评价：第一，教师务必要认真评价大学生的学习需求。在师生共同讨论的基础上确定了学生感兴趣的学习内容与任务之后，学生才可能愿意参与学习，并保持较长时间的兴趣。同时，让学生真正理解并确信：课堂评价师生共同关注的是学习本身而不是分数，学生就会对"自评"产生正确的认识和良好的期望。第二，让学生了解并学习贯穿于学习始终的"自我评价"技能。指导、鼓励学生正确使用评价方法和评价工具，不断反思自己的"元认知"，鼓励学生有能力、有意愿来批判性地并客观地评价自己的学习。更重要的是，还必须引导学生克服"一劳永逸"的自评想法。要让学生在学习实践中真切认识到：修改和改进是个持续不断的过程。第三，教师给出评价标准和使用方法，确定有效的策略与规则支持学生自我评价。

为实现教学模式的具体改革，应做好多方面的工作。以上几项要求，仅仅是基本的思考和一般性的要求，作为地方高校在提升本校大学生就业软实力的教育教学中还会面对很多具体的问题，在具体操作中还会有许多具体事项和操作内容有待进行细致解决，也会遇到一些具体障碍需要克服。

三、优化地方高校大学生培育机制，高效提升大学生就业软实力

大学生培育机制是由学校内具有不同功能的部门和主体在具体操作过程中形成的方法、模式和保障体系。这一机制的作用，从内部作用而言，能指引大学生的思想，触及大学生的心灵；从外部作用来讲，它的影响体现在能为大学生的未来就业提供有益的保障，具有规范约束效果，能很好地提升大

学生的就业软实力。校内大学生培育机制的构建与优化是一项系统工程，但是，它需要通过学校内多部门、多环节、多形式的通力协作才能完成，才能有针对性地提出促进大学生健康成长和有效提升就业软实力的对策思路。结合前期的调查研究，在地方高校大学生成长氛围和环境上应注意做好以下几点：

（一）塑造地方高校思想政治教育工作队伍

西方有句名言，"一个知识不全的人，可以用道德弥补；而一个道德不全的人，却无法用知识去弥补"。这充分体现了道德对人的重要意义。一个人的思想道德素质是其综合素质的灵魂，它决定一个人的政治方向和行为方式，并深层地与身心、创造审美等素质密切联系，在其中起着主导性作用。因此，思想品德是个体软实力的基础，制约和影响着软实力的其他组成要素。大学生应具备良好的思想素质、人文素质，良好的思想素质与人文素质是提升大学生"就业软实力"的基础，理想教育与实践教育是纠正大学生"眼高手低"的有效途径。在进行思想教育与人文教育、理想教育与实践教育时，充分发挥教师与学生双重主体的积极性。

在高校思想政治教育中，高校思想政治教育工作者（辅导员、班主任等）是教育的主体，他们是专职从事大学生思想政治教育，对大学生的成长与能力的提升都发挥着重要作用，这些人是思想政治教育活动的组织者、策划者、实施者，高校思想政治教育队伍建设关系着高校思想政治教育的成败和新局面的开拓。思政教育者是大学生学习阶段意志品质的重要塑造者，更是大学生就业软实力提升的开发者。但是，我们也要认识到，高校思想教育工作队伍是团队、是机构而不是针对个体的哪一个班主任或辅导员；高校思想教育工作是一项系统的工程，需要高度重视，才能真正发挥出它对大学生起到的作用，体现出它特有的价值。

然而，在面对当今社会环境下长大的个性的大学生群体时，高校思想教育工作者在更多的时候应进行纠偏，而不能过多"暴力"干涉大学生的主体选择。在整个高校教育过程中，我们要做的思想教育与人文教育应该是相辅相成的，理想教育与实践教育互为补充，方能提升当代大学生的思想境界与人文素养，才能有利于大学生良好的个人思想品德、人格魅力等形成；坚持理想教育与实践教育相结合，纠正大学生不科学的期望，提高其动手能力与创新能力，有利于培养大学生的人际沟通能力、团队协调能力与环境适应能力，同时也有利于公德意识与感恩意识的形成，保证他们未来的持续稳定发展。在地方高校做好大学生思想教育工作是做好其他任何工作的前提与基础，对提升大学生就业软实力也有极大的推动作用。

　　大学生思想教育工作队伍的主体是学校党政干部和共青团干部、思想政治理论课和哲学社会科学课教师、辅导员和班主任。他们是做好当前大学生思想政治教育工作，加强和改进大学生思想政治教育的组织保证。大学生思想政治教育工作队伍作为高等院校开展大学生思想政治教育的骨干力量，担负着教育、管理、培养学生的重要使命。这支队伍的能力、素质和水平的高低不仅影响到思想政治教育工作的效果，也直接关系到学校的改革、发展和稳定。正如，党的十九大代表广东技术师范大学辅导员陈小花教授在教育部"双巡活动"全国报告团宣讲中反复提到过，辅导员作为高校大学生最关键的思想引导者，对学生的爱不是溺爱，而是重引领、讲原则的大爱。思政工作从根本上说是做人的工作，辅导员是大学生日常思政教育的重要组织基石。因此，组织细致入微和有实际内容的一系列教育活动，培养大学生的兴趣，调动大学生内在积极性，培养其自我发展意识，那就必须高度重视地方高校大学生思想政治教育队伍的建设。第一，高校思想政治教育队伍应该是一支心理素质过硬的队伍。只有具备了过硬的心理素质，才能保证良好的工作状态，保证高校思想政治教育的有效性，才能培养在校大学生具有良好的性格和素质适应当代的生活。第二，高校思想政治教育队伍应该是一支思想素质高强的队伍。思想跟得上时代发展，观念及时得到更新，才能应对高校思想政治教育工作，避免难以转变思维方式的情况出现问题，并且，只有保证在当今我国不断发展的形势中，才能应对不断产生的新问题和新情况，这就意味着高校思想政治工作者必须拥有科学的世界观、人生观和价值观，此外，还必须具备优良的工作作风、强烈的事业心和责任担当意识，才能保证高校教育工作的顺利完成。第三，高校思想政治教育队伍应该是一支政治素质扎实的队伍，政治条件和政治品质的扎实是确保高校思想政治教育队伍正确从事思想政治教育工作的前提，对高校思想政治教育队伍起到支配和决定性作用，它决定着思想政治教育队伍的整体素质能否实现。同社会其他领域要求的政治素质相类似，能以正确的视角、立场和观点看待问题、较高的政治理论水平和政策水平、坚定的共产主义理想信念，才是高校思想政治教育队伍的政治素质必须具有的素质。

（二）做好地方高校大学生的职业生涯规划和就业指导工作

　　大学生职业生涯规划是一个计划的、系统的、持续的过程，它包括对未来职业的认知定位、自我职业目标的确定和落实、职业计划实施步骤的设计等环节。职业生涯规划的好坏必将影响大学生整个生命历程。站在高校的角度而言，大学生就业软实力的提升应从大学生进入校门就开始重视，并帮助指导他们学会规划自己的未来发展，更要为他们走出校门后的发展着想，所以高校要完善多种形式的就业指导工作。在具体过程中高校教育工作人员注意从引导大学生确立职业发展目标起步，让他们更直观地了解社会对人才的需求，明确方向，正确处理好自身"硬实力"与"软实力"的关系，刻苦学习，积极参与实践活动，尽早找到奋斗的目标和前进的方向。帮助大学生客观分析自己的性格及掌握的知识和技能，这样做既方便他们毕业能找到适合自己的岗位，又可以提醒他们在工作中注意克服性格的不足，同时理性认知自己的能力去做力所能及的工作。还要帮助大学生确认自己的发展目标，并能为之坚持走下去，只有确定了目标，才能为自己找准发展的位置，哪怕是将来面对跳槽，往往也能做到有目的、有选择地跳，不盲目，使大学生在求职时未雨绸缪，不再为"就业软实力"不足所累，保证少走弯路，形成个体的持续发展力。

制定一份科学完整的自我发展规划是大学生在大学学习期间的发展航标，对他们的成长具有重要意义：第一，有自我生涯规划的人往往都会有清晰的发展目标，职业生涯规划有助于大学生明确自我的职业发展目标；第二，能抗拒短期诱惑、能坚定地朝着自己的方向前进的人往往都是有目标的人，职业生涯规划可以增强大学生个人发展的目的性与计划性，准确提升应对竞争的能力，并且还能促使大学生日常学习生活的充实感；第三，只有找准自己的角色定位才能取得最大的成功，职业生涯规划有利于大学生建立科学的择业观、降低求职成本和加快求职速度，做自己喜欢的事情，做到极致，最容易成功；第四，很多时候，失败的人不代表没有能力，而是对工作的适应与角色定位的失败。职业生涯规划能加快大学生对工作适应性和对自我角色的有效定位的方式，并提高工作满意度；第五，地方高校做好大学生职业生涯规划工作有利于提高自身的办学水平和社会的影响力；第六，地方高校做好大学生职业生涯规划工作能给用人单位在选人、用人上提供方便，也直接缩短了大学生上岗后的培训和适应期。

1. 做好大学生职业发展规划指导

在进行大学生个人职业发展规划指导时，应明确提升他们的基本素质，打好基础。一方面，在校期间要有清醒的思路，追求如何使自己更有利地获得理想工作；另一方面，对职业生涯的规划目标不要期望一步登天，要懂得循序渐进，更要从练就基本功开始。

科学的职业生涯设计能更有利于指导大学生顺利就业。要做好职业生涯规划可从以下方面入手：

第一，认识自我，了解社会。在制定职业生涯规划之前，每个大学生应明确"我是一个什么样的人、我将来想做什么、我能干什么、社会环境能支持我干什么"等问题，做到真正了解自己。

第二，确立目标，规划未来。在认识自我、了解社会的前提下，大学生应从自身实际和社会需要出发，确定职业发展的方向，明确达到职业目标需要具备的素质和实现目标的优劣势。

第三，构建合理的知识结构。大学生知识结构体系的基本框架是由基础知识、学科知识、专业知识三大要素构成，其中基础知识是知识结构的根基，在促进大学生健康成长、社会成熟、全面发展以及专业发展、社会化形成等方面具有确定方向，促进精神动力发展的作用。学科知识是专业知识的基础，它有一定的针对性和时代性。专业知识是大学生获得真才实学的专业准备，重在实用性、技术性。可见，大学生对基础知识的掌握是丰富自身素养、提升自身"就业软实力"的根本。建立良好的职业生涯规划要求大学生不仅要具有一定的知识，还必须形成合理的知识结构。

第四，培养职业需要的实践能力。大学生的综合能力和知识面是用人单位选择的依据。用人单位不仅考核其专业知识和技能，而且还考核其综合运用知识的能力、对环境的适应能力、对文化的整合能力和实际动手操作能力等。

第五，积极参加有益的社会实践和职业训练，增强适应工作的能力。职业训练包括职业技能的培训、对自我职业适应性考核、职业意向的科学测定等。

第六，加强自我修养与锻炼，培养良好的心理素质。未来职业生涯的成功，首先应该确定一个切合实际的职业定位和职业目标，并且把目标进行分解，然后设计出合理的职业生涯规划图，并且付诸行动，经过不断努力和调整，直到最后实现我们的职业发展目标。同时，大学生的职业生涯规划，有赖于政府、社会、高校以及大学生自身的主动性、积极性和创造性，需要多方面的紧密配合与全面推进才能确定并真正意义上落实目标。

大学生的职业规划不是简单的一纸计划或主观的想象，而是一个科学的操作过程，需要在有关老师、专家指导下才能更好地完成。在具体操作中，应在对一个人职业生涯的主、客观条件进行测定、分析、比较、总结的基础上，还要对照个体的兴趣、爱好、能力、专业特点等进行综合分析与权衡，并进一步结合市场需求和社会特点，根据自己的职业倾向，方可确定每个人的最佳职业奋斗目标，并为实现这一目标做出行之有效的安排。笔者在调研中发现，大学生往往因为缺乏具体的职业思想指导，未能根据自身的条件和社会条件合理地进行职业生涯规划和设计,有的走入了各种盲从的误区,在就业大潮中随大流;有的虽然有目标,但缺乏具体的实现措施,没有做好适应职业的准备,逐渐丧失信心;有的甚至到了毕业仍不知道走出校门后该何去何从,致使毕业生在求职中出现种种思想问题和困惑难以解决。因此,加强有计划的、系统的就业指导工作,能帮助大学生从自身条件到社会条件进行综合考虑,引导他们正确选择职业目标,设计符合个人实际又适合社会发展趋势的合理的职业生涯规划,能让大学生有更好的人生态度迎接新的生活,并结合自己的实际更好地追求新知,为实现其自身人生价值奠定良好的基础。

2. 做好对大学生的就业指导

就业指导并不是新鲜的字眼,早在1894年的美国就出现了类似就业指导的工作。美国就业指导的创始人帕金斯(Perkins)首先使用了就业指导的概念,1909年他出版了《选择职业》一书。后来,在德国、苏格兰等西方资本主义国家也相继开展了专门的职业指导活动。1911年美国的哈佛大学在世界上首开先河,在大学生中开设了就业指导课。在我国,清华大学早在1916年就开始着手和筹备这项工作,1923年正式成立了职业指导委员会,拉开了我国高校就业指导工作的序幕,1925年还出版了《职业指导实施》一书,记录了我国开展就业指导工作的历史。

随着我国高等教育改革、高校招生人数的迅速扩增、国家就业形势的日趋严峻和市场经济竞争的日趋激烈,给就业者带来的各种压力势必越来越大,若要在就业竞争中胜出,拥有一定的择业和应聘技巧是十分必要的。就业指导工作的开展则有利于大学生的就业与成才,促进高校与社会的结合,有利于人才资源的合理配置。就业指导帮助大学生熟悉国家的就业政策,了解社会需求,正确认识自我,树立正确的择业观,增强社会责任意识,掌握求职技巧,不断提高大学生主动适应社会需要的能力。对大学生进行就业指导的意义表现为:①帮助择业者充分了解自己的个性特点。例如,个人的爱好、性格、知识、能力等,从而使自己对自己有全面、理性的认识。②帮助择业者了解社会不同职业的岗位要求。如职业的分类、岗位的内容、岗位的知识和能力要求等。③帮助择业者根据自身的个性特点选择适合自身的职业,也就是我们通常所说的实现人职相配,从而完成择业者的择业任务。

在就业指导过程中,涉及的基本内容有以下几方面:

第一,信息指导。信息指导是就业指导的基础,高校和就业部门只有收集和掌握了广泛的社会需求信息,才能为毕业生创造尽可能多的就业机会,也才有可能对毕业生进行就业指导。

第二,思想指导。思想指导是就业指导工作的关键,他引领大学生的就业行为，思想指导的内涵有三个方面：一是帮助毕业生树立正确的择业方向和标准；二是引导和鼓励毕业生确立高尚的求职道德；三是帮助毕业生选择正确的成才道路，实现个人价值的提升。

第三，求职技术。求职技术指导是培养大学生在就业过程中的技巧，是就业指导的基本内容之一。

在大学生毕业前夕，往往有不少同学犹豫不决，甚至呈迷茫状态，集中表现为就业思想准备不足，产生供需见面时的行动拘谨，语言表达混乱，甚至手足无措，因此而错失被聘用的良机。由于他们在学校期间关注就业政策和信息偏少，不清楚现行的各项有关的政策规定，不能有效地在职场做出应对和保护自己的权利。另外，在具体的招聘、应聘程序、个人表格的填写、资料的整理和使用、自我介绍等细节方面，也需要进行必要的指导。这样，可以避免由于不按时到场、介绍不着边际、材料不得要领、礼貌不周、言语不当、衣冠不整、手续不全等技术原因造成的求职障碍。

（三）发挥地方高校专业教师教育大学生的优势

无论是哪个受教育阶段，学生的成长始终与教师，特别是一线教师息息相关。2018年，教育部部长陈宝生在做客新华网和中国政府网的《部长之声》时，将师德称为教师铁律，他强调，师德建设是立德树人的第一招，好老师才能培养出好学生，把老师培养好是教育的根本，一个师德不健康的人不可能教育出好学生，这种人也难以教育培养出合格的建设者和接班人，更不会培养出担当民族复兴大任的一代新人。同理，地方高校教育要想培养出优秀的大学生，任务更多的还是要落实到每位大学教师的身上。为满足大学生成长的需要，任何成功的一次授课，都需要高校教师付出巨大的努力，每次与学生的沟通都会对他们产生积极影响，并能产生积极的支持力。高校教师自身的素养和学识直接影响到大学生的创造性发挥，其教育理念和教育水平也直接关系到高等教育的成败和培养大学生质量水平的高低。

在高校里，教师做到言传身教、为人师表是师德师风的具体体现，这深深影响着高校教师身边的每一位大学生，优良的师德师风对大学生就业软实力的提升起着表率和示范作用。高校的专业教师不仅承担教学任务，对大学生身心健康也能产生重大影响，所以，高校教师必须坚持做到教书育人。教师们在学生面前能做表率、当楷模，才能真正做到教书育人，才能有利于提升大学生的"就业软实力"。因此，高校内要加强师德师风建设，打造一支既有"硬实力"，又具备极强的"软实力"的师资队伍才是一所高校的立命之本。

专业教师作为高校教师中的主力，在教学过程中要特别注重大学生学习能力、实践能力、团队精神的培养，为大学生搭建起全面发展的"立交桥"，增强他们的就业竞争力和社会适应力。在高校里，大学生与专业教师之间更具有天然的亲和力，对他们也更有信赖感，他们更期望从专业教师那里得到尽量多的专业知识和有关的社会知识。所以，提高专业教师对大学生引导力度，实施正面影响，这不仅能从专业方面提升大学生的知识素养，更能有效提升大学生的综合实力。专业教师可充分发挥课堂教学的主渠道作用，课堂教学是目前实现教育目标的重要途径。高校要从办学理念、培养目标等各方面融入、渗透"就业软实力"教育，结合"两课"教学，明确提出"就业软实力"是构成大学生素质教育的重要部分。在修订教学计划时要特别关注文化心理素质、人格力、道德水平、团队协调能力、创新精神、人际沟通能力、诚信、敬业精神等人文目标的实现，做到在任何一个教育教学环节都渗透"就业软实力"的培养。营造重视"就业软实力"的浓厚氛围，塑造"就业软实力"培养的教育大环境。

特别是，全国人民众志成城面对2020年新冠肺炎疫情发生以来，我们做到了共克时艰。然而，疫情防控期间，仍然夹杂着混淆视听、扰乱舆论的各类声音，增加了舆情风险。大学生是充满激情，容易被社会责任感激发感染的群体，也容易陷入不良思想言论的误区，带来意识形态的风险。当大学生不能返校上课的情况下，网课的形式更是拉近了专业教师与大学生之间的距离。专业教师在进行专业教学的同时引导大学生正确树立思想价值观，形成科学的价值评判标准及坚定的理想信念，提升大学生符合社会需要、符合时代发展趋势的价值导向的教育显得尤为重要，更是大势所趋。

因此，高校教师只有提高自身的师德和业务水平，做到爱岗敬业，教书育人，才能以良好的思想政治素质和道德风范影响、教育大学生。在具体业务上，每一位教师要以科学的理论武装自己，以先进的理念提升自己，树立新的教育观、人才观、质量观和发展观，不断提升个人的专业能力素养。在个人行为上，每位教师要表现出足够的职业"热情"，有强烈的事业心和责任感，对大学生有真挚的师生"真情"，真心去爱护大学生，就会得到学生的尊重与爱戴。无数的事实证明，只要教师能够以正确的方向引导学生，以高尚的品德影响学生，以渊博的知识教育学生，以科学的方法启迪学生，不仅能激发学生学习的自觉性，使教学出实效，而且对学生也会起到"潜移默化"的作用，真正影响大学生的思想和行为，使其自觉地塑造和提升自身的"就业软实力"。

四、构建大学生健康成长的和谐环境，促使大学生身心健康

百年大计，教育为本。教育是民族振兴、社会进步的基石，是提高国民素质、促进人的全面发展的根本途径。强国必先强教，高校是完成这一使命的中坚力量。能否培养出一批批优质的大学生，关键在于能否创设一个具有生命力和高效率的高校环境是至关重要的。优越的成长环境，和谐的人际关系，才能培养出团结互助、诚实守信、遵纪守法、艰苦奋斗的良好品质。

《国家中长期教育改革和发展规划纲要（2010-2020年）》中指出："树立系统培养观念，推进小学、中学、大学有机衔接，教学、科研、实践紧密结合，学校、家庭、社会密切配合，加强学校之间、校企之间、学校与科研机构之间合作以及中外合作等多种联合培养方式，形成体系开放、机制灵活、渠道互通、选择多样的人才培养体制。"这一要求直接把社会、学校、家庭三个方面纳入了教育培养管理的一体化，构建学校、家庭、社会三位一体的教育网络，有计划性、有针对性、重实效性地开展教育活动是培养合格大学生的重要保障，我们对大学生的培养更应突出面向社会应用的重要性。为此，本书从三者作用的相互关联上做了系统思考，争取为大学生的成长构建优质的立体化环境。

（一）建设利于大学生成长的社会环境

利用我国各级政府提供的有关政策优势，加强企业方面与高校的合作，更加积极地参与人才培养过程，更加主动地融入就业政策体系，都能为大学生健康成长开拓更大空间。可以结合企业对人才的需求全程参与高校课程体系设计，在硬件上为大学生创造条件提供实践、实习机会，把培养过的实习生作为企业重要的人力资源储备，纳入企业整体人力资源战略规划。这样既提升了大学生的专业水平，也为大学生在就业方面减轻精神压力，有利于他们轻松学习。

习近平总书记与北大学子座谈，多次提到核心价值观和文化自信。他指出："当今世界，要说哪个政党、哪个国家、哪个民族能够自信的话，那中国共产党、中华人民共和国、中华民族是最有理由自信的。"他还说："站立在960万平方公里的广袤土地上，吸吮着中华民族漫长奋斗积累的文化养分，

拥有13亿中国人民聚合的磅礴之力,我们走自己的路,具有无比广阔的舞台,具有无比深厚的历史底蕴,具有无比强大的前进定力。中国人民应该有这个信心,每一个中国人都应该有这个信心。"可见,强化大学生的信心教育是当今高等教育关注的重点,自信心是大学生"就业软实力"中一个重要的构成因素,是一个人取得成功的重要心理因素,一个不自信的人在就业竞争中是无法获得真正成功的。如人们对人才层次的认知,在社会人的意识里常常表现出,专科生不如本科生、本科生不如研究生的直观判断,这种观念的存在,会导致前者在一定的社会群体中的自卑感,进而在就业机会面前表现出畏畏缩缩、不敢表现自我等状态,并由此错失良机。我们要教育引导大学生客观认识高等教育中各层次培养的独到之处,这只是同一类型的不同培养层次,就人才的培养而言,它们是并列的,不同人才只是培养目标培养的类型不同而已。帮助各层次的大学生找到属于自身存在的独特价值,明白"尺有所短,寸有所长"的真正内涵至关重要,引导大学生在就业市场当中找到自己的位置,并树立起敢于展示自己的信心。

(二)优化地方高校服务环境

《关于开展全国普通高校毕业生精准就业服务工作的通知》,提出各地各高校要充分利用"互联网+就业"新模式,采用青年学生喜闻乐见的形式,广泛利用手机等移动终端,根据毕业生不同阶段需求和求职意愿,精准推送相应的就业政策、岗位信息、指导服务,实现就业服务个性化、差异化。[①]优越的高校服务环境,更利于人才培养,它能让大学生都有充分的机会融入到学校生活,充分体会大家庭的快乐。高校管理服务工作要体现育人导向,把严格日常管理服务与引导大学生遵纪守法、养成良好行为习惯结合起来。后勤工作中,责任感、事业心、工作热情、奉献精神是十分重要的,对管理者而言,人员品德尤为重要,高校的后勤工作是学校的一个大窗口,后勤人员不仅与教师交往频繁,而且与大学生有着频繁的交往,后勤服务业人员的品德自然地会对大学生产生潜移默化的影响,一个学校的风气和后勤管理者的品德、作风有很大的关系。后勤服务人员要努力搞好后勤保障,为大学生办实事、办好事,在服务中实现教书育人、管理育人的作用,让大学生在优质服务中受到感染,接受教育。

高校管理者与大学生也是零距离接触的一线人员,其言谈举止、工作态度、价值取向、品德素质等对大学生的示范性、权威性和教导性,对大学生

---

① 资料来源:中央政府门户网站,http://www.gov.cn,2016年4月6日。

起着潜移默化的教育作用,甚至会影响到大学生的职业发展。提升大学生的"就业软实力",这类管理服务人员要发挥身先士卒的引领作用。

从微观的层面来看,大学生在校期间,良好的学习环境和严格的考试、考核措施,为他们具备较好的专业知识素养提供了有力保障,相比较而言,大学生"就业软实力"的提升尚属高校教育教学工作的软肋。高校需要转变观念,采取多种教育教学方式提升大学生"就业软实力",搭建高效的平台。

学校广大教职员工都负有对大学生进行教育培养的重要责任。制定完善有关规定和政策,明确职责任务和考核办法,形成教书育人、管理育人、服务育人的良好氛围和工作格局是高校管理中的关键环节。在学校环境内,特别应强化老师对学生就业软实力提升方面的作用。老师的言传身教、为人师表是师德师风的具体体现,优良的师德师风对大学生就业软实力的提升起着表率和示范作用。因此,教师要以科学的理论武装自己,以先进的理念提升自己,树立新的教育观、人才观、质量观和发展观。对工作有"热情",有强烈的事业心和责任感;对学生有"真情",真心去爱护学生,关心学生;严于律己,率先垂范。无数的事实证明,只要教师能够以正确的方向引导学生,以高尚的品德影响学生,以渊博的知识教育学生,以科学的方法启迪学生,不仅能激发学生学习的自觉性,使教学真正出实效,而且也能在"潜移默化"中影响着大学生的思想和行为,使其自觉地塑造和提升自身的"就业软实力"。

(三) 构建充满正能量的校园文化与学习环境

教育本质上是一种文化活动。高校教育是国家和民族文化传承的重要载体,不仅自己深受文化传统的影响,而且与社会政治经济等诸方面有着密切的文化互动。与政治、经济等相比,文化与高等教育具有更深层次的本质联系。如果说教育最基本的社会任务是文化传承,那么高等教育对社会文化的传承具有更重要的意义。① 高校的校园文化是在校园空间里以大学生为主体,以制度文化、环境文化、精神文化和行为文化建设等为主要内容,涵盖院校领导、教职工在内,以展现校园精神为主要特征的一种群体文化,它是社会整体文化的一部分,具有互动性、渗透性和传承性,对于提高大学生的人文道德素养,拓宽学生们的视野,培养跨世纪人才具有深远意义。同时,我们也能看到,正能量的高校校园文化和学习环境、氛围代表着一所高校的文化品位,大学生每天置身于校园之中,校园的文化氛围构成了他们生活、成长

---

① 赖明勇:《光明日报》,2015年9月7日,第2版。

第八章　构建地方高校大学生就业软实力提升的保障体系

的直接环境,这是大学生提高自我就业软实力各种影响因素的综合。

个人成长环境的营造对人性形成的重要性,所谓"近朱者赤,近墨者黑"正是这一道理。墨子见人染丝而受启发并发出感叹:"染于苍则苍,染于黄则黄。所入者变,其色亦变;五入必而已则为五色矣。故染不可不慎也!"①(丝)染了青颜料就变成青色,染了黄颜料就变成黄色。染料不同,丝的颜色也跟着变化。经过五次之后,就变为五种颜色了。所以染这件事是不可不谨慎的。这里的"染"字就是指外来的影响,人也是这样,环境将对他直接影响。特别是青年人,世界观正在形成,把他置身在什么环境里就会染上相应的特色,或是积极的或是颓废的,或是正面的或是负面的。校园文化在当今高等教育中发挥着重要作用,它的时代特色能够唤起青年一代的心灵,激发青年学生的激情,唤起青年一代高尚的、独立的人格追求和高尚的道德追求。为此,地方高校在培养大学生成才过程中,应特别注意他们的成长环境建设。

1. 培育积极向上的学习风气

高校的校园文化是当代大学生活的主色调,校园文化是青年学生个性自由发展的广阔天地,浸染其中可以充分发挥其想象力、创造力,使他们各自的组织管理能力、社交能力、自主能力和创造能力在不同程度上得到发挥,从而最大限度地发挥和实现自我个性与自身潜能。真正优越的高校环境还应重点体现在具有积极向上的学习风气和学习氛围上,学业的成功在很大程度上取决于学习的环境如何。由于学生们的家庭背景不同,性格爱好也不相同,在拥有的知识基础上也存在很大差异,因此,在培养大学生成长过程中会遇到各种各样的问题,还要根据他们的不同性格、气质、兴趣、能力、情感、思维和行为方式等心理特征进行教育。其实,每个学生身上都有属于自己的闪光点,我们必须通过营造良好环境,因势利导,坚持个别指导,使每个大学生的学习和成长有保障,才能培养出真正的人才。

在校大学生是个巨大的知识群体,在校期间做好这一团体的学风建设,对于培养大学生良好的学习、工作、生活习惯非常重要。一个集体有良好的学习环境、良好的学习氛围,那么可以说这个集体是一个优秀的集体。所谓学风就是学习者在求知目的、治学态度、认识方法上长期形成的,具有一定的稳定性和持续性的精神倾向、心理特征及其外在表现,它决定着一个人的成长过程和达到的人生境界。在大学生中要树立起良好的学习风气,应该注重从以下方面着手开展工作。

---

① 资料来源:《墨子·所染》。

第一，要培养良好的班风。良好的学风离不开良好的班风，一个班集体如果班风不好，全班学生没有严格的组织纪律观念，那是不可能有良好的学风的，所以要培养良好的学风，首先就要从抓班风做起。面对拥有具体特点的大学生，要求提高认识，联系学生的思想实际，加强思想教育，讲清道理，提高认识是培养良好班风的思想基础和中心环节。

一个优秀的高校辅导员、班主任工作中都有自己成熟的班风建设经验，比如，首先和大学生一起利用教室墙壁制作宣传栏、标语栏、德育栏、时政栏等，创设、营造专业特色浓厚的班级文化氛围，并定期定时地进行板报内容的更新，让学生们在潜移默化中得以熏陶。其次辅导员或班主任随时关注并把握班级的舆论导向，根据是非标准进行褒贬，在全班形成一种能够扶持正气、伸张正义、制止错误思想、阻止不道德现象的集体舆论。并且，这种舆论是建立在全班占压倒多数的正确认识与言论基础上建立起来的，对全班成员的感染力和道德上的约束力会特别强。另外，辅导员或班主任充分发挥自身的职业道德修养用真诚的情感去热爱、关心、爱护学生，同时也能受到学生的爱戴，以教师为中心形成的班级向心力和凝聚力会让大学生与辅导员之间架起一座信任的桥梁，形成良好的班风。

第二，要对学生进行学习目的教育。当今社会形势下，有相当多的大学生不能全身心地投入学习，并不是因为他们不想学习，而是因为学习没有目标或是因为目标不明确，学习没有动力，因而不能持之以恒地投入学习。对于这些大学生而言，我们通过教育引导，对他们进行目的教育，让大学生明白，学习的目的是为了掌握知识，为自己的将来打好基础，做好铺垫。让他们明白上大学的目的和意义，学习不仅是一个手段，而且还是一个过程，不断激励他们向职业生涯规划的目标努力奋进。因此大学生只有保持头脑清醒，学习上做到有的放矢，明确目标，才能在大学阶段有自我成长利益最大化的收获。

第三，用学习标兵带动班级学风。榜样的力量是无穷的，榜样代表了先进的事物及优良的表现，要注重用榜样的引导力，让学生在学习中做到逆水行舟，鼓励每个学生都向前冲，这必然会在班上形成一股良好的学习风气。通过强化榜样的示范性，激励后进生向前进，促进班级学风建设。

辅导员可以引领大学生通过各种活动树立"学习标兵"以激励全体学生学习的积极性。如2019年3月，北京理工大学经管书院/管理与经济学院召开"青春榜样"评选答辩会活动。以榜样选树为契机，结合德育开展工作，深入大学生思想政治教育、理想信念教育以帮助学生更好地制定个人发展规划，同时掀起"向谁学、学什么、如何学"的学风大讨论。活动的开展既宣传了一批践行社会主义核心价值观、带头传播正能量的榜样。同时，也让其他同学在今后的大学生活中向榜样看齐，形成了好的班风，也建立起良好的系风、校风。

第四，加强行为习惯的训练。习惯是人们在社会生活中逐步形成的一贯的、稳定的行为方式，行为习惯一旦形成，不论好与坏都难以改变。班风是通过行为习惯来体现的，培养班风就要有意识地加强行为习惯的训练，使大学生的基本言行规范化，并在大脑皮层中形成"动力定型"，不需要经过意志的努力就能做到。

一个成功的辅导员或班主任是非常重视大学生行为习惯的养成训练的。比如，首先，利用早操、晚自习等日常规律的作息时间来约束大学生时间观念的养成及良好生活习惯的形成。其次，通过制定计划，培养大学生良好学习习惯的养成，让其真正做到控制时间、约束自我。在好习惯形成过程中，或者在坏习惯克服过程中，都容易出现反复、拖拉、敷衍、放任等现象，容易出现跟着感觉走的现象。有意识地加强自我行为习惯的训练，严格监督自己，发现偶有偏离，立即做出调整，坚持和巩固，并持之以恒，对大学生就业软实力的训练提升有着深远的意义。

2. 开展健康有益的业余活动，构建健康文明的校园文化氛围

学校的主导作用可以从两个方面着手，一是从宏观层面营造陶冶、感化作用的校园整体环境，重视学校自身组织文化的建设，对提升大学生"就业软实力"起到无形的熏陶、影响、教化作用。二是从微观层面采取各种具体的教育教学措施，组织有针对性的社团活动，提高大学生的人文素养和能力，达到提升大学生"就业软实力"的目的。大学生是成熟的个体，已经具备一定的思辨能力，对其所处的组织具备一定的感悟力，从大学生入校开始，就无时无刻不在感受着学校组织文化对自我个体的影响。

校园文化作为置身于社会文化大背景中的一种具有自身特色的亚文化形态，其特殊性就在于它是一种在大学校区生活中每个成员所共同拥有的校园价值观及这些价值观在物质与精神上表象化的文化形态，它具有多元性、时代性、开放性和前瞻性的特点。[①] 从高校环境建设看，拥有积极向上的学校文化是高校的核心竞争力，诚信、敬业、进取、公平公正、团结奋进等从行为、制度、态度价值观上体现，并构成巨大的磁场，引领着大学生"就业软实力"的构建。因此，构建健康的、积极向上的高校组织文化、树立高校的

---

① 曹红霞：《刍议中国当代社会思潮与大学校园文化的互动作用》，《当代教育论坛》，2004年第12期。

良好形象是提升学生"就业软实力"的重要基础。

大学生在参加校园文化活动、实践活动以及义务服务活动时，便会逐步形成怎么样对待突发事件、如何进行团队协作、如何沟通汇报工作、如何解决工作难题和如何推销自己等基本技能，这些正是大学生在就业过程和以后发展中必备的能力。文体活动、实践活动与义务服务活动三者都属于校园文化的有机组成部分，这些不仅受社会思潮的影响，而且还会引导社会思想以及大学生个人人格的形成，提高大学生的综合素质。学校召开各种针对性强的讲座、有目的地播放一些影视作品，树立榜样，引领学生。学校是培养人的场所，各类企业和社会组织则提供用人需求，学校的教育应以用人单位的需求导向。以产学研结合为平台，以实践为载体提升大学生"就业软实力"，则能更好地满足企业和社会各种岗位的需求。因此，鼓励大学生参加实践，进行校内外实践及各种兼职活动，是提升就业软实力的有效途径。

大学教育就应充分发挥校园文化的优势，发挥大学生各种社团组织的作用，根据大学生特点和实际开展活动，在其中重视大学生的个性化发展，鼓励他们展示其才艺，让健康、有益的文化活动填充大学生的闲暇时间。发挥校园内各种宣传媒介的作用，开展丰富多彩的校园文化活动。在大学生的个性化爱好和志趣得到充分发展的同时，不仅丰富了校园文化氛围，也提高了人际交往能力，培养了团队合作精神，而且使大学生掌握更多的生存与竞争的本领，提高大学生的就业竞争力。

根据大学生的具体情况，可以结合"就业软实力"内涵有的放矢地分专题开展学生活动，如辩论赛、演讲比赛、征文比赛等活动，或是组织学生参加各种社会公益活动。现在地方高校都有着自己学校较为完善的大学生活动体系，各种大学生社团（如包含专业技术型和学术型的学习研究类社团，包含社会公益型和经济型的实践类社团，包含文学、体育、文艺类的综艺型社团等）在校园内外广泛开展多种多样的活动，既充实了同学们的业余文化生活，又提高了同学们的认知能力、实践技能和学以致用的本领，全面提升了学生的综合素质和就业软实力。

从本书对已就业的大学生调查结果分析来看，在大学学习期间参加过社团工作活动、在学生会担任过干部的同学在就业软实力的各方面表现得更为好一些。大学期间的社团活动一方面培养了大学生的交流沟通能力、协调组织能力，另一方面也有助于增强责任感、诚信力、主动性、亲和力和进取心，而这些都是今后学生们在工作当中发挥重要作用的素质能力，从而，让他们在复杂的社会活动中，更利于捕捉教育契机，适时渗透熏陶。由于大学生自我意识较强，那些润物细无声的教育效果远远超出直接、抽象的说教。

3. 提升大学生人际交往能力

人际交往能力是大学生的一项重要的就业软实力内容，学会了解与沟通，对于大学生建立良好的人际关系很重要，是提升大学生人际交往能力的根本。具有良好的人际关系的人往往都是善于交往的人，善于发现他人的价值、懂得尊重他人、愿意信任他人的人，并且对人宽容，能容忍他人有不同的观点和行为，不斤斤计较他人的过失，在可能的范围内帮助他人而不指责。在人际沟通中，方式的得体与否直接影响到良好人际关系的好坏，有效将语言和非语言沟通技巧有机地结合并在现实沟通中最大化地加以运用，是当代大学生必备的能力之一。在人际交往中，礼仪往往是衡量一个人文明程度的准绳，它不仅反映着一个人的交际技巧与应变能力，还反映着一个人的风度气质、道德情操和精神风貌，有助于塑造良好的个人形象，增加个人的综合实力。大学生懂得一定的营销知识，掌握一定的自我推销技巧，能更快地在第一时间为用人单位所了解、赏识，避免"养在深闺无人识"的状况出现，使自身的就业"软实力""硬实力"得到最大效益的展现。面对日益激烈的就业竞争，只有多管齐下，才可能真正提升大学生就业软实力水平，达到促进更好就业的目的。

其中，社交礼仪为人际交往提供了艺术支撑，当然社交礼仪是一门非常大的学问，在这里就当代大学生的性格特点简单谈一下社交礼仪中语言沟通的艺术表达。好的语言艺术运用会优化人际交往，反之，不好的语言艺术会无意间出口伤人甚至产生、激化矛盾。我们教育指导大学生正确把握、运用语言艺术，首先，能恰当、得体地使用称呼。在我国传统文化中，称呼能反映出人与人之间心理关系的程度。恰当得体的称呼，能使人获得一种心理满足，使对方感到亲切，交往便有了良好的心理气氛；在交往过程中，要根据对方的年龄、身份、职业等具体情况及交往的场合、双方关系的亲疏远近来决定对方的称呼。对长辈的称呼要尊敬，对同辈的称呼要亲切、友好，对不熟悉的要用敬辞。其次，能态度诚恳有礼貌地说话、交流。特别是大学生在面试过程中，能做到正确运用语言，表达清楚、生动、准确、有感染力、逻辑性强，根据谈话的内容和场合，采取相应的语音、语调和语速，那么，面试的成功率基本能达到一半以上了。即使讲笑话也要注意对象、场合、分寸，以免笑话讲得不得体，伤害他人的自尊心。再次，要学会适当地赞美对方。每个人都希望自己的观点得到他人的认可、自己的优点得到他人的赞美。当我们能够发掘对方的优点并进行赞美时，对方往往会表示出愿意多沟通。但是，我们一定要做赞美到视情况而定，不能曲意逢迎，否则，可能会出现适得其反的效果。只有真诚的赞美才有可能获得意想不到的效果。最后，不要恶意攻击，避免不必要的争论。因为问题讨论的分歧，大学生喜欢争论甚至互不服输，这也未尝不可，但是一定要避免直接的人身攻击或敌意中结束讨论，这样的语言沟通会严重影响人际关系的交往。因此大学生要尽量避免争论，以"求同存异"的方式，通过协商的途径解决分歧，不伤害彼此友谊，不强加于人，相互有保留的余地。可见，语言艺术运用得好，能吸引、抓住对方，调动彼此倾谈的兴趣，能加深双方交往关系的密切程度。这是大学生就业软实力提升中必备的能力。

（四）构建有利于提升大学生就业软实力的家庭成长环境

国之栋梁出于家之苗圃。一个家庭的风气，不仅关系家族荣辱兴衰、家庭幸福与否，还直接关系家庭成员文明素养以及对社会文明程度的影响，从对大学生调查问卷中我们可看到这一点，认为家庭环境影响个人就业软实力的比例高达49.47%。家庭既是一个人的生活之所，更是修身成长之地，中国人在拥有浓浓的家国情怀中，追求"修身、齐家、治国、平天下"理想的实现。家庭是社会的基本细胞，建设好家庭，形成和谐的家庭环境是修身、齐家的必经环节，也为每个人健康成长构建了第一环境和基石。家庭作为学校与社会环境的结合，若能提供给大学生们和谐的氛围和稳定的支持力，大学生就业软实力将会更好地吸收家庭成员素养的优秀成分，就业软实力水平会直接得到提升。

目前，家庭教育研究者们在对家庭环境分析时，把家庭环境分为家庭软环境和硬环境。软环境是强调笼罩着特定场合的特殊气氛或氛围，是家庭生活中人与人之间相互联系时所形成的一种心理道德气氛（如父母的教养方式），它影响着大学生的内在情绪和感受，对其人格的发展起着潜移默化的作用；硬环境是家庭中影响大学生成长的特定的物质条件（如父母的文化水平、职业状况）。每个人从出生伊始就受到家庭环境的影响，这种影响往往是多方面的、深远的。一个好的家庭环境往往能够影响人的一生。每位家长都是孩子成长中的第一任老师，无论是出于工作还是感情或社会义务，都应该关注孩子的健康成长，对其加以引导。现代学前教育的鼻祖，被称为"幼儿园之父"的德国学前教育家福禄贝尔（Friedrich Wilhelm Frobel）曾经说过："国家的命运与其说是掌握在当权者的手中，倒不如说是掌握在母亲的手中。"这句极其富有哲理的话，道出家长在教育子女中无与伦比的重要作用，和谐的家庭教育正是培养高素质人才的必备条件，也是构建和谐社会的必然要求。在和谐的家庭环境里，家庭成员之间和睦友爱，家庭气氛民主宽松，对子女采取寓教于乐的教育方法、无拘无束的沟通方式。家庭教育伴随

第八章 构建地方高校大学生就业软实力提升的保障体系

着每个人的一生，尤其在孩提时代最为关键。特别是在当前更普遍的三口之家，营造和谐的家庭环境主要是处理好夫妻关系和亲子关系。在家庭中夫妻是核心，日常双方互相爱慕、互相尊重、互相信任、互相帮助。这既能营造良好的家庭环境，也能使孩子在内心深处埋下健康的种子，保持心理上的轻松和安全感，这是形成健康人格的基础。

家庭环境对每个孩子成长的影响是多层次、多侧面的，其中良好的家庭情绪氛围是影响大学生良好心理素质形成的前提。家庭的情绪氛围是通过语言和人际氛围构成的，这种氛围直接影响着家庭中每个家庭成员的心理，尤其对儿童个性品格的形成意义重大，如家庭成员之间和谐、融洽，偶尔有意见发生，原则问题上团结一致，这种家庭氛围下长大的孩子懂得人与人之间的互助互爱、合作谅解，成长中获得的是安全感，形成乐于接受教育的自觉性。反之，家人之间争吵不休，处事自私，互相折磨，这种家庭的儿童心理往往是不健全的，他们对事情冷漠、偏执、不合作甚至把家中的精神折磨迁移到别人身上发泄以求心理平衡。这样的孩子长大后容易犯罪闹事，难以受教。可见，建立良好的家庭心理氛围是儿童良好心理素质形成和发展的前提条件，直接影响到大学生自身的就业软实力。父母良好的教养态度是影响大学生良好心理素质形成的关键，但凡个性不良的行为习惯和缺陷，都能从父母的教养态度中找到根源。比如，强调绝对服从父母意志的家庭，孩子绝对服从家长，稍有不听从就给予惩罚，导致孩子缺少自主权，形成胆小、自卑的心理居多，缺乏自信和独立性，甚至逆反心理强。有求必应，过分娇宠的家庭，父母过分包办代替，让孩子养成极大的依赖性，会形成自私、任性、易发脾气的品性。也有对孩子不管不问、放任自流的家庭，孩子长期得不到父爱与母爱会产生孤独感，逐渐形成冷酷、自我放任的不良品质，反复无常、容易触怒，对周围的事物漠不关心的心态。只有用平等、民主的态度下教养长大的孩子在人格的形成中懂得爱护、关心，对别人坦诚友好、自尊、自立、大方、能接受批评，经受压力，关心他人，有独立处事的能力。可见，家庭的教养态度直接影响一个人的个性品格，心理素质。因此，家长有责任去构建良好的家庭环境，掌握正确的教养态度和方法，使家庭呈现——民主、和谐、平等的融洽气氛。

另外，当今社会形势下，独生子女现象的普遍，社会经济、文化的飞速发展，人们的价值观念的急剧变化，家庭结构的变化（如单亲家庭、重组家庭比例的增多）是直接影响大学生良好心理素质的重要因素。就父母的离异而言，家庭的破裂导致儿童内心的安全感和归宿感消失，甚至给孩子带来失去某一方亲人或双方亲人的痛苦，有的孩子成为父母争夺的对象、出气筒、倾诉对象，甚至是双亲遗弃的物品，给孩子的心灵带来极大的创伤，严重影响了孩子健康心理的发展。分析现代离异家庭的孩子成长，我们发现，每个孩子都爱自己的亲生父母，在重组家庭里生活的孩子与继父母很难相处，有的孩子就出现结伙离家出走，或宁可流落街头也不回家，甚至出现打架、偷、抢的行为发生，以发泄内心的情绪。因此，广大家长一定要加强学习，正视家庭分裂对社会的不良影响，加强家庭观念和家庭责任意识教育，处理好家庭成员的关系，努力建立良好的氛围，消除孩子的心理障碍。

在全民深入践行社会主义核心价值观的当下，习近平总书记明确提出，注重家风是中华民族的传统美德，家风文化是中国传统文化的重要组成部分，并上升到国家领导层面，高度重视领导干部家风问题，强调领导干部的家风不是个人小事、家庭私事，它影响子女的成长观，影响到年轻人的社会价值观，倡导树立文明家风，将其植根于日常生活里，就会促进家庭成员从中汲取丰富的营养。从提升大学生自身软实力的视角看，倡导树立良好家风，这不仅是对中国优秀传统文化的传承，更是为提升当代大学生就业软实力创造优越的家庭环境，进而引导青年的知行合一，让就业软实力的要素内化于心、外化于行。

五、引导大学生调整个人发展理念，做到瞄准社会需求塑造自我

大学生就业软实力的提升是实现个人规划，去除堕落和不断提高就业竞争力的过程。大学生的社会价值在于根据社会发展需要和新的人才标准，在准确客观地评价自我的基础上，做好职业发展规划，准确定位。大学生历经几年的大学学习迎来的不是学习的终结，反而是为自己接受终身教育奠定的基础，并为个体将来的职业发展提供的支撑力。大学生自身素质提升是一个全面而又系统性的工作，它牵涉到个体发展中的多个因素。但总起来看，就是内因与外因的结合，而转变大学生自身认识，调整好个人发展理念尤为重要，这是提升大学生就业软实力水平和实现自身发展的内在依据。

（一）树立正确人生观，培植就业软实力提升的原动力

软实力是能否发挥个人各种潜力的关键所在。思想是人一切行动的先导，抓住了思想建设就抓住了关键。提高大学生就业软实力水平，必须从提高思

想认识、转变思想理念入手,最终树立正确的人生观。人生观的主要内容是对人生目的、意义的认识和对人生的态度,在当今社会中,它的具体内容体现在公私观、义利观、苦乐观、荣辱观、幸福观和生死观等方面,它是人们在实践过程和生活环境中逐步形成的。由于人们的社会实践、生活境遇、文化素养和所受教育的不同,因而形成不同的人生观。正确的人生观指引人走人生的正道,用自己的劳动去创造人生业绩,成为一个有益于社会有益于人民的高尚的人。错误的人生观将导致人误入歧途、背离人生正道,甚至走上邪路,成为危害社会、危害人民的罪人。

大学生不仅要有高度的民族自尊心、自信心和自豪感,而且要用世界的眼光看中国,懂得自立自强。要树远大理想,立报国之志,献身于改革开放和现代化建设的伟大事业,自觉地把自己的人生追求同祖国和民族的命运前途联系起来,在服务祖国和人民的实践中发挥自己的聪明才智;大学生是青年中掌握知识多、思想观念新、富有青春朝气的群体,是振兴中华民族的希望所在,理应用更高的道德标准要求自己。树立正确的人生观、价值观,提高自身素质,完善人格品质,做体现时代进步要求的新道德规范的实践者。

培养大学生积极的心态,消除消极的思想情绪,具有正确的人生观,有利于提升他们的就业软实力。由于当代大学生群体绝大多数是独生子女并且成长在改革开放的新时代,面对的是应试教育,缺乏生活中的挫折与磨炼,经历的仅仅是学校生活,他们心理尚不成熟,遇到困难和挫折时,极易产生悲观情绪,必然影响他们的学习和健康成长。所以,帮助高校大学生树立正确的人生观,培养大学生积极的心态就显得尤为重要。有了正确的人生观和世界观,一个人就能对社会、对人生、对身边的各种现象持正确的认识,并采取适当的态度和处理方式,最终使他们站得高、看得远,拥有更多的发展机会。古人说"修身、齐家、治国、平天下"[1],修身是基础,树立正确的人生观是个人修身的关键一环,它使人格得以完善。当代大学生为自己的未来定位,就要树立远大理想,学会如何做人,学会如何学习,学会如何努力奋斗,这样才能圆满完成大学学业,才能实现自己的社会价值和个人价值。

总之,当代大学生只有牢固树立马克思主义的世界观、人生观、价值观,并用于指导自己的整个人生历程,才能成为"一个高尚的人,一个纯粹的人,一个有道德的人,一个脱离了低级趣味的人,一个有益于人民的人"[2]。

---

[1] 资料来源:《礼记·大学》。
[2] 资料来源:《毛泽东选集》。

(二) 明确发展方向,做好个人发展规划

在复杂的社会环境中,能够明辨是非把握个人发展方向,是难得的一种智慧。只有拥有这样的智慧,才能清晰自己的发展方向,并走向成功。进行合理的职业定位,是提升高校毕业生就业竞争软实力的重要途径。大学生应根据社会发展实际和新的人才标准,在客观评价自我、合理职业定位方面早做准备,把大学四年看成是为接受终身教育奠定基础和不断提高就业竞争力的过程,明确自己的就业目标和努力方向。在日常学习中,大学生要在学习好自身专业,增强硬实力建设的同时,拓宽自己的视野,不能把自己的知识结构固定在一个专业、一门学科,要有意识地及早从日常点滴小事做起,努力培养、锻炼自己的"软实力",以能够更高地提升就业软实力,这不仅是解决一时的就业问题,更重要的是赋予自己一种持续的职业能力。有了这种能力,高校毕业生在职业生涯过程中,可以根据自己的目标随时调整个人实践中的偏差,学会如何做出正确的判断,还要进行个人发展的科学规划,从而更自如地应对今后人生道路上的各种职业变动。总结笔者前期的调查研究结果,笔者建议,地方高校大学生个人发展规划可以采用下述的个人规划五步法:

第一步,分析自己的个性特征。每个人的性格、爱好都是不同的,这些往往决定个人未来的发展方向。现实中有的人性格外向,善于言谈,人际关系能力强,喜欢在公众面前发表自己的言论;有的人则性格内向,忠厚老实,喜欢独立地去思考问题;有的人对事情执着,遇到挫折不气馁;有的人则脆弱,容易被失败击垮;有的人喜欢挑战性的工作,压力越大斗志越旺盛;有的人则喜欢安定平稳的生活,不能忍受过大的压力。因此,在校大学生应学会准确分析自己的性格,瞄准适合自己的职业方向,加速打造自己的职业能力。作为在校大学生,客观分析自己的个性特征的同时,也要理性地把握自己具备的优势,比如,过一段时间就思考一下:我最近做过很多事情,我最成功的是什么,我的成功是偶然还是必然的,是不是自己的能力所为?通过对自己最成功的事例分析,可以发现自己个性优秀的一面,譬如坚强、果断、智慧超群,以此作为自己深层次挖掘的动力之源,形成自我职业生涯发展规划的有力支撑;为就业时寻找职业方向做到准确定位,以己之长立足社会。

第二步,分析自己掌握的知识、技能。在大学生群体中每个人都有自己所擅长的知识、技能。有的人喜文,有的人喜理;有的人动手能力强,有的人操作能力弱;有的人思想跳跃跨度大,有的人逻辑思维能力强。仔

细分析整理自己学习过的掌握的知识技能，找到自己的优势。作为大学生，在生活、学习中一定要学会时时反思：我学习了什么，我学到了什么，我从学习的专业中获得了哪些收益，参加过什么社会实践活动，提高和升华了哪方面知识。然后再分析自己所从事的工作，胜任岗位要求需要具备哪方面的知识和技能，结合自己的实际，确认自己和岗位相吻合的条件以及不足之处，专业也许在未来的工作中并不起多大的作用，但在一定程度上决定自身的职业方向，因而在校期间，尽自己最大努力学好专业课程、掌握扎实的专业知识和技能，是发展规划的前提条件之一。假如说，岗位要求具备较高的计算机水平，而自己这方面欠缺，就可以通过参加学习班或找人传授相关知识，来提高自己这方面的知识和技能，只有做到这些，才能让自己在工作中立于不败之地。

第三步，分析自己拥有和整合到的资源。这里的资源不但包括金钱，还包括自己在社会上的人脉。例如，我们开办公司，就要有一定规模的资金和相关条件，才能维持公司的运营。同样的道理，如果从事一项工作，不可能所有的事情都是自己擅长的，要把事情做好，就要调动能够调动的资源为我所用。作为在校大学生为将来工作准备资源，就得让自己的曾经拥有丰富，特别是，当自己扪心自问"大学期间我曾经做过什么"时，能够有让自己随手拿得出的经历与体验，如在系里、班级里担任过学生干部，曾经为某知名组织工作过等社会实践活动，取得的成就及经验的积累，获得过的校级、省级或国家级奖励等。经历是个人最宝贵的财富，更是自己就业时的资本，往往从侧面也反映出一个大学生的素质、潜力状况，因而会备受招聘单位的关注，同时这种资本的拥有是自我简历的亮点所在和重要组成部分，是让自己走向就业成功的第一步。对应聘者来说，经历往往比知识更为重要，因为许多事情只有经历过，才可能有深刻的体会。

第四步，确认自己的发展目标。现实中有一些这样的人，大学毕业后经常变换工作，涉及了不同的行业，但每份工作都不会坚持太久，到了而立之年也难以找准自己的位置，还不知道自己适合做什么。这类人的问题在于没有提前认真分析过自己，没有做好个人的发展规划。最终导致不断跳槽，但是没有目的和明确的发展目标，只能是盲目跳槽。如果没有确认自己的目标，盲目的跳槽，特别是频繁更换行业的跳槽是最不可取的，因为当今社会，工作经验和行业优势已经成为获取成功的必不可少的条件之一，所以把握时机明确个人的发展目标尤为重要。

通过客观的自我分析，明确自己要选择的职业方向，然后确定自己的发展目标，即解决"我选择干什么"的问题。当目标确定后，就要告知自己

"干一行，爱一行"，坚定信心。因为只有热爱它，才有可能全身心地投入。当然，目标的确定，一定要选择自己专业擅长的领域，才能发挥自我优势，尽量不要当职业的外行，并且所选职业一定要依据自身实际，适合于自身发展并且是社会所需要的，才有自我发展的保障。只有跟得上时代发展的脚步，适应社会需求，才不至于被淘汰出局。

  第五步，坚持个人目标，努力走下去。世上没有不劳而获的事情，任何人的成功都不是偶然的，一定要有长时间的积累，具备一定的实力才能成功，绝不是靠运气，都要经历一番艰辛，要靠多年的付出与执着。所以说，树立目标并不是什么难事，但明确具体可行的目标并时刻瞄准目标坚持不懈地努力并不是件容易的事。作为高校大学生认准了自己的目标，一定要坚持不懈地走下去，不管遇到什么挫折，都不要放弃，同时还要不断学习和提升自己，只有这样做，才能获得成功的希望。

  大学生的成长是一个过程，在这一过程中如何定位和把握自己的方向是大学生发展中最为关键的事情。在过去，从小学到中学一路走来，唯一的目标定位就是上大学。经过激烈的高考竞争，高中生即刻转变了身份，带着胜利的喜悦跨入大学校门，成为了一名真正的大学生。如何度过几年的大学生活、如何为自己未来的发展定位是摆在每一位大学生面前的一个重要课题。但是走进大学后的发展一时难以解决，再加上当前大学生难以顺利就业的现状，使得他们渐渐迷茫，很快失去了今后的发展方向。

  不论如何定位，除了树立远大理想，学会如何做人外，最关键的是要落实到努力学习、提高素质和奋发成才上。首先要系统掌握你所学专业的基础知识，也就是要有一技之长。其次要改变知识结构不合理、知识面狭窄的现象，譬如要广泛涉猎文史哲知识，提高文化艺术修养，广泛的涉猎科普知识，提高认识自然的能力等。更主要的是学会如何学习，如何提高学习的能力。就国家和民族来讲，知识经济的灵魂是创新，因而要求一个国家和民族应具备强大的知识创新能力。就个体来讲，知识经济所需要的人才是具有知识创造能力的人才，是善于创新性学习的人才。大学生要学会选择知识和信息，提高终身学习的素质和能力，要加强实践活动，提高适应社会的能力。这些能力就是大学生为毕业找工作需要提前锻炼提升的就业软实力。

（三）重视自身能力提升，开展全面学习

  当今社会形势下，有相当一部分进入大学读书的青年人，在迷茫和颓废中抱怨"读书无用"，有的人抱怨自己的学校不是名校，难以把大学读书时间的效用最大化。我们需要告知高校的学子们"一考定终身"的时代已经过

去了,无论就读的是重点名校,还是职业院校,比文凭更重要的,是阳光的心态、奋斗的足迹和健全的人格。信息时代,互联网极大地降低了接受教育和创新创业的门槛,只要内心有这颗火种,即便没有进入重点大学的机会,也不难把自己打造为有用之才。

高校要做到培养的学生更适应社会及市场的需求,必须面对市场需求,有针对性地调整、改进人才培养模式,尽快从传统的偏重智力提升、应试教育思维中走出来,转向注重对大学生就业软实力培养和提升的轨道上来,紧紧围绕社会要求这一中心培养人才,增强毕业生的就业能力和持续发展力。

人生的路关键还是要靠个人选择并坚定地走下去,这是最根本的内因,只有悟出这一道理才会有真正的进步。曾遇到一个往届毕业的普通本科大学生,他在经历了一番实践后,深有感触地说:"我是一名二本院校的工科毕业生,毕业已有五六年。我的大学同学,凡是肯动脑筋、愿意吃苦、技术过硬的,都干得不错,薪资翻倍,职位提升,变成了职场上的'香饽饽'。而那些没什么技术特长的同学,总是在不停换工作,卖保险、搞工程、开网店,到处折腾,还是在原地打转,没多少进步。像我们这种普通工科生,就是靠技术吃饭,如果不下车间,不去钻研,是永远精通不了的。现在看着不少毕业生幻想着找到一份称心如意的工作,一步登天,我想告诉大家,理想很丰满,现实很骨感,唯有实事求是,放低身段,从最基层做起,刻苦钻研,才能赢得未来。"[①]

作为在校大学生,重视自身能力提升,开展全面学习,可以做到加强专业技能的学习锻炼,能把学习到的新东西运用到实践中,并不断总结经验和教训;端正自己的学习态度,学会思考在实践中遇到的问题,跟大家多交流并注意文明行为的展现和礼貌用语的使用,在交流和沟通中能正确解决问题;在学习、生活中学会换位思考,站在他人或单位的立场思考问题,勇于展现自己,抓住并把握机遇;三人行,必有我师焉;择其善者而从之,其不善者而改之;对大家做得好的地方要加以学习,善于总结,特别是要养成定期、定时地写学习、工作总结,总结上一阶段好的经验和收获,以更好地提升自己的就业软实力。

(四)加强个人修养,全面提升个体素质水平

通过培养个人优良品性增加内存,这点主要靠个人在学习、生活中学会

---

① 资料来源:《人民日报》,2014年5月9日,第5版。

自我控制，不断提升学习力。在对外方面则是力求扩大外存，在学习关怀别人中广开优良的人脉资源，掌握人际交往的基本规律，逐渐树立起良好的个人形象，增加个人的无形价值。真正做到在人生中不断自我超越，并进一步做到自我实现。大学生的外在形象是其内在素质的具体体现，而他们丰富的内在素质是外在形象的根本内容，是在显示生活中外树自我形象的必要前提。因此，在竞争日益激烈的社会现实中，就必须通过提高综合素质，打造具有社会竞争力的新一代大学生。怎样才能提高综合素质，达到树立良好形象和目标，结合大学生就业软实力提升，可从以下方面入手：

第一，强化学习。要真正做到提高自己的综合素质，就必须加强学习为前提，要利用好一切时间，做到"博学之，审问之，慎思之，明辨之，笃行之"。① 在此基础上要丰富学习的内容，不但要在自己专业范围内深入学习，还要学习法律、经济、人文历史、科技知识、现代办公技术等，把自己纸质结构由"单一型"向"复合型"的转变。

另外，在当今社会的时代背景下，我们引导大学生强化学习，除了专业知识、技能的提升外，更应该加强提升自身政治修养的理论学习，用马列主义、毛泽东思想、邓小平理论、"三个代表"重要思想、科学发展观和习近平新时代中国特色社会主义武装自己的头脑；加深解读历史，读史明志；学会运用马克思主义的立场、观点、方法去分析问题和解决问题。人无信念，如同茫茫大海上失去航标的一叶扁舟，随时都有触礁的危险。理想信念是政治修养强化学习的根本。只有重视政治修养，有了坚定的理想信念，才能在为之奋斗的政治信念中不迷失方向。

第二，善于思考。"学而不思则罔，思而不学则殆。"② 孔子是在教导自己的学生在学习过程中应该善于思考，才会有真正的学习效果。一个人要做到高效率、高质量地完成各种工作，同样必须善于思考。在具体的工作中，做到思路明确，抓住关键，掌握基本情况，形成既切合实际的工作方案，在市场经济的复杂环境中，更要根据形势的发展，不断增强创新意识，敢于打破传统的思维定式，不断推动工作向前发展。

对一个大学生而言，善于思考极其重要。没有思想的人，就没有主见、没有自己的观点，是很难走出自我风格。拥有自己的观点，善于思考问题，自我认知才会越来越理性，观点分析才会越来越客观。笔者在调查研究中也发现，缺少独立思考的学生，对任何事情，无法形成自己的思维，永远是跟着别人的脚步走，其灵魂就很难被提升到另一个高度，对事情的理解常常表

---

① 资料来源：《礼记·中庸》。
② 资料来源：《论语·为政》。

现的是局限与片面。所以说，培养地方高校大学生的思考能力是提升大学生就业软实力的前提。

第三，潜心观察。观察是有目的、有计划、比较持久的知觉。观察中包含着积极的思维活动，一个人能够从繁杂的现象中冷静观察，尽可能多地了解实际，必然会找出解决问题的正确途径。通过细致观察，能够让人全面系统地掌握新情况、新问题，正确地总结实践经验，逐步探索解决各种问题的新途径和新方法。

我们都知道，观察得越敏锐、细致减少犯错误的概率就越低。学会观察是提升大学生个人素养的途径之一，比如，就业面试过程中，如果大学生能做到思维清晰、回答问题有条理、仔细聆听、敏锐观察面试官的言谈举止，并做出正确的判断，那么面试的成功率就很大。我们在听对方说话的时候，一定要学会仔细观察对方发出的各种"信号"，是显示对我们所说内容赞同，还是值得商榷。面试官表示出偶尔的点头、鼓励式的微笑，甚至表示赞同的低声"嗯哼"，这都是在向我们传递"我同意你的看法"。如果面试官听着我们回答的问题，表现出轻轻地摇头、眉毛上扬、眼睛上挑时的撇嘴、皱眉头等表情动作，这也是在暗示他对我们的观点不认同或者有部分的不同意。学会审时度势地观察，提高沟通的有效性，就能够正确地做出判断和决策，从而实现目标的成功率。

第四，以人为鉴。孔子作为智者，非常强调向他人学习。他的"三人行，必有我师焉，择其善者而从之，其不善者而改之"[①]为我们指明了如何对待和接受来自外在环境的影响。在纷纭的人群中，必须学会分辨并积极学习他人的优点。人们也只有在比较中鉴别优劣，在比较中开拓创新。一方面要做好"纵向比较"，把自己的今天同昨天比，现在同过去比，审视自己的工作、学习；另一方面要做好"横向比较"，善于把自己放在一个更广泛的范围内进行比较，通过比较认识自己的不足和别人的长处，做到"以人为镜，而明得失"。

大学生个体素质的全面提升不是一朝一夕能做到的，它是一个长期的持续的积累过程，更是一个人在一生当中不断进取的过程。面对浮躁的社会大环境，地方高校大学生更应从小处入手，把身边的事做牢做实，不好高骛远，在点滴积累中得到稳定发展并达到提升自我就业软实力的培养目的。

---

① 资料来源：《论语·述而》。

（五）结合大学生就业软实力提升，积极推动社会实践活动

地方高校大学生在学习过程中所参加的社会实践是利用课余时间，积极踏入社会，与社会密切接触，以提高个人的观察、学习、做事等能力的过程。在这一生动的实践过程中能大大激发大学生的学习、创作、课题研究等灵感，更好地发挥自己的聪明才智，完成有关实践任务。通过实践活动，把学到的理论知识与现实结合并得到印证是每个大学生必须经过的阶段。大学生的社会实践是一个内容丰富的活动，是学校理论学习的必要补充和必备环节，要做好大学生社会实践活动就必须引导学生走出校门，真正让大学生投身到社会主义现代化建设的过程中去感受，并初步认识和掌握社会主义市场经济规律。只有在这一过程中才能提高思想觉悟、增强大学生服务社会意识，促进大学生健康成长。

从就业软实力提升的角度看，社会实践活动是引导大学生走出校门、接触社会、了解国情、使理论与实践相结合的良好形式，它是培养提升大学生就业软实力的重要渠道。通过大学生的社会实践过程，有助于大学生更新观念，树立正确的世界观、人生观、价值观。大学生社会实践活动的作用主要体现在以下几点：

第一，有利于大学生了解国情、了解社会，增强社会责任感和使命感。现代大学生大多是在书本知识中间接获得知识的，对我国的国情、民情知之甚少。要真正了解和掌握复杂的社会环境，远不是读几本书，听几次讲座就可以解决的，必须把理论与社会实践活动进行有机结合，才会有真正的感悟和理解，社会实践则为大学生打开一扇面向社会的窗口。

第二，有利于大学生正确认识自己，增强自身的使命感。通过广泛的社会实践活动，能让大学生看到自身能力和社会需求之间的真正差距，看到自身知识和能力上存在的不足，能比较客观地去认识、评价自我，激发个人成长的内在动力，在逐渐摆正个人与社会位置中提升自己的综合实力水平以及就业软实力。

第三，有利于大学生加速理论知识的转化，增强运用专业知识解决实际问题的能力。进入高校，大学生的学习方式仍然是以课堂知识学习为主，这虽然是非常重要的形式，但这些理论知识的学习往往造就了大学生们无视实际操作技能的提升，知识难以直接运用于现实之中。而社会实践活动则能使大学生接近社会和自然，在获得大量的感性认识的同时，也把抽象的理论知识逐渐转化为认识和解决实际问题的能力。

第四，有利于增强大学生适应社会、服务社会的能力。社会实践活动使

大学生广泛地接触社会，了解社会，不断地参与社会实践活动，在实践中才能做到不断动脑、动手、动嘴，直接和社会不同部门、不同层次的人员打交道，能够培养和锻炼普通能力、协调能力和实际的工作能力，在具体的工作中发现不足，并做到时时改进和提高，以适应社会的需要。

第五，有利于提高大学生个人素养，完善个性品质。社会实践活动的每个现场都是考验大学生自身修养的好环境。当他们面对和融入踏踏实实工作的劳动群体之中时，大学生在生活中的"娇、骄"二气就自会得到克服。在实践过程中常会遇到需克服的困难，甚至要面对和排除危险，这要求大学生们具有一定的牺牲精神和坚强的品质。大学生在不断参加社会实践活动过程中自然变得踏下身子并深入下去，逐渐养成坚韧、顽强的优良品性，养成务实的学习态度和生活作风，不断提高自己、完善自己。

可见，社会实践加强了大学生与社会的联系，有利于动员社会各方面的力量，加强和改善高校的思想政治工作；也能够使高校深入了解大学生的整体素质、课程设置、教学与管理等方面与社会要求不相适应的地方，主动推行改革，在与社会实际的紧密结合中，寻求高等教育的发展与突破。同时，也能架起高校与社会沟通的桥梁，使教育走向社会舞台，有利于形成教学、科研、社会实践相结合的新型教育体制改革，最终达到更好地提升大学生的就业软实力目的。

在此，用大学生参加毕业实践后的感受，可表达社会实践的重要性。"这是我在大学期间的最后一次实践课，面对即将踏入的社会有无限的感慨，即将失去方知大学时光的珍贵。对于一个大学生而言，这次毕业实习是一次密切接触现实，是一次挑战，我在似知而又陌生的岗位上面对我的所谓专业性工作时，忽然发现这一切无从下手，看着我的实习指导老师娴熟地应对着公司内每件事情，我忽地感觉大学的一切都不翼而飞了，紧接而来的是无地自容……这是我一个自我感觉良好的大学生的真实感觉。一次亲身社会实践和工作体验让自己豁然明白，理论与实践之间的距离有多大。这次实习与其说让我增长了见识，锻炼了自己，培养韧性，更不如说让我明白了大学阶段该怎样学习和度过。可惜，回到学校等待我的将是向母校的告别，我只好把这次深深的感受带到社会，并化作对我的激励，激励我永远学习！"[①] 学生的真实感悟让大学生们深刻认识到，社会实践一方面是接受教育，锻炼才干；另一方面是运用所掌握的科学理论知识技能为地方和活动接受单位做贡献，对国家、社会的建设能起到积极的促进作用。作为教育者，了解社会实践的

---

① 引自聊城大学2014届人力资源管理专业学生实践总结报告。

具体作用，更有助于自己对社会实践进行科学的评估。

当前，在地方高校里除去毕业实习这一规模较大的专业性社会实践需要把握好外，还有多种多样的大学生社团活动及社会实践活动值得关注和参与。但要特别注意，在开展得有声有色的活动中不能只搞形式主义，应该深入和具体，更要注意在与各自专业的结合上下功夫，在让广大学生积极参与的同时，做到专业技能与就业软实力水平的共同提升，以能够更好地培养出地方高校大学生的创新意识，激发起他们勤奋学习、勇于创新的积极性和主动性，同时，推动地方高校的大学生"创新教育、实践教育"向纵深发展。

参考文献

[1] 石孟莹. 新时代大学生文化自信培育研究 [J]. 智库时代, 2020 (9): 68-69.

[2] 敖祖辉. 以企业人才需求塑造职业院校学生软实力 [J]. 中国成人教育, 2020 (5): 53-55.

[3] 廖群峰, 唐华山. 新时代大学生民族精神培育的文化路径 [J]. 学校党建与思想教育, 2019 (24): 51-52.

[4] 曾丹. 优秀传统文化融入高职学生就业能力培养研究 [J]. 哈尔滨职业技术学院学报, 2019 (6): 70-72.

[5] 王竞一. 大学生创业软实力指标模型构建及提升策略 [J]. 技术经济与管理研究, 2019 (12): 46-50.

[6] 姜涛, 刘晓旭. 大学生就业软实力提升路径探索 [J]. 黑龙江教育 (理论与实践), 2019 (10): 29-31.

[7] 李东晖, 戴玮宏, 黄亮. 大学生软实力的培养 [J]. 教育教学论坛, 2019 (27): 231-232.

[8] 滕芳. 基于大学生就业软实力提升的高校校园文化建设策略研究 [J]. 湖南邮电职业技术学院学报, 2019 (18): 66-68.

[9] 周艳红. "90后"大学生红色文化认同路径探究 [J]. 毛泽东思想研究, 2019 (36): 140-145.

[10] 邵丽娜, 于洋. 关于提升大学生就业软实力的若干分析 [J]. 北极光, 2019 (4): 131-132.

[11] 李佩然, 葛佳丽, 常媛媛. 激励教育提升大学生就业软实力研究 [J]. 合作经济与科技, 2019 (7): 146-147.

[12] 赵明. 隐性知识视角下大学生就业软实力的提升 [J]. 江苏高教, 2018 (1): 95-98.

[13] 任恣颖. 高校大学生软实力培养与就业研究 [J]. 科技资讯, 2018 (16): 141-144.

[14] 许玉峰. 加强中华优秀传统文化教育 提升大学生就业软实力

[J].重庆行政,2018(5):82-84.

[15]乐凤,吴洛婵.第二课堂:提升大学生就业软实力的有效途径[J].佳木斯职业学院学报,2018(5):233-234.

[16]陈燕,崔顾芳.高职院校辅导员队伍软实力提升研究[J].青岛职业技术学院学报,2018(2):34-37.

[17]罗思杰.从十九大精神视角探析大学生就业软实力的非智力因素培育[J].河南教育(高教),2018(1):131-135.

[18]陈心远,钱荣.高职院校大学生软实力的现状及提升策略[J].文教资料,2018(31):129-130.

[19]丁秋怡.中华优秀传统文化软实力背景下高校辅导员学生工作的审视和优化[J].文化创新比较研究,2017(1):1-3.

[20]王家传.让大学生软实力不软——《当代大学生软实力测度与提升研究》评介[J].东岳论丛,2017(10):2.

[21]胡相忠.新常态下高校大学生就业能力提升探究[J].北京印刷学院学报,2017(8):138-140.

[22]王秋祎.关于提升工科大学生就业软实力的研究[J].赤峰学院学报(自然科学版),2017(12):157-158.

[23]熊跃萍.理工类大学毕业生就业软实力的培养路径研究[J].黑河学院学报,2017(6):124-125.

[24]张晶晶.呼和浩特高职院校毕业生就业问题研究——以四所高职院校为例[D].内蒙古师范大学硕士学位论文,2019.

[25]贺峻熙.创新创业教育与专业教育融合对大学生就业能力的影响研究[D].湘潭大学硕士学位论文,2019.

[26]杨光.高校思想政治教育以文化人研究[D].东北师范大学博士学位论文,2018.

[27]张笑寒.提升文化软实力视域下大学生理想信念教育研究[D].沈阳师范大学硕士学位论文,2018.

[28]钟秋明.我国当代高校毕业生就业观研究[D].湖南大学博士学位论文,2015.

[29]姜红仁.我国大学生创业支持政策研究[D].武汉大学博士学位论文,2014.

[30]玛德琳·莱文.给孩子软实力[M].鲍铁薇译.北京:中信出版社,2015:4-32.

[31]丹娜·左哈.心灵资本[M].苗薇译.北京:中国友谊出版

社,2012.

[32] 黄施金,黄国兴.大学生与软实力[M].福州:海风出版社,2014:189-203.

[33] 佘长春.大学生就业能力与社会需求的匹配[M].北京:社会科学文献出版社,2014:56-68.

[34] 舒明武.中国软实力[M].上海:上海大学出版社,2010:6-20.

[35] 常桦.软实力[M].长春:吉林出版集团有限公司,2011.